OEUVRES

DE

L'ABBÉ PROYART.

Lyon. — Impr. d'André Perisse.

VIE

DU DAUPHIN,

PÈRE DE LOUIS XVI,

ÉCRITE SUR LES MÉMOIRES DE LA COUR,

PAR L'ABBÉ PROYART

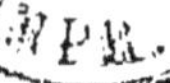

LIBRAIRIE CATHOLIQUE DE PERISSE FRÈRES
LYON
Rue Mercière, 49. § Rue Centrale, 34.

Chez R. RUFFET, acquéreur de la nouvelle Librairie Perisse de Paris,
rue Saint-Sulpice, 38.

1863

VIE

DU DAUPHIN,

PÈRE DE LOUIS XVI.

LIVRE PREMIER.

La France, épuisée par le règne de Louis XIV, ce règne si glorieux, respiroit sous le gouvernement pacifique de Louis XV, son arrière-petit-fils. Ce prince avoit épousé, en 1725, Marie Leczinski, fille de Stanislas, roi de Pologne ; princesse que ses vertus personnelles, jointes à celles de son fils, ont souvent fait comparer à la reine Blanche, mère de saint Louis. Dieu avoit déjà béni cette alliance par la naissance de trois princesses ; mais le trône étoit encore sans héritier, et la nation paroissoit ne goûter qu'à demi les douceurs d'une paix que la perte d'une seule tête pouvoit lui ravir. Les momens de la Providence n'étoient pas encore arrivés : le roi et la reine les attendoient avec confiance, et les sollicitoient par leurs prières et leurs bonnes œuvres. Le 8 décembre de l'année 1728, jour de la Conception de la sainte Vierge, tous deux lui offrirent d'une manière spéciale leurs vœux et ceux des peuples ; et, dans

la ferveur d'une communion (1), ils la conjurè
rent de pourvoir à la tranquillité d'une nation qui
la reconnoît pour patronne , en lui obtenant du
Ciel un prince qui pût la gouverner un jour. Le 4
septembre de l'année suivante , la reine mit au
monde le Dauphin, dont j'écris la vie. Cette pieuse princesse, ne doutant pas qu'elle ne fût redevable à la sainte Vierge du bienfait de sa naissance ,
lui en témoigna sa reconnoissance tous les jours
de sa vie.

Le prince fut ondoyé par le cardinal de Rohan,
grand aumônier de France. Il est d'usage de bap-
tiser ainsi les enfans de France sans les cérémonies accoutumées , qu'on supplée lorsqu'ils sont en
âge d'en comprendre la signification , et de ra-
tifier eux-mêmes les engagemens que leur impose
la qualité de chrétiens. Louis XV, qui n'avoit pas
oublié les soins que la duchesse de Ventadour
avoit pris de son enfance , voulut qu'elle les con-
tinuât à ses enfans. Elle étoit chargée des jeunes
princesses ; on lui remit encore le Dauphin.

Le roi avoit déjà dépêché vers Stanislas, pour
lui faire part de cette heureuse nouvelle. La capitale et les provinces en furent aussitôt informées,
et des courriers extraordinaires la portèrent à nos
ambassadeurs dans les cours étrangères. Louis XV
étoit chéri de ses peuples , et respecté de tous ses
voisins : la joie qu'il ressentit de la naissance d'un
fils fut également celle de toute la France et de
l'Europe entière. Il fut aussitôt complimenté par
les princes du sang , les ambassadeurs, et les différens corps de l'état, auxquels il ne dissimula

____

(1) La reine elle - même fit part à plusieurs personnes de la
convention qu'elle avoit faite avec le roi, de communier à cette
intention.

point que , depuis son avénement à la couronne , jamais on ne lui avoit fait compliment qui lui fût si agréable.

On rendit partout à Dieu de solennelles actions de grâces. Le roi assista au *Te Deum* qui fut chanté dans l'église de Paris. La capitale donna les fêtes les plus brillantes, et fut imitée par toutes les villes du royaume. Mais le roi sachant combien ces appareils de magnificence sont peu propres à consoler le malheureux qui est dans la souffrance , répandit d'abondantes aumônes , et fit élargir grand nombre de prisonniers , dont il acquitta les dettes. A l'exemple du prince , plusieurs corps qui n'avoient pas disposé des sommes qu'ils destinoient aux réjouissances , les employèrent à la délivrance des prisonniers. C'est ainsi que la bienfaisance sembloit préparer les voies à cet enfant de bénédiction , et consacrer , en quelque sorte, les premiers instans de sa vie.

En mémoire de cet heureux événement , on fit frapper une médaille, sur laquelle sont représentés le roi et la reine. La légende porte : *Lud. XV, Rex christianiss. Maria Fr. et Nav. Regina Louis XV, roi très-chrétien. Marie , reine de France et de Navarre.* Le revers de la médaille représente la terre assise sur un globe , tenant le Dauphin entre ses bras. La légende porte : *Vota orbis; Les vœux de la terre.* L'exergue : *Natales Delphin.* IV *septembris* MDCCXXIX. *Naissance du Dauphin , le* 4 *septembre* 1729.

Les orateurs et les poètes célébrèrent à l'envi le bonheur de la nation ; et se faisant les interprètes des vœux de leurs concitoyens, plutôt que des inclinations de l'enfant que rien ne pouvoit encore manifester , chacun d'eux offroit par avance, comme le portrait du prince, celui auquel il lui paroissoit beau qu'il ressemblât un jour : ils ne vouloient que feindre agréablement, ils ont dit des vérités ; et toutes les vertus (1) qu'ils ont présagées dans le Dauphin, ce prince les a depuis fidèlement retracées dans sa conduite.

La reine avoit fait déjà acquitter un vœu qui avoit eu pour objet son heureuse délivrance ; et dès que son état le lui avoit permis, elle étoit venue rendre à Dieu ses actions de grâces dans l'église de Paris. Sa reconnoissance cependant ne fut pas encore satisfaite ; et peu de temps après, elle fit un voyage de dévotion à Notre-Dame de Chartres, pour consacrer d'une manière spéciale à la sainte Vierge le jeune prince qu'elle regardoit toujours comme un bienfait de sa protection. Ces actes extérieurs de religion n'étoient point dans la princesse des représentations et de pures cérémonies : de ferventes prières, de saintes communions, et d'abondantes aumônes les accompagnoient toujours, en faisoient tout le prix. Et c'est ainsi qu'une grande reine donnoit aux dames chrétiennes l'exemple de cette piété simple et sincère, trop peu connue de nos jours, quoique si propre à attirer sur une famille les grâces et les bénédictions du Ciel.

Cependant le prince se fortifioit de jour en jour, et sourioit déjà d'un air aimable à ceux qui l'approchoient. On le portoit souvent chez le roi et chez la reine, qui lui rendoient eux-mêmes de fréquentes visites.

La tendresse que le roi témoignoit au petit Dauphin, fit juger à plusieurs particuliers que déjà il

____

(1) Voyez le recueil des pièces qui parurent à la naissance du Dauphin, 2 vol. in-4.°

pourroit être pour eux le canal des grâces. Un jour
que le roi étoit allé dans son appartement, il y
trouva cette petite pièce de vers, que lui avoit pré-
sentée un pauvre officier, dont on avoit réduit la
pension.

> Si le fils du roi notre maître,
> Par son crédit faisoit renaître
> En son entier ma pension,
> (Chose dont j'aurois grande envie)
> Je chanterois comme Arion,
> Un Dauphin m'a sauvé la vie.

Le roi souscrivit à la requête, et fit rétablir la
pension de l'officier. Une pauvre femme, dont le
mari étoit en prison pour dettes, avoit imaginé de
présenter un placet au Dauphin pour obtenir son
élargissement. L'embarras étoit de le lui faire agréer.
Elle imagina un moyen assez adroit : elle borda son
placet de fleurs et de guirlandes, et au moment où
la duchesse de Ventadour faisoit promener le jeune
prince dans le parc de Versailles, elle se mit sur
son passage. L'enfant, qui aperçut le beau placet,
n'attendit pas qu'il lui fût présenté : il fit signe
qu'on le lui apportât. Il le tourna sous tous les sens
et s'en amusa beaucoup pendant la promenade.
A son retour au château, il le montra au roi, à
qui le stratagème de cette femme parut assez plaisant ; il ordonna qu'on payât les dettes de son
mari.

Le Dauphin cependant n'avoit encore d'autre
part à ces actes de bienfaisance, que d'y donner
occasion. Voici la circonstance où son cœur parut
ressentir les premières émotions de la sensibilité :
il ne parloit pas encore, lorsqu'un jour qu'on le
menoit promener, il aperçut un pauvre qui demandoit l'aumône, en peignant éloquemment sa

misère de la voix et du geste. Personne cependant n'y faisoit attention que l'enfant qui s'agitoit beaucoup, se tournant tantôt vers sa nourrice , tantôt vers le pauvre. On s'arrêta pour découvrir ce qui pouvoit lui causer tant d'inquiétude : on aperçut le pauvre qu'il fixoit de ses yeux et qu'il montroit de ses petits bras. On lui fit l'aumône ; son air satisfait calma les inquiétudes du Dauphin.

Quand il commença à parler , on remarqua en lui une curiosité qu'on avoit quelquefois peine à satisfaire. S'il voyoit un ouvrier travailler , il lui demandoit le nom de ses outils , le sien et celui de ses enfans ; pour qui, et pourquoi il travailloit. Jusque dans les productions de la nature , il vouloit qu'on lui rendît compte de tout ; et souvent il faisoit des questions capables d'embarrasser ceux qui auroient voulu lui donner une réponse moins simple que celle qu'exige la portée d'un enfant. Une feuille configurée autrement qu'une autre ; un fruit rouge à côté d'un blanc ; un melon qui se traînoit par terre , au lieu de pendre à un arbre , c'étoit pour lui la matière d'autant de *pourquoi ?* Un jour qu'il sortoit de chez lui , porté sur les bras de sa nourrice, il remarqua que le garde du corps qui étoit en faction à la porte de son appartement avoit une croix de Saint-Louis , il lui fit signe de s'approcher. Il lui prit la croix , qu'il considéra attentivement ; se tournant ensuite vers la duchesse de Ventadour , il lui dit : « Pourquoi donc cela , maman ? » La dame lui ayant fait entendre que c'étoit une marque de distinction que le roi accordoit à ceux qui l'avoient bien servi , il fixa attentivement le garde du corps , lui sourit, et lui présenta sa main à baiser. Depuis ce temps-là , quand il apercevoit un chevalier de Saint-Louis , il le

montroit à sa gouvernante , en lui disant : « En
» voilà encore un qui sert bien le roi. »

La ville de Paris , suivant un ancien privilége ,
demanda à Louis XV son agrément pour présenter
au Dauphin ses premières armes. Le duc de Gêvres
qui en étoit gouverneur, se rendit à Versailles à la
tête du corps de ville , et présenta au jeune prince
une épée , un fusil , et deux pistolets , le tout travaillé avec beaucoup de délicatesse , et proportionné
à son âge. Le président Turgot , prévôt des mar-
chands , le complimenta. Il présagea dans son discours l'usage qu'il feroit un jour , en faveur de
l'état, de ces armes qui n'étoient encore, ajouta-t-il ,
qu'un amusement dans ses jeunes mains. En effet ,
le Dauphin étoit beaucoup plus frappé de leur brillant , que du compliment flatteur auquel elles donnoient occasion. Il les examina l'une après l'autre ; il ne se lassoit point de les admirer. Pendant
que le duc de Gêvres lui ceignoit sa petite épée :
« Ah ! s'écria-t-il, que je suis content de la bonne
» ville de Paris ; je l'aime de tout mon cœur. »

Quoiqu'il fût d'usage de laisser les princes entre
les mains des femmes jusqu'à l'âge de sept ans ,
comme le tempérament et l'esprit avoient pré-
venu l'âge dans le Dauphin , on jugea aussi à propos de commencer son éducation avant l'époque
ordinaire , et dès qu'il eut atteint sa sixième année ,
le roi lui donna pour gouverneur le comte , depuis
duc de Châtillon. Ce seigneur joignoit la vertu à
la naissance , et avoit fait preuve de valeur dans
nos armées. On lui nomma pour précepteur l'évêque de Mirepoix , prélat qui n'avoit pour prétendre à cet emploi important, d'autre titre que ceux
qui l'avoient fait connoître à la cour , son mérite
et son austère probité. Il eut pour sous-gouverneurs

les comtes du Muy et de Polastron ; et pour sous-précepteur l'abbé de Saint-Cyr. Son lecteur fut l'abbé de Marbœuf.

Quand le Dauphin apprit que le comte de Châtillon étoit nommé son gouverneur, il lui en fit son compliment, et lui en témoigna la plus grande satisfaction : « Je suis ravi, lui dit-il, que le roi vous » ait fait mon gouverneur, je vous aimerai de tout » mon cœur. » Il dit à peu près la même chose à son précepteur. Cependant le moment de sa séparation d'avec la duchesse de Ventadour fut cruel. On lui dit qu'il falloit remercier cette dame des soins qu'elle avoit pris de son enfance : il courut aussitôt se jeter à son cou ; mais il ne put lui témoigner sa reconnoissance que par l'abondance de ses larmes , langage du cœur toujours plus expressif que celui des lèvres. Quoi qu'on pût faire pour le distraire et l'amuser , il conserva pendant plusieurs jours un fonds de tristesse qui se peignoit sur son visage , et donnoit même des inquiétudes pour sa santé. C'est à ces traits qu'on commence à connoître le bon cœur et l'heureux naturel d'un enfant.

A peine le Dauphin fut-il sorti de sa première enfance , et en âge de discerner le bien d'avec le mal, qu'on découvrit en lui une souveraine horreur pour le vice et pour toute espèce de bassesse. Il n'eût pas souffert qu'on proférât en sa présence une seule parole qui pût blesser la vérité, l'honnêteté , ou la réputation d'un absent. Une des princesses ses sœurs, âgée d'environ huit ans, ayant laissé échapper un propos indiscret, il la menaça de renoncer à son amitié, et lui fit une réprimande si vive qu'elle ne l'a pas encore oubliée. A cette aversion pour le vice, qui lui étoit comme naturelle , il joignoit un grand respect pour la religion. Tout ce qui y avoit quelque rapport, paroissoit l'intéresser. On commença bientôt à entrevoir quel seroit le fond de son caractère : une physionomie prévenante , un air ouvert , annonçoient sa franchise. Ordinairement, et plus souvent qu'on n'eût voulu , il étoit disposé à rire et à folâtrer. Une tournure d'esprit fine et agréable , lui fournissoit toujours quelque expédient heureux pour se soustraire aux reproches. Sans avoir recours au mensonge , ni à la ruse , il savoit faire agréer une excuse à ceux qui étoient chargés de son éducation. Il laissoit apercevoir dans l'occasion , la fermeté d'ame et le courage d'un homme fait. Il lui étoit survenu un abcès à la joue droite. Les médecins ayant jugé nécessaire qu'on en fît l'ouverture , on lui rendit compte de leur avis. Sur-le-champ il consentit à l'opération , s'y prêta de la meilleure grâce , et la soutint avec une constance que tout le monde admira. Le roi , qui étoit présent, en fut touché jusqu'aux larmes , et l'embrassa tendrement.

De toutes les bonnes qualités qui commençoient à se développer en lui, la sensibilité de son cœur étoit celle qui se manifestoit davantage. Un jour qu'il voyoit passer un officier de bonne mine , mais qui n'avoit pas l'air des plus aisés , il s'informa qui il étoit et où il alloit. Sur ce qu'on lui apprit que c'étoit un brave officier qui alloit rejoindre son régiment , dans lequel il servoit depuis long-temps avec honneur , il le fit appeler , lui donna , sans compter , tout l'argent qu'il avoit dans sa bourse , et l'obligea même de recevoir plusieurs petits bijoux qu'il portoit avec lui et qui lui plaisoient beaucoup.

Un autre officier , qui avoit contracté une incommodité au service du roi, étoit venu solliciter à la cour une gratification qui le mît en état de se faire guérir. Le Dauphin ayant eu occasion de le voir, fut si touché de son état, qu'il demanda à son gouverneur la permission de lui faire lui-même la gratification qu'il vouloit attendre du roi : on le lui permit. Il lui donna sur-le-champ , avec une satisfaction incroyable , le double de ce qu'il demandoit, en lui disant : « Tenez , monsieur, vous » viendrez, si vous voulez, solliciter votre gratifi- » cation , quand vous serez guéri. » Son gouverneur ayant remarqué plusieurs fois qu'il donnoit avec trop peu de discrétion tout ce qu'il avoit, au premier qui lui demandoit, fixa à un écu ses libéralités envers les pauvres mendians. Alors, quand il en rencontroit un , dont l'état lui paroissoit plus misérable , il glissoit adroitement un louis sous l'écu qu'il lui donnoit. Il fut un jour si touché de la misère d'une pauvre femme , que n'osant , en présence de son gouverneur, la soulager aussi efficacement qu'il l'eût voulu, il lui dit tout bas de se rendre devant son appartement pour le temps qu'il lui assigna. A l'heure marquée , il ouvrit sa fenêtre , reconnut la femme , et lui jeta quelques louis.

A l'âge d'environ huit ans , on suppléa les cérémonies de son baptême. Il fut nommé Louis par le duc d'Orléans et la duchesse douairière de Bourbon. Cet acte de religion fit sur lui une impression assez avantageuse pour qu'on pût en conclure, malgré la légèreté de l'âge, qu'il avoit le cœur fait pour goûter un jour les charmes de la vertu. Les commencemens de son éducation cependant furent assez orageux ; et à travers ses bonnes qualités naissantes , on découvrit en lui le germe de plusieurs autres qui donnoient quelque inquiétude. Si on en excepte un petit nombre d'enfans qu'on pourroit appeler malheureusement nés , et un plus petit nombre encore en qui il sembleroit qu'Adam n'eût pas péché , il est assez ordinaire de remarquer dans l'enfance ce conflict de bonnes et de mauvaises inclinations quoique plus ou moins marquées , selon la diversité des caractères. Mais les plus grandes ames , pour l'ordinaire nourrissent en elles , dès l'âge le plus tendre, je ne sais quel principe d'activité et de force, qui, selon le bon usage ou l'abus qu'elles en font dans la suite, les élève à l'héroïsme de la vertu , ou les précipite dans les excès contraires. Tel étoit le jeune prince ; il étoit aisé de pressentir qu'il ne seroit jamais à demi ce qu'il seroit. Il avoit le caractère ardent et impétueux ; il s'irritoit facilement quand on combattoit ses goûts, et il étoit entier dans ses réponses envers ceux qui vouloient le troubler dans la possession de faire ses volontés. Il n'avoit pas encore dix ans que son esprit, dans ces occasions surtout , se produisoit déjà par ces saillies vigoureuses qui décèlent une ame faite pour penser d'après elle-même. Le cardinal de Fleuri assistant un jour à son dîner, entreprit de lui faire une leçon de modération : il fit pour cela l'énumération de tout ce qui l'environnoit, et à chaque chose qu'il nommoit, il ajoutoit : « Cela, » monsieur, est au roi, cela vient du roi, rien de » tout cela ne vous appartient. » Le Dauphin écouta fort impatiemment la remontrance, sans pourtant interrompre le cardinal. Quand il eut fini, voyant qu'il avoit tout donné au roi, sans lui rien laisser : » Eh bien ! reprit-il avec émotion, que tout le reste » soit au roi, au moins mon cœur et ma pensée » sont à moi. » Une réplique d'un si grand sens étonna le roi et toute la cour , et annonça que l'enfant qui étoit capable de la faire, ne seroit pas un homme ordinaire, et qu'il étoit de la plus grande importance de ne rien négliger pour plier de bonne heure ses inclinations au bien.

Du caractère dont étoit le Dauphin, on peut imaginer que ce qui offensoit son amour-propre, le piquoit toujours au vif. Ayant su qu'un de ses valets de chambre avoit parlé au dehors d'une chose qu'il croyoit de son honneur de tenir secrète, il lui en témoigna son indignation ; et l'on eut toutes les peines du monde à l'engager à lui pardonner. On remarquoit encore en lui de l'éloignement pour les choses sérieuses, et quelquefois même pour les personnes qui vouloient l'y appliquer. Les leçons de son gouverneur lui plaisoient beaucoup plus que celles de son précepteur. Examiner un automate qui représentoit un cheval de bataille, voir faire l'exercice , assister aux revues du roi , monter à cheval , voir ruiner un tertre par une batterie de petits canons , tirer sur du gibier qu'on lui rassembloit dans un fossé, c'étoient là autant d'exercices qui le transportoient , et l'occupoient tout entier.

Louis XV, pour exercer ses troupes pendant la paix, ayant ordonné un camp devant Compiègne, profita de la circonstance pour donner à son fils, âgé de dix ans , la première leçon d'expérience dans l'art militaire. Ce qui se passe entre deux armées ennemies, attaque , défense, prise de place , retraite , marche, contre - marche , ruse de guerre , tout , excepté l'effusion du sang , étoit imité au naturel par les troupes du camp , partagées en deux corps. Le Dauphin suivit toutes les opérations avec un intérêt incroyable ; rien n'échappoit à son attention. Son gouverneur eû voulu, pour la première fois, se contenter de lui faire faire les grandes observations ; mais il l'obligeoit par ses questions à descendre jusque dans les moindres détails. Toute espèce d'occupation tumultueuse étoit du goût du jeune prince. Mais quand il falloit ensuite passer au sérieux de l'étude, prendre une leçon de géographie, d'histoire, ou de langues, on ne sauroit imaginer combien il lui en coûtoit, et il lui arriva quelquefois de dire net qu'il n'en feroit rien ; qu'il ne falloit pas être Dauphin de France pour avoir tant de mal. Cependant on tenoit ferme, et il falloit que la tâche qu'on lui avoit imposée fût remplie, sous peine de rester en pénitence, et de ne point sortir de son appartement. L'expérience qu'il en fit quelquefois, l'obligea à marquer dans la suite moins de résistance.

Louis XV prenoit quelquefois plaisir à lui faire raconter ses petites peines. Quoique ce prince aimât tendrement ses enfans, il souscrivoit toujours aux dispositions de ceux qu'il avoit préposés à leur éducation, et faits dépositaires de son autorité en cette partie. Il se permettoit seulement de solliciter de temps en temps quelques grâces en faveur du Dauphin, mais sans jamais les exiger, et souffrant même qu'on lui représentât quelquefois qu'il ne séroit pas à propos qu'on les lui accordât. Les enfans des rois sucent, pour ainsi dire, avec le lait, le sentiment de leur grandeur : toutes les marques extérieures de respect que leur prodiguent ceux qui les environnent, leur font bientôt apercevoir qu'ils sont au-dessus de tous. Jamais prince ne commença à le sentir plutôt que le Dauphin : il étoit encore sous la conduite de sa gouvernante, qu'il se prévaloit de la prééminence de son rang. Une des princesses ses sœurs, étant à table avec lui, se mettoit en devoir de se servir la première : « J'aurois cru, madame, lui » dit le petit Dauphin, que quand je suis ici, » c'est à moi que les honneurs sont dus, » et en parlant il se fit justice à lui-même. Ce trait lui attira de la part de sa gouvernante, le reproche de connoître mieux les droits de sa naissance, que ceux de la politesse. Quand il commandoit, c'étoit toujours en maître absolu; il portoit ses prétentions jusqu'à croire que les élémens devoient aussi lui être soumis. Un jour que passant par un corridor, il entendoit le vent siffler à ses oreilles d'une manière désagréable, il se retourna vers les officiers de sa suite, et leur dit avec vivacité : « Faites donc taire ce vent-là. » Mais ce qui choquoit toutes ses idées, c'étoit de voir qu'au milieu des égards et de la soumission de tous les courtisans qui l'approchoient, quelques particuliers prissent avec lui le ton de maîtres, et prétendissent lui faire la loi, et contredire habituellement ses penchans les plus chers : « M. de Saint-Cyr, disoit-il un jour au roi, est un hom- » me qui n'entend point raison. J'imagine bien, » répondit le prince, que votre raison ne doit pas » être tout-à-fait d'intelligence avec la sienne, » mais avec le temps elles pourront se rapprocher » et faire la paix. » Jamais prédiction ne se vérifia plus parfaitement.

L'abbé de Saint-Cyr étoit un de ces hommes rares, faits pour suivre avec succès l'éducation d'un jeune prince. Il joignoit à une ame solidement vertueuse, un esprit orné de toutes les connoissances nécessaires ou utiles à son élève. Il étoit d'un caractère modéré, ferme et uniforme,

sachant employer à propos les motifs les plus capables d'exciter l'émulation d'un enfant, et les
moyens les plus sûrs pour lui rendre la vertu aimable et le travail agréable. Convaincu que son premier
devoir étoit d'être utile à son élève, il ne négligea
rien pour gagner son affection ; mais il étoit fort
éloigné de la mendier en flattant ses goûts, ou en
dissimulant ses défauts. Et c'est là, sans doute, la
règle que suivroient les instituteurs de la jeunesse,
surtout ceux des grands, s'ils étoient toujours conduits par la religion, ou même par une prudence
mieux entendue sur leurs véritables intérêts. Il est
bien rare qu'on prépare sa fortune, en se faisant
le fauteur ou le ministre des passions d'un enfant.
Mais un maître fidèle aux devoirs sacrés de sa
profession, est toujours sûr de l'estime de son
élève; et, si c'est une ame bien née, il peut
compter sur toute sa reconnoissance. C'est ainsi
que le Dauphin, après son éducation, admit l'abbé de Saint - Cyr au nombre de ses amis les plus
intimes.

Ce qui dégoûte des sciences les esprits les plus
propres à s'y distinguer, et rebute surtout les caractères vifs, c'est la sécheresse des premiers élémens : ils n'aperçoivent pas d'abord le but où l'on
veut les conduire ; ils s'irritent, et désespèrent de
jamais y arriver ; mais ce premier obstacle sur-
monté, on les voit s'avancer à grands pas, et laisser bien loin derrière eux, ceux qui courent la
même carrière. Quand une fois le Dauphin commença à entendre les auteurs qu'on lui faisoit expliquer, la curiosité lui en rendit la lecture agréable. Un degré de connoissance qu'il acquéroit, le
charmoit, et lui faisoit désirer d'en acquérir un
nouveau. Quelque jeune qu'il fût, il ne se borna

jamais, comme la plupart des enfans, à rendre des mots pour des mots : les choses étoient toujours ce qui l'occupoit le plus ; et souvent le désir de voir le dénoûment d'une négociation, ou l'issue d'une bataille, l'emportoit beaucoup au delà de la tâche qu'on lui avoit assignée, et lui faisoit oublier de prendre sa récréation. Voici ce qu'écrivoit de lui un homme qui ne sut jamais flatter, l'évêque de Mirepoix, son précepteur : « A peine
» fut-il sorti de l'enfance, qu'on remarqua en lui
» une conception aisée, une mémoire qui s'em-
» paroit de tout, une curiosité savante qui éton-
» noit ses maîtres, des applications promptes et
» justes de ce qu'il savoit déjà. Jusque dans les
» instans d'ennui, que la sécheresse des premiers
» élémens lui apportoit quelquefois, il laissoit
» échapper des traits qui déceloient ses disposi-
» tions ; et l'on pressentoit à son insu, que, dans
» le genre qu'il voudroit, il seroit un jour savant,
» pour ainsi dire, malgré lui. »

Ayant lu dans la vie d'un ancien philosophe, qu'il ne parloit jamais sans nécessité et que pour dire des choses sensées, il lui prit envie de l'imiter ; et, sans communiquer son dessein à qui que ce fût, il prit tout-à-coup un air grave et composé, des manières sérieuses, et contre son ordinaire, il se mit à l'étude en silence ; il étudia avec la plus grande application. Si on lui adressoit la parole, il ne répondoit que par monosyllabes. Quand son précepteur, en lui donnant sa leçon, vouloit, selon sa coutume, l'égayer par des réflexions amusantes : « Suivons notre objet,
» lui disoit-il, ne faisons pas les enfans. » Si on lui disoit quelque chose qui ne fût pas du plus grand sens, il gardoit un silence stoïque, ou il

répondoit : *Fades propos, paroles inutiles que tout cela ; quand est-ce que les hommes penseront avant de parler ?* Le personnage étoit trop étranger à son caractère, pour qu'il pût jamais se le rendre propre. Il le soutint néanmoins quelque temps, et jusqu'à acquérir assez d'empire sur son imagination pour pouvoir étudier, sans se distraire, deux heures de suite le matin, et autant le soir. Ce qui lui coûtoit alors, n'étoit plus tant l'étude, que le passage des amusemens et de la récréation à l'étude. Un jour que l'abbé de Saint-Cyr l'avertissoit qu'il étoit temps de prendre sa leçon : « Je suis bien sûr, lui dit-il, qu'on n'a
» pas assujetti tous les princes à apprendre le la-
» tin comme moi ; parlez-moi en conscience, ce-
» la n'est-il pas vrai ? — Je ne vous le dissimule-
» rai pas, lui répondit l'abbé, cela n'est que trop
» vrai, nos histoires en font foi, et nous offrent
» quantité de princes qui se sont rendus mépri-
» sables par une grossière ignorance. » Le Dauphin sentit toute l'énergie de cette réponse ; il ne l'oublia jamais, et elle fut dans la suite comme une barrière insurmontable à la vivacité de son caractère. Passer de l'amusement du jeu au sérieux du travail, lui paroissoit bien dur ; mais être un prince ignorant avoit quelque chose de si humiliant à ses yeux, que rien ne lui sembloit impossible pour en éviter la honte. Quoique ce ne fût encore là que sacrifier une passion à une autre, l'amour du plaisir à l'amour de la gloire, on fut cependant charmé de reconnoître ces dispositions dans le jeune prince, parce qu'on ne doutoit pas que la raison, éclairée par la religion, ne dût bientôt les épurer et les perfectionner.

En effet, à mesure que le Dauphin avançoit en

âge, il s'apercevoit lui-même de ses défauts ; il en convenoit, et il travailloit sincèrement à s'en corriger. Le comte de Châtillon lui parloit un jour de ses vivacités : « Je vous avertis, monsieur, » lui dit-il, que je désavoue par avance toutes les » sottises que je pourrai faire à l'avenir : imagi- » nez-vous, dans ces momens, que c'est le vent » qui souffle. » Un jour qu'il se laissoit emporter à son humeur, son gouverneur, faisant allusion au propos qu'il lui avoit tenu, dit que le vent étoit bien grand : « Oui, oui, monsieur, reprit-il » avec émotion, et la foudre n'est pas loin. » Le gouverneur, contrefaisant l'homme qui avoit peur, se boucha les oreilles : le prince se mit à rire, vint l'embrasser et lui dit : « J'avois pourtant bien » promis de ne plus me mettre en colère, je vous » en fais mes excuses. »

Le Dauphin, fort jeune encore, étoit très-curieux de sa bibliothèque ; il n'y vouloit que de beaux livres ; et n'étant pas encore en état d'apprécier le mérite de l'auteur, il portoit son jugement sur celui de l'imprimeur et du relieur. C'est à la délicatesse de son goût que nous sommes redevables de plusieurs belles éditions du Louvre faites en sa faveur. Il avoit surtout une prédilection marquée pour les livres de piété qui étoient à son usage ; il en prenoit un soin particulier. Il lui prit un jour envie de faire relier en vert tous ceux qui étoient d'une autre couleur. Il en parla à l'abbé de Saint-Cyr, qui lui dit qu'il le satisferoit volontiers, s'il pouvoit lui donner quelque raison plausible de ce goût, qui ne lui paroissoit qu'une fantaisie d'enfant. L'abbé, en disant ces paroles, passa pour un instant dans une chambre voisine. Le Dauphin, piqué de ce qu'on supposoit qu'il pût se déterminer sans raison, en chercha une que la vivacité de son esprit lui présenta sur-le-champ. Il l'écrivit promptement sur le premier morceau de papier qu'il trouva sous sa main, et avant que l'abbé de Saint-Cyr ne fût rentré, il la mit sur son bureau ; elle étoit en latin, et conçue en ces termes : *Naturam sequi ducem ac magistram semper debemus : cùm autem natura sit ubique viridis, non immeritò volo omnes libros meos devotionis esse virides.* Ce qu'on peut rendre ainsi : « Nous devons toujours nous » rapprocher de la nature, et la prendre pour » modèle ; or, comme la nature n'offre partout à » nos regards que de la verdure, ce n'est pas sans » fondement que je demande que tous mes livres » de piété soient reliés en vert. » Si le goût étoit d'un enfant, il faut en convenir, la manière de le justifier étoit digne d'un homme fait.

Cependant la reine ne cessoit de demander à Dieu que le fils qu'il lui avoit donné, pour être l'appui du trône, devînt aussi celui de la religion ; et comme ceux qui étoient témoins des gémissemens de Monique sur les égaremens d'Augustin, disoient que le fils de tant de larmes ne pouvoit périr ; ceux aussi qui connoissoient tout ce que faisoit cette pieuse mère pour obtenir de Dieu que le Dauphin fût un prince selon son cœur, eussent pu dire également que le fils de tant de bonnes œuvres ne pouvoit manquer de devenir un modèle de vertu. Tout l'argent dont cette princesse pouvoit disposer, étoit employé en œuvres de charité ; et comme le Dauphin avoit aussi sa cassette, elle en dirigeoit l'usage, en faisant semblant de le lui abandonner, et tâchoit surtout de le former par ses exemples à la compassion pour les malheureux. Ayant appris que l'éducation des pauvres enfans de Paris étoit abandonnée, elle résolut d'y pourvoir autant qu'elle le pourroit ; et pour inspirer au Dauphin les mêmes sentimens, elle lui peignit un jour le malheur de ces pauvres enfans qui, lorsqu il avoit lui-même tout en abondance, manquoient des secours les plus essentiels pour le corps et pour l'ame. Elle lui ajouta qu'elle étoit disposée à contribuer à leur faire donner une éducation chrétienne. Le Dauphin dit aussitôt qu'il vouloit avoir part à cette bonne œuvre, qu'il donnoit tout ce qu'il y avoit dans sa cassette. C'est ainsi qu'une mère chrétienne sait tirer de ses vertus le double mérite de les pratiquer elle-même , et de les inspirer à ses enfans.

Mais rien peut - être ne fut plus avantageux à l'enfance du jeune prince , et ne contribua plus efficacement à adoucir et à former son caractère, que l'étroite amitié qu'il lia avec madame Henriette et madame Adélaïde. Il ne m'est permis de parler ici que de l'aînée de ces deux princesses. Quoiqu'elle fût d'un caractère assez opposé à celui du Dauphin , elle sut gagner toute sa confiance, dont elle usa toujours pour le porter au bien , et lui inspirer le goût de la vertu. L'étroite union qui régnoit entr'eux charmoit le roi et la reine. Ils ne se voyoient jamais assez, leurs entretiens étoient toujours trop courts à leur gré ; ils eussent passé ensemble les journées entières sans s'ennuyer. Dans un de ces momens où ils s'ouvroient leurs cœurs avec cette aimable franchise que donne une confiance réciproque : « Mon frère, dit » la jeune princesse au Dauphin, nous sommes » environnés de flatteurs intéressés à nous déguiser la vérité ; notre intérêt pourtant est de la

» connoitre ; convenons d'une chose, vous m'a-
» vertirez de mes défauts , je vous avertirai des
» vôtres. » La proposition fut acceptée. Il étoit
bien rare que le Dauphin trouvât à reprendre
dans la conduite de la princesse ; mais cette régularité même qu'il remarquoit en elle, le disposoit de plus en plus à la confiance , et donnoit
un nouveau poids aux avis qu'elle lui donnoit.
Long-temps avant qu'il fît sa première communion , elle l'entretenoit de la grandeur de cette action , et de l'influence qu'elle a sur tout le reste
de la vie ; et ces leçons d'amitié faisoient sur son
cœur les plus heureuses impressions.

Il reçut le sacrement de confirmation au mois
de février 1741. On continua ensuite à lui faire
les instructions qui devoient le disposer plus pro-
chainement à sa première communion : il la fit
au mois d'avril de la même année , à la paroisse
du château. Il n'avoit pas encore atteint l'âge de
douze ans. Les sentimens de foi et d'amour qu'il
fit paroître aux approches et le jour de cette auguste cérémonie , annoncèrent qu'il sentoit parfaitement le bienfait du Seigneur qui se communiquoit à lui. Il avoit dès lors l'ame ferme et constante ; sa piété ne ressembla point à celle de la
plupart des jeunes gens , qui s'affoiblit insensiblement, et paroît quelquefois entièrement étein-
te peu d'années après une première communion ;
elle alla toujours croissant, sans jamais se dé-
mentir ; et sa persévérance doit sans doute être
attribuée à la résolution qu'il forma et suivit toujours fidèlement , de faire toute sa vie un saint
et fréquent usage u sacrement qu'il recevoit pour
la première fois.

Personne ne douta plus alors que ses inclinations ne se fixassent dans le bien. Il lui échappoit encore de temps en temps quelques fautes ; mais elles étoient du nombre de celles qu'on pardonne aisément à la jeunesse , et toujours son cœur les désavouoit. Son précepteur lui faisant un jour parcourir la Table chronologique des rois ses ancêtres, lui demanda auquel de tous il aimeroit mieux ressembler : « A saint Louis, répondit-il aussitôt ; je » voudrois bien devenir un saint comme lui ! »

La vertu dans un jeune prince a des attraits bien puissans : le Français , naturellement attaché à ses maîtres , sembloit éprouver pour le Dauphin un amour de prédilection , qu'il lui témoignoit dans les occasions. Le jour qu'il fit sa première entrée dans Paris, fut pour lui le plus beau jour de triomphe , et pour les habitans un vrai jour de fête. Curieux de jeter un regard sur la capitale , après avoir entendu la messe dans la métropole , il monta sur une des tours de cette église, d'où il contempla à loisir la vaste enceinte de la ville. Il partit ensuite pour le château de la Meute , d'où il se rendit l'après - dînée au jardin des Tuileries. Les rues par où il passa étoient bordées d'une foule innombrable de peuple , qui poussoit des cris de joie , et qui jetoit sur lui les regards de complaisance d'une mère sur son fils unique. On croyoit découvrir dans sa physionomie les indices du bonheur futur de la nation. On étoit charmé de l'air de noblesse et de bonté qui étoit peint sur son visage , et l'on jugeoit par tout son extérieur que la flatterie n'avoit point de part aux éloges qu'on donnoit tous les jours aux qualités de son cœur. Le jeune prince avoua lui-même que cette joie universelle dont il avoit été témoin , l'avoit flatté beaucoup plus agréablement que le brillant appareil de la cérémonie ; et comme le roi lui demandoit ce qui lui avoit fait plus de plaisir dans Paris : « C'est, » lui répondit-il, de voir que j'y étois le bienvenu. »

La légèreté de l'âge, jointe aux autres défauts dont nous avons parlé, avoit retardé pour un temps les progrès de l'éducation du Dauphin ; mais comme le mal n'avoit point son principe dans le cœur, il céda bientôt à la réflexion ; et la raison, dirigée par la religion, ne l'eut pas plutôt éclairé sur ses vrais devoirs, qu'il se porta de lui-même à les remplir. Ses heureuses inclinations ne trouvant plus d'obstacles, se développèrent de la manière la plus sensible, au grand contentement de la famille royale. Chaque jour sembloit ajouter quelque chose au précédent. C'est alors que la reine parut au comble de ses vœux ; et dans un de ces momens où elle goûtoit pleinement la douce satisfaction de se voir mère d'un fils vertueux, on lui entendit dire : « Je n'ai qu'un fils ; mais le Ciel qui me l'a » donné, a pris plaisir à le former sage, vertueux, » bienfaisant, tel enfin que j'aurois à peine osé » l'espérer. »

« Ses défauts, écrivoit le duc de Châtillon, ne » m'ont donné d'inquiétude que jusqu'à ce que » j'aie reconnu la source d'où ils partoient. Une » vivacité bouillante, et le sentiment précoce de » sa destinée en sont le principe ; mais le cœur est » trop bon pour qu'on ait à craindre des suites. Il » me dit bien que je me moque de lui, qu'il saura » en rabattre de ce que j'exige : sa mauvaise hu- » meur dure un moment, il vient l'instant d'après » m'offrir la paix en avouant ses torts. »

Ce que le Dauphin corrigea le plus difficilement dans son caractère, ce fut un penchant violent pour la plaisanterie mordante, grand défaut dans

un prince : on lui attribue plusieurs allusions ingénieuses, plusieurs bons mots pleins de sel et d'é-
nergie. Sa vivacité naturelle lui avoit fait contrac-
ter dès l'enfance l'habitude de remuer les pieds
lorsqu'il se tenoit debout. Une dame de la cour,
qui avoit coutume de lui dire librement sa façon
de penser, lui donnoit un avis à ce sujet. Le prince,
qui avoit appris depuis peu que la même dame
s'étoit conduite dans une affaire d'une manière
peu conforme aux principes rigoureux de droiture
dont elle se piquoit, lui répondit en plaisantant :
» Je vous avoue , madame, que plus j'étudie la
» cour, plus je me persuade qu'il est bon de savoir
» s'y tenir tantôt sur un pied tantôt sur l'autre. »
La dame, qui ne manquoit pas d'esprit, sentit où
le coup portoit ; et le courtisan, qui entend à demi-
mot, n'a pas besoin d'explication.

Une tournure d'esprit délicate et enjouée lui
fournissoit quelquefois des traits de satire déses-
pérans pour ceux qui en étoient atteints. Il s'éleva
un jour à cette occasion une contestation fort vive
entre lui et le chevalier de Montaigu. Comme
ils ne purent pas s'accommoder , le Dauphin
prétendant que le propos qu'il avoit tenu n'étoit
qu'une vérité qu'il étoit permis de dire sans conséquence , et le chevalier de Montaigu soutenant
qu'il renfermoit une médisance impardonnable, on
convint de part et d'autre de prendre pour arbitre du différend, l'abbé de Saint-Cyr : il étoit absent, le Dauphin lui écrivit : « On pourroit peut-
» être, lui dit-il dans sa lettre, m'accuser de mé-
» disance, si je disois que monsieur N. n'entend
» rien à la guerre ; que monsieur N. remplit sa
» charge à faire pitié ; que monsieur N. a manqué
» sa vocation ; mais me faire un cas de conscience

» d'avoir dit mon sentiment sur la conduite de
» monsieur N., c'est pousser trop loin le scrupule.
» Au reste, nous vous avons fait l'arbitre de notre
» procès, vous pouvez prononcer, votre jugement
» sera notre règle. » L'abbé de Saint-Cyr lui répondit qu'il étoit fâché de ne pouvoir faire pencher
la balance de son côté ; qu'il auroit pu , sur son
exposé, soupçonner le chevalier de Montaigu d'être
d'une morale trop austère ; mais qu'il lui étoit
tombé entre les mains une pièce qui faisoit preuve
contre lui en faveur de son adversaire : il lui indi-
qua la date de la lettre que nous venons de citer,
et lui ajouta, qu'en sa qualité de juge il le condamnoit à tous dépens et dommages envers les
personnes lésées ; et que pour compenser le droit
d'épices , dont il vouloit bien lui faire remise, il
l'obligeoit seulement à réciter le troisième chapi-
tre (1) de l'Épître de saint Jacques. C'est sur ce
ton de plaisanterie que l'abbé de Saint-Cyr donnoit ses leçons au Dauphin , quand il reconnut
qu'il suffisoit de lui montrer le bien pour qu'il s'y
portât. Ce ne fut cependant que par de longs efforts
de vertu , qu'il vint à bout de réprimer cette humeur satyrique qui le dominoit dans sa jeunesse.
Il en éprouva même encore quelquefois les saillies
dans un âge plus avancé ; mais c'étoient alors des
surprises que sa vivacité naturelle pouvoit excuser,
et que son bon cœur et sa religion ne lui pardon-
noient jamais. Depuis quelque temps, un seigneur
et une dame, par des assiduités indiscrètes, procu-
roient aux courtisans désœuvrés la double satisfaction de pouvoir charmer leur ennui , en exerçant
leur malignité. Le Dauphin avoit ouï parler plus
d'une fois du prétendu commerce de galanterie

______

(1) Il y est parlé des maux que cause la langue.

qu'on supposoit entre ces deux personnes. La dame, sur ces entrefaites , vint faire sa cour au prince. Dans la conversation , elle lui offrit une occasion si favorable de placer un bon mot relatif aux bruits qui courroient sur son compte, qu'il n'y résista pas ; mais le trait ne fut pas sitôt parti , qu'on eût dit qu'il s'en étoit blessé lui-même , et plus on s'en divertissoit à la cour , plus il sentoit augmenter son regret : « Non, disoit-il, je ne me pardonnerai » jamais d'avoir si cruellement affligé cette pau- » vre dame, que j'ai toujours crue, dans le fond, » plus imprudente que coupable. » Ce sentiment du Dauphin étoit d'autant plus juste, que ce qu'on pourroit imaginer de plus mordant, le seroit moins que la plaisanterie qui lui étoit échappée. Mais je croirois offenser sa mémoire, en donnant une nouvelle publicité à un trait de satire qu'il a lui-même désavoué par le repentir, et qu'il eût voulu pouvoir ensevelir dans le plus profond oubli.

Les différentes occasions mettoient de jour en jour en évidence la noblesse de ses inclinations. Lorsque en 1744 il vit que le roi se disposoit à partir pour se mettre à la tête de ses armées (il n'étoit alors âgé que de quatorze ans ,) il lui fit mille instances, pour obtenir qu'il lui permît d'aller combattre avec lui les ennemis de l'état. Le roi ne crut pas devoir le lui accorder; mais pour adoucir la peine que lui causoit ce refus , il fut obligé de lui promettre qu'ils feroient ensemble la première campagne, et nous verrons qu'il lui tint parole.

Ce fut pendant cette guerre , que Louis XV essuya la maladie cruelle qui pensa l'enlever à la France. Le prince Charles , frère de l'empereur , ayant passé le Rhin , et pénétré dans l'Alsace , le roi avoit laissé sous les ordres du maréchal de Saxe les troupes qu'il avoit jugées nécessaires pour contenir les Impériaux du côté de la Flandre ; et lui-même, avec le reste de son armée, avoit dirigé sa marche vers la Lorraine. Arrivé à Metz, il fut attaqué d'une maladie, dont le danger parut d'abord extrême. La reine, à la première nouvelle de cet accident, étoit partie pour se rendre auprès de lui. Le Dauphin voulut la suivre, et dès le lendemain il se mit en route. Le roi en fut informé, et craignant autant pour la santé de son fils que pour la sienne, il lui envoya ordre de reprendre le chemin de Versailles. Il étoit déjà à Verdun, quand il rencontra l'officier chargé de lui notifier les intentions de sa majesté. Ce qui l'eût arrêté en toute autre circonstance, ne lui parut point un obstacle en celle-ci ; et consultant plus son cœur que son gouverneur, il se persuada qu'il étoit dans le cas où la tendresse pouvoit le dispenser de l'obéissance ; il se trouvoit d'ailleurs à très-peu de distance de l'endroit où le roi étoit malade : il ne put se résoudre à retourner sans l'avoir vu. Le duc de Châtillon le suivit plutôt qu'il ne le conduisit. Mais où parut d'une manière bien touchante toute la sensibilité de son cœur, ce fut au moment où on lui donna le faux avis que le roi étoit à la dernière extrémité, et sans nulle espérance de guérison. Un jeune prince de quinze ans, fils moins affectionné, eût pu découvrir dans le brillant d'une couronne et dans la perspective de l'indépendance, un motif de consolation ; mais le Dauphin ne vit dans la nouvelle qu'on lui annonçoit, que le malheur affreux de perdre un père ; et c'est dans le premier transport de sa douleur, que lui échappa cette exclamation si attendrissante, dont on a parlé

dans toute la France : « Ah ! pauvres peuples,
» qu'allez-vous devenir ? Quelle ressource il vous
» reste ! moi.... un enfant.... ô Dieu ! ayez pitié
» de ce royaume, ayez pitié de moi ! » Le roi étoit
en pleine convalescence quand le Dauphin arriva
à Metz : il le reçut avec bonté, excusant sa faute
par le motif ; mais comme il régnoit des maladies
dans le pays , et qu'il avoit eu un léger accès de
fièvre en arrivant, il le fit partir peu de jours après
pour Versailles. Il n'usa pas de la même indulgence
envers le duc de Châtillon : ce fut à l'occasion de
ce voyage qu'il reçut ordre de se retirer dans ses
terres. On ne peut s'empêcher de prendre part à
la disgrâce de ce seigneur , sans qu'on puisse dire
néanmoins qu'elle n'ait pas été méritée , n'eût-
elle eu d'autre fondement que de n'avoir pas obligé
le Dauphin de retourner à Versailles , lorsqu'il sut
que c'étoit la volonté du roi. Les ordres du prince , quand ils sont formels, ne doivent point être
interprétés , mais exécutés ; à moins qu'on ne
se trouve dans la circonstance rare de ne pouvoir
le faire, sans manquer à ce qu'on lui doit , ou à
ce qu'on doit à sa propre conscience. Mais il paroît
assez probable que le motif principal de la disgrâce
du duc , fut qu'ayant cru la maladie du roi déses-
pérée, il avoit donné au jeune prince , son élève,
des conseils relatifs à la position où il le croyoit ;
et cette conjecture est fondée sur ce que disoit un
jour Louis XV à un seigneur qui tenoit note des
anecdotes de la cour : il lui demanda s'il se rappeloit ce qui étoit arrivé il y avoit quatre ans , à
pareil jour. Sur ce que le seigneur lui répondit
qu'il ne se le rappeloit pas : « Consultez votre jour-
» nal, lui dit le roi, vous y verrez la disgrâce du
» duc de Châtillon. Vraiment, ajouta-t-il , il se

» croyoit déjà maire du palais. » C'est ainsi que ce qui pourroit être envisagé comme un trait de sagesse, devient quelquefois, par l'événement, une imprudence impardonnable. Le Dauphin fut vivement affligé d'une disgrâce qu'il s'impuloit à lui-même. Plein de respect cependant pour les volontés du roi, ses regrets ne furent mêlés d'aucunes plaintes : il s'abstint même pendant quelque temps de parler de son gouverneur. La première fois qu'il le fit, ce fut en se promenant dans le parc de Versailles avec l'abbé de Marbœuf : « Je » me rappelle, lui dit-il en lui montrant un banc, » qu'un jour que j'étois assis en cet endroit avec » M. de Châtillon, il me donna des avis que je » n'oublierai jamais. » Il lui resta toujours sincèrement attaché. Il se fit un devoir de le protéger en toute occasion, lui, sa famille, ses amis ; et le roi, loin de s'en offenser, applaudissoit à son bon cœur.

Cependant la maladie que Louis XV venoit d'essuyer, le fit penser à affermir son trône par le mariage du Dauphin. Il jeta les yeux sur Marie-Thérèse, infante d'Espagne. M. de Vauréal, évêque de Rennes, fut chargé de négocier cette alliance auprès de Philippe V. Elle étoit trop honorable à ce prince, pour qu'il ne s'empressât pas de la conclure. Mais la princesse parut beaucoup plus flattée de l'exposé fidèle qu'on lui fit du mérite personnel du Dauphin, que de la perspective du premier trône de l'Europe. La surveille du jour où elle devoit arriver, le roi s'avança, avec le Dauphin, à sa rencontre. Ils se joignirent un peu au-dessus d'Etampes, où ils revinrent coucher. Le lendemain on dîna à Sceaux. Le roi et le Dauphin partirent le soir pour Versailles. La future Dauphine s'y rendit le lendemain matin , 23 février 1745 , jour auquel étoit fixée la célébration du mariage.

Marie-Thérèse ne manquoit d'aucune des qualités qui pouvoient lui attacher le Dauphin. Elle avoit de l'élévation dans les sentimens, de la douceur et de l'aménité dans le caractère, une piété solide. Dieu bénit une alliance où deux jeunes époux, sous les auspices de la religion, se consacroient mutuellement les prémices de leur cœur; et le temps qu'ils vécurent ensemble, ils le passèrent dans l'union la plus intime, sans que le plus léger nuage refroidît d'un seul instant leur tendresse réciproque. Rien, ce semble, ne manquoit au bonheur de ces illustres époux ; mais le bonheur, ici-bas, n'est qu'un fantôme qui échappe quand on le saisit, et que nulle puissance humaine ne sauroit fixer à sa suite : le Dauphin ne vécut avec l'infante d'Espagne qu'autant de temps qu'il en falloit pour apprécier son mérite, et sentir plus amèrement sa perte. Cette princesse s'étoit déjà montrée à la nation sous des rapports si intéressans, qu'elle emporta, en mourant, ses regrets les plus sincères. Elle laissa une princesse qui ne lui survécut que deux ans.

La tendresse que le Dauphin avoit pour son épouse n'avoit point de bornes. La douleur qu'il ressentit de sa perte fut extrême. Et, quoiqu'il se soumît par religion aux ordres de la Providence, il étoit aisé de s'apercevoir que la plaie faite à son cœur n'étoit pas encore fermée. Cependant comme il étoit seul héritier du trône, on lui proposa bientôt de nouveaux engagemens ; l'amour du bien public obtint son consentement, malgré ses répugnances ; et six mois après avoir perdu une épouse qu'il aimoit uniquement, il donna sa main à la fille d'un prince qui étoit assis sur le trône du roi Stanislas son aïeul. C'est ainsi que les alliances des enfans des princes, au lieu d'être pour eux, comme pour les particuliers, le plus doux exercice de leur liberté, sont souvent de vrais sacrifices, commandés par l'intérêt de l'état, sacrifices pourtant dont on ne pense pas même à leur tenir compte. Mais les bienfaits oubliés des hommes sont ceux que le Ciel prend soin de récompenser plus libéralement. Marie Josèphe de Saxe, que le Dauphin n'épousa que par la seule considération du bien public, fit le bonheur de sa vie par ses vertus, comme elle faisoit celui de l'état par une heureuse fécondité.

Cette princesse étoit fille de Frédéric-Auguste, troisième du nom, roi de Pologne, électeur de Saxe. Elle naquit à Dresde le 4 novembre 1752. Quelques personnes ont cru que sa mère, par un amour de prédilection, avoit suivi plus particulièrement son éducation que celle des autres princesses ses sœurs ; mais cette reine étoit trop judicieuse et trop bonne mère, pour ne pas partager également ses faveurs et ses soins entre tous ses enfans : cette conjecture n'étoit fondée sans doute que sur les progrès rapides que fit la jeune princesse dans les différens genres d'étude auxquels on l'appliqua. Jusqu'à l'âge de sept à huit ans, on ne lui mit en mains que des livres de religion ; on ne lui donna que des leçons relatives à cet objet. Elle savoit dès lors l'histoire de l'Ancien et du Nouveau Testament. Elle étoit parfaitement instruite sur les règles de la morale. Elle avoit sur le dogme toutes les connoissances qui conviennent à une princesse ; et ce ne fut que par un certain respect pour l'usage, qu'on différa de lui faire

faire sa première communion. Sa piété répondoit
à ses connoissances : et une personne qui a parta-
gé les soins de son éducation , et qui l'a suivie en
France à son mariage , écrivoit qu'elle étoit née
vertueuse , et que depuis qu'elle eut le premier
usage de la raison jusqu'à sa mort , on ne s'étoit
point aperçu que sa ferveur se fût ralentie un seul
jour. « Sa piété, ajoute-t-elle, fut toujours égale-
» ment vive , sincère et active. » Elle étoit d'un
caractère aimable , mais vif et ardent. Elle avoit
l'esprit juste ; et sans aimer à disputer , elle tenoit
assez à son sentiment , qui étoit en effet presque
toujours le meilleur. Quoique plusieurs des princes et princesses , ses frères et sœurs , eussent sur
elle l'avantage de l'âge , elle avoit le talent de les
amener à sa façon de penser , sans même qu'ils
s'en aperçussent. Mais ayant l'ame élevée et le
cœur bon , jamais elle n'usa que pour des vues
louables , de cette espèce d'empire que lui donnoit la supériorité de son esprit et de ses connoissances. Outre sa langue naturelle, on lui enseigna
la latine , la française et l'italienne. L'histoire ,
le dessin , la danse et la musique entrèrent aussi
dans le plan de son éducation. Elle étoit d'une
avidité extraordinaire pour apprendre. Lorsque
les maîtres , chargés de lui donner ses différentes
leçons , retardoient de quelques instans : « Voilà ,
» leur disoit-elle en regardant sa montre , tant de
» minutes de perdues. » Ses progrès répondoient
à son ardeur pour l'étude , et étonnoient ses instituteurs. Elle parvint à expliquer , à livre ouvert
et avec la plus grande aisance , les auteurs latins
et italiens , poètes et autres. Le français étoit, des
langues qu'elle savoit , celle qui lui étoit la moins
familière ; mais peu de temps après son arrivée

en France , elle l'écrivit et le parla dans sa plus grande pureté ; et, à un petit accent près , qu'elle conserva toujours dans la prononciation , et qui ne déplaisoit pas , on n'eût point soupçonné , à l'entendre , qu'elle parlât une langue étrangère.

La princesse étoit âgée d'environ treize ans , lorsqu'il lui fut annoncé , d'une manière assez singulière , qu'elle deviendroit Dauphine de France. La curiosité l'avoit conduite dans l'intérieur du monastère des dames du Saint Sacrement à Varsovie. Etánt entrée dans les dortoirs , qu'elle parcouroit à pas précipités , une religieuse qui vivoit dans la maison en grande réputation de sainteté , se trouva sur son passage , la prit sans façon par la main , et l'arrêta tout court au milieu d'un dortoir. « Madame, lui dit-elle , en la fixant attentivement, » connoissez - vous celle qui a l'honneur de vous » tenir la main. — Je crois , lui répondit la prin- » cesse qui l'avoit déjà vue , que vous êtes la mère » Saint-Jean. — Oui , lui répliqua la religieuse ; » mais je m'appelle aussi Dauphine : et je vous » déclare , souvenez - vous - en un jour , qu'une » Dauphine tient la main d'une autre Dauphine. » Autant le compliment eût paru flatteur dans une autre circonstance , autant il parut déplacé , et en quelque sorte impertinent dans l'état actuel des choses. Car , outre que les intérêts de la cour de France étoient absolument opposés à ceux de la maison de Saxe , Louis XV avoit déjà fait la demande de l'infante d'Espagne pour le Dauphin. Les gazettes avoient annoncé , par toute l'Europe la conclusion de cette alliance : les dames du Saint-Sacrement ne l'ignoroient point. Aussi la jeune princesse attribua - t - elle à la foiblesse de l'âge ce que lui disoit la religieuse : elle dit même aux dames de sa suite que la mère Saint-Jean commençoit un peu à radoter ; et elle ne fit pas plus de cas de sa prédiction , que n'en fait une personne sensée des pronostics· d'un diseur de bonne aventure : en sorte que lorsqu'elle fut sur le point de se vérifier, elle ne se la rappela nullement. Mais quelques jours avant son départ pour la France, la religieuse lui fit dire qu'elle lui demandoit pour grâce de ne la pas regarder comme une radoteuse. La princesse fut étrangement frappée , en comparant l'événement avec la prédiction qui lui en avoit été faite. Les dames du Saint-Sacrement rendirent la chose publique à Varsovie ; et bientôt on en parla en France , et surtout à la cour. Mais comme la Dauphine n'en avoit jamais rien dit, les personnes prudentes avoient toujours traité ces bruits de fables populaires. L'abbé Soldini, son confesseur , étoit de ce nombre ; et pour être en état de les décréditer avec plus d'autorité, il en parla à la Dauphine , et la pria de lui dire ce qui auroit pu y donner occasion. La princesse le surprit beaucoup , en l'assurant que tout ce qu'on lui avoit raconté étoit vrai , jusque dans la moindre circonstance. Elle ajouta qu'elle ne croyoit point que ce fût à elle à divulguer ce fait ; mais que puisqu'il étoit bien aise d'en être éclairci, elle ne pouvoit se dispenser de rendre ce témoignage à la vérité.

Laissant à chacun , comme la Dauphine , la liberté de penser ce qu'il voudra sur la nature de cette prédiction , il me semble au moins qu'on ne sauroit méconnoître, dans son accomplissement , cette Providence admirable qui préside à tous les événemens , qui tourne à son gré le cœur des rois , et donne de temps en temps à l'univers de ces

spectacles qui étonnent et déconcertent la politique
et la sagesse humaine : un traité de paix avoit assuré à Fréderic la possession de la Pologne , et
conservé seulement à Stanislas le titre de roi.
Mais quel fond peut-on faire sur un traité, par
lequel un roi cède sa couronne ? C'est un feu qu'on
a couvert et qui peut , au premier souffle , se ral-
lumer avec plus de fureur. Louis XV , en prince
judicieux et sincèrement ami de la paix , crut
qu'il n'y avoit pas de moyen plus sûr de la fixer entre les deux puissances , que le mariage du Dauphin avec une princesse de la maison de Saxe ; il
le fit proposer : le duc de Richelieu fut chargé
d'aller faire la demande de la princesse Marie Josèphe , dont le mérite n'étoit pas inconnu à la
cour de Versailles. La proposition surprit agréablement le roi de Pologne. L'alliance fut conclue ;
et peu de temps après, la princesse partit pour la
France. Deux jours avant son arrivée à la cour, le
roi et le Dauphin s'avancèrent à sa rencontre : on
se joignit près de Brie-Comte-Robert ; la princesse
descendit la première de voiture , courut se jeter
aux genoux du roi et lui demanda son amitié. Le
roi la releva en l'embrassant , et la présenta au
Dauphin. Après les complimens de la première
entrevue , le roi, le Dauphin et la princesse montèrent dans le même carrosse , et vinrent coucher
à Corbeil. On dîna le jour suivant à Choisy. Le
roi et le Dauphin en partirent le soir pour Versailles. La princesse s'y rendit le lendemain , 8
février 1747 , jour auquel étoit fixée la célébration des noces.

Par cette alliance , la maison de Saxe a servi à
perpétuer les descendans d'un prince qu'elle avoit
dépouillé de ses Etats. Nous vîmes habiter en

même temps, sous le même toit deux princesses de Pologne, filles de deux rois rivaux, et dont l'une eût pu dire à l'autre : Votre père a détrôné le mien. Mais où parut bien l'empire de la religion, c'est dans cette union inaltérable qui régna toujours entre la reine et la Dauphine : c'est surtout dans cette tendre affection que Stanislas témoigna toute sa vie à la fille de celui qui étoit assis sur son trône. Ce prince avoit pour elle les sentimens d'un père pour sa fille : les malheurs qu'elle essuya pendant son séjour en France, devinrent les siens par la part qu'il y prit. Il reçut à sa cour, et il combla de mille marques de bonté, le comte de Lusace, son frère, et la princesse Christine, sa sœur. J'en trouve les preuves dans une infinité de lettres que lui adresse la Dauphine : « Les bontés que vôtre
» majesté m'a toujours témoignées, lui dit-elle en-
» tr'autres choses, me font espérer que vous vou-
» drez bien aussi les accorder, à ma recommanda-
» tion, au comte de Lusace, qui aura l'honneur
» de vous faire sa cour, et de vous remettre cette
» lettre.... Je voudrois pouvoir exprimer de vive
» voix à votre majesté, toute la reconnoissance
» dont je suis pénétrée pour les bontés dont vous
» venez de combler ma sœur; mais je ne puis que
» la sentir. Plus heureuse que moi, elle va être à
» portée de vous faire sa cour ; j'ose encore vous
» la recommander. La douleur que j'ai de me sé-
» parer d'elle, ne trouve d'adoucissement que
» dans les bontés que vous lui témoignez.... »

La raison peut bien admirer ces beaux sentimens, mais la religion peut seule en être le prin-
cipe. Non, il n'y a qu'une religion sainte et divine qui puisse rapprocher ainsi et unir si étroitement des cœurs, que les intérêts les plus puissans et

les plus sensibles sembloient devoir mettre pour
jamais en opposition.

La Dauphine, à la vérité, ne manquoit d'aucune des qualités qui peuvent intéresser ; mais
les plus rares qualités, aux yeux de la prévention,
ne sont souvent que des défauts ; et dans une cour
aussi polie, mais moins religieuse que ne l'étoit
celle de France, c'eût été beaucoup pour la jeune
princesse que ces empressemens n'eussent été
payés que par des froideurs ; et tout son mérite
ne l'auroit point mise à l'abri de bien des désagrémens. Dès son arrivée à Versailles, elle reconnut
la disposition des cœurs, et jugea qu'elle n'avoit
à craindre, de qui que ce fût, ni ressentiment,
ni indifférence ; mais cela ne lui suffisoit pas. Pouvant assez compter sur l'amitié du roi, puisqu'elle
étoit à la cour par son choix, elle voulut d'abord
gagner l'affection de la reine, le cœur du Dauphin, la confiance de la famille royale, et l'estime de tous. L'entreprise étoit digne de son cœur
et de sa religion ; elle y réussit.

La France et l'Europe entière avoient les yeux
fixés sur cette jeune princesse, et la plaignoient
de se trouver dans une situation si critique. On
se demandoit comment elle vivroit avec la reine,
comment elle gagneroit l'affection du Dauphin.
Le peuple politiquoit, le courtisan examinoit ;
mais Dieu agissoit, sa sagesse dirigeoit la princesse, qui parut toujours la moins embarrassée de
tous. Nous nous contenterons de citer ici quelques
traits pris entre une infinité d'autres, qui tous
étoient bien propres à lui concilier les cœurs, et
à donner de sa personne l'idée la plus avantageuse. Quand le Dauphin, la première nuit de ses noces, entra dans son appartement, à la vue de

plusieurs meubles qui avoient été à l'usage de sa première épouse , tous les sentimens de sa douleur se réveillèrent ; quelques efforts qu'il fît , il ne fut pas maître de retenir ses larmes : La Dauphine les vit couler. Toute autre, en pareille circonstance , eût cru s'être tirée avec adresse, en feignant de ne pas les apercevoir ; mais elle entra dans les sentimens du Dauphin, elle prit part à sa douleur , et mêlant ses larmes aux siennes : « Donnez , Monsieur, lui dit-elle, un libre cours » à vos larmes , et ne craignez point que je m'en » offense ; elles m'annoncent au contraire ce que » j'ai droit d'espérer moi-même , si je suis assez » heureuse pour mériter votre estime. » Le troisième jour après son mariage , elle devoit, suivant l'étiquette , porter en bracelet le portrait du roi son père. Quoiqu'on se fût déjà fait de part et d'autre des protestations bien sincères d'oublier pour toujours les démêlés des deux cours , on sent assez qu'il devoit en coûter à la fille de Stanislas, de voir porter comme en triomphe , dans le palais de Versailles , le portrait de Frédéric. Une partie de la journée s'étoit déjà passée, sans que personne eût osé fixer ce bracelet, qui avoit quelque chose de plus brillant que ceux des jours précédens. La reine fut la première qui en parla. « Voi- » là donc, ma fille, lui dit-elle , le portrait du » roi votre père ? — Oui, maman, répondit la » Dauphine en lui présentant son bras, voyez » qu'il est ressemblant : » c'étoit celui de Stanislas. Ce trait fut admiré et applaudi de toute la cour. La reine sentit tout ce qu'il valoit ; elle en témoigna sa satisfaction à la jeune princesse, qui lui devenoit plus chère de jour en jour.

Cependant le Dauphin n'avoit pas encore perdu

le souvenir de sa première épouse ; il en parloit toujours avec complaisance ; la Dauphine de son côté paroissoit pleine de vénération pour sa mémoire : elle engageoit elle-même le Dauphin à l'entretenir de ses rares qualités, et lui protestoit en toute occasion, que tous ses soins se porteroient à connoître ses vertus, et toute son ambition à lui ressembler. Des procédés si généreux ne pouvoient manquer de faire la plus vive impression sur le Dauphin. Il sentoit croître de jour en jour son attachement pour sa nouvelle épouse, et pouvoit à peine en croire son cœur. Mais rien ne lui fit mieux connoître le trésor qu'il possédoit en sa personne, et combien elle étoit digne de toute sa tendresse, que la maladie qu'il essuya en 1752. C'étoit une petite-vérole, qui s'annonça par des symptômes effrayans. La Dauphine s'étant rappelée qu'un jour il lui avoit dit qu'il redoutoit cette maladie, parce que souvent elle ne laisse pas au malade le temps de se reconnoître, elle forma le dessein de lui en laisser ignorer la nature, et elle y réussit. Elle imagina de composer et de faire imprimer, exprès pour lui, une Gazette de France dans laquelle, sans avancer cependant rien de faux, elle parloit de sa maladie en termes généraux, et propres à éloigner de son esprit tout soupçon que ce pût être la petite-vérole. Elle passoit la journée entière auprès de lui, et ne sortoit de sa chambre que fort avant dans la nuit, lorsqu'on l'obligeoit d'aller prendre quelque repos. C'étoit peu pour sa tendresse de lui présenter elle-même tout ce qu'il prenoit, de chercher à l'égayer par ses propos ; elle avoit la plus grande attention à lui procurer une situation commode dans son lit ; elle se livroit avec un air de satisfaction aux offices les plus rebutans,

et dont je craindrois que le détail n'offensât la délicatesse du lecteur : en sorte qu'un célèbre médecin, qu'on avoit mandé par extraordinaire, et
qui ne connoissoit point la cour, frappé de tout
ce qu'il voyoit faire à la princesse , la prit pour
une garde-malade. « Voilà, dit-il en la montrant à
» quelqu'un, une petite femme qui est impayable
» pour ses attentions , son air aisé et son assiduité
» à servir M. le Dauphin : comment l'appelez-
» vous ? » Sur ce qu'on lui répondit que c'étoit
madame la Dauphine, il se reprocha beaucoup
de ne lui avoir pas donné, dans les occasions, les
marques de respect qui lui étoient dues. « Oh bien ,
» s'écria-t-il ensuite, que je voie encore nos pe-
» tites dames de Paris faire les précieuses, et crain-
» dre d'entrer dans la chambre de leurs maris
» quand ils sont malades, comme je les enverrai
» à cette école ! » Un jour qu'on représentoit à la
princesse le danger auquel elle exposoit elle-même
sa santé , en se ménageant si peu, et en respirant
habituellement l'air d'une maladie contagieuse,
elle fit cette belle réponse : « Eh ! qu'importe que
» je meure, pourvu qu'il vive ! La France ne man-
» quera jamais de Dauphine, si je puis lui conser-
» ver son Dauphin. »

Ce prince sentit tout le prix des attentions de sa
vertueuse épouse ; et pendant sa convalescence ,
il ne se lassoit pas d'en parler. « Non , disoit-il
» quelquefois, ce n'est qu'à ses soins et à ses priè-
» res que je suis redevable de la vie. — Vous m'a-
» vez fait prendre le change sur la nature de ma
» maladie, lui disoit-il un jour en riant, cela n'est
» pas bien : avez-vous eu soin d'en tenir note dans
» votre examen de conscience ? — Oh ! vraiment,
» lui répondit la Dauphine , j'aurois bien de la

» peine à m'exciter à la contrition de la faute que
» vous m'imputez ; car il me semble qu'en pareille
» occasion , j'y retomberois tout de nouveau.»

LIVRE SECOND.

Tout sembloit inviter le Dauphin à se produire
sur le théâtre de la cour : son rang , son âge et son
esprit pouvoient lui répondre qu'il y paroîtroit
d'une manière distinguée. L'appât étoit séduisant,
mais le prince étoit prudent , il sut s'en défendre.
Il ne s'en tint pas là : persuadé que l'héritier du
trône , sans aspirer à la réputation précoce d'homme instruit, ne doit songer qu'à la mériter par l'é-
tude de ses devoirs , il résolut de consacrer ses
travaux et ses veilles à s'instruire de toutes les connoissances nécessaires ou utiles au gouvernement
des peuples ; et il s'appliqua à donner le change au
courtisan sur l'étendue de ses vues et le genre de
ses occupations : il y réussit parfaitement. Pendant
son enfance, on ne parloit que de son esprit ; mais
après son éducation , il sembla rester dans l'inertie,
on n'en fit plus mention. Ceux qui parloient le plus
avantageusement du Dauphin , disoient de lui :
« C'est un bon prince. » On relevoit quelquefois
les qualités de son cœur ; mais on gardoit le silence
sur celles de son esprit. Comme les intrigues de
cour , le jeu , la table , et tous ces amusemens
frivoles qui occupent l'oisiveté de la plupart des
grands , ne prenoient aucun de ses momens, bien
des gens ne pouvoient imaginer à quoi il passoit
le temps , et rien n'étoit plus ordinaire que d'entendre faire cette question : *« Qu'est-ce donc que*

» *fait le Dauphin ?* » A cela les uns répondoient d'un air de pitié : « *Hélas ! on n'en sait rien.* » D'autres, d'un ton affirmatif et en gens mieux instruits, disoient : « *Il passe le temps à appren-* » *dre la musique ; on l'entend souvent chanter* » *avec la Dauphine.* » Le prince, au lieu de se montrer, pour faire tomber ces bruits impertinens, se cachoit avec un nouveau soin, comme s'il eût été bien aise de les accréditer. Mieux instruit que personne des affaires, il se comportoit en public comme s'il n'y eût pris aucune part : ses conversations ne rouloient jamais que sur des objets indifférens et de nulle conséquence. Il avoit, il est vrai, le talent d'orner les choses les plus communes de toutes les grâces du discours. Mais ceux qui avoient la simplicité de croire que les matières qu'il traitoit en leur présence, étoient ses affaires sérieuses, devoient naturellement le mettre au rang des beaux diseurs de riens. « Avouez, mada- » me, disoit-il un jour à une personne d'esprit » qui assistoit souvent à ses repas, que pour qui- » conque a un bon esprit, nos propos sont bien » fades, et nos conversations bien décharnées. » Mais que faire ? il faut bien nous monter à l'u- » nisson. Comment donner notre confiance à des » hommes, dont les uns sont continuellement sur » la défensive avec nous, et les autres ne nous » écoutent que pour tirer des conséquences ridicu- » les, à l'occasion d'une parole qui nous sera échap- » pée sans dessein ? »

Quelque désir cependant qu'eût le Dauphin de laisser ignorer les qualités de son esprit, elles jetoient par elles-mêmes un si brillant éclat, qu'il eût eu de la peine à réussir, si l'envie ne l'eût secondé ; mais il avoit trop de vertu pour que bien

des gens ne profitassent pas des moindres appa-
rences désavantageuses qui pouvoient prêter à leur
malignité. La nouvelle philosophie surtout, ne lui
donna jamais que des lumières très-bornées ; et
bien convaincue que son règne finiroit où com-
menceroit celui de ce prince , on eût dit qu'elle
vouloit préparer par avance une sorte de consolation à son impiété , en s'efforçant d'obscurcir la
gloire de celui qui devoit lui porter le dernier coup.
Le Dauphin étoit parfaitement instruit de cette
disposition de la secte à son égard , et il en rioit.
Un jour qu'un seigneur de sa confiance , après
avoir passé quelque temps à Paris , venoit lui faire
sa cour : « Eh bien , lui dit-il en plaisantant , que
» disent nos grands génies et nos philosophes de
» Paris , qu'ils ont bien de l'esprit , et que le Dau-
» phin en a une bien petite dose ? » Il aimoit la
vérité ; on lui avoua qu'il devinoit juste. « Vrai-
» ment , reprit-il , il y auroit là de quoi me don-
» ner de l'amour-propre : j'ai toujours cru qu'un
» Dauphin devoit éloigner de lui jusqu'au soupçon
» de prétendre au suffrage de ces beaux esprits ; je
» croirois presque avoir réussi. »

Quand ce prince eut fini son éducation , à cette
époque périlleuse , où tant de jeunes gens se laissent follement éprendre des charmes d'une liberté
dont la jouissance même les conduit au repentir,
c'est alors qu'on le vit s'attacher plus fortement à
la pratique de la vertu , et faire ses délices d'une
vie sérieuse et occupée. Il compara , sans se flatter,
ses connoissances avec l'étendue des devoirs d'un
prince destiné à régner : cette comparaison l'ef-
fraya , et lui fit sentir , comme il le disoit un jour
à l'évêque de Senlis , la nécessité de *reprendre
son éducation sous œuvre.* Cette parole qui fut

rendue publique, induisit bien des gens en erreur ; et au lieu d'y reconnoître les vues étendues d'un jeune prince qui avoit assez bien profité de ses premières études, pour en sentir l'insuffisance, et la nécessité de s'y perfectionner, on jugea qu'il les avoit entièrement négligées, ou qu'il n'en avoit tiré qu'un médiocre avantage : la conclusion n'étoit pas juste. Il n'étoit encore qu'un enfant, que l'idée seule de l'ignorance l'effrayoit ; et toute sa vie, il la regarda comme un vice capital dans un prince. « Il est rare, dit-il, qu'un roi forme, de sang-» froid, le projet de mettre ses sujets en esclava-» ge : l'humanité s'y oppose, son intérêt propre » l'en détourne ; mais l'ignorance y conduit : de » là tous les maux. » D'après ce principe, et pour mieux assurer l'exécution du plan qu'il s'étoit tracé, il associa à son travail l'abbé de Saint-Cyr, dont il connoissoit les lumières, et qui eut alors plus de peine à modérer son ardeur pour l'étude, qu'il n'en avoit eu à l'exciter dans son enfance.

Il reprit d'abord l'étude des belles-lettres. Cicéron et Horace étoient parmi les Latins ses auteurs favoris (1). Il lut les discours et les ouvrages philosophiques du premier. Il fit des notes sur son Traité des Offices, et il les écrivit de sa main sur la marge d'un exemplaire de l'édition de l'abbé d'Olivet. Ce livre est dans la bibliothèque de Louis XVI. Horace lui étoit si familier, qu'il le savoit presque entièrement par cœur. « Quelque pièce

(1) Le 26 avril 1814, l'empereur d'Autriche François II visitant la bibliothèque du Corps-Législatif (de la chambre des députés), le vice-président lui montra un exemplaire latin du *Traité des offices de Cicéron*, en marge duquel se voient des notes écrites de la main du Dauphin, père de Louis XVI, marquées à la fois au coin de l'esprit solide et de l'homme de bon cœur.

» de ce poëte qu'on lui commençât, me disoit le
» respectable prélat , précepteur des princes ses
   fils , il étoit prêt à la continuer. » Il savoit apprécier les beautés de la langue latine, il en sentoit
toute la délicatesse à la simple lecture. M. Le Beau,
professeur d'éloquence au collége royal, lui présenta un jour un discours qu'il avoit composé à
l'occasion de la paix : il voulut le lire avec lui ; les
plus beaux morceaux ne lui échappèrent pas. Il
fit remarquer à l'auteur qu'un certain verbe dont
il avoit fait usage , étoit moins énergique et moins
propre qu'un autre qu'il lui cita : l'académicien
sentit et avoua aussitôt que la réflexion du prince
étoit juste , et substitua le mot indiqué.

Sa facilité pour les langues étoit si grande,
qu'ayant entrepris d'apprendre l'anglais sans le secours d'aucun maître , il parvint en fort peu de
temps à le savoir parfaitement. Il prenoit plaisir
à traduire les endroits les plus intéressans des meilleurs ouvrages écrits en cette langue. Ce qui suit
est du *Spectateur anglais*, « Je ne connois pas
» de plus grand mal sous le soleil, que l'abus de
» l'esprit ; et cependant il n'y a pas de mal plus
» commun. Il est répandu dans les deux sexes et
» dans tous les états.... Il n'y a rien de plus mons-
» trueux dans la nature, qu'un méchant homme
» qui possède de grands talens.

» J'ai souvent réfléchi sur cette étrange humeur
» des femmes , qui sont toujours frappées de ce
» qui a de l'apparence , et n'est que superficiel...
» Je me rappelle une jeune dame que deux rivaux
» importuns recherchoient en mariage avec un égal
» empressement. L'un et l'autre , pendant plu-
» sieurs mois , firent tout ce qu'ils purent pour se
» faire valoir par leurs manières officieuses , et

» par l'enjouement de leurs conversations. Ce-
» pendant comme la rivalité subsistoit toujours ,
» et que la dame n'étoit point encore déterminée
» sur son choix, l'un de ses jeunes amans s'avisa
» d'ajouter un galon de plus à ses habits de livrée,
» ce qui fit un si bon effet , qu'elle l'épousa la se-
» maine d'après.

» La conversation des femmes contribue beau-
» coup à entretenir en elles cette foiblesse de se
» laisser prendre par les dehors et les apparences.
» Parle-t-on de nouveaux mariés ? Elles deman-
» dent d'abord s'ils ont un carrosse à six chevaux ,
» de la vaisselle d'argent, etc. Prononcez le nom
» d'une dame absente , il y a dix contre un à pa-
» rier que vous apprendrez quelque chose de sa
» robe et de sa coiffure. Le bal leur est d'un grand
» secours pour les conversations. Une parure de
» pierres précieuses , une jupe , une veste , un cha-
» peau avec un bouton de diamant , sont des su-
» jets toujours prêts pour elles. Elles ne considè-
» rent dans les personnes que leur habillement ,
» sans jamais porter leurs regards sur ces ornemens
» de l'ame, qui les rendent illustres par elles-mê-
» mes et utiles aux autres.

» Amélie , quoique femme de grande qualité ,
» fait ses délices de la vie retirée dans la campa-
» gne, où elle passe la plus grande partie de son
» temps. Son mari, qui est en même temps son
» ami le plus intime, et son compagnon dans la
» solitude, n'a jamais cessé de l'aimer depuis qu'il
» l'a connue. Ils ont beaucoup de bon sens , une
» vertu achevée... Leur famille est si bien réglée,
» qu'elle semble être une petite république. On y
» partage son temps entre les devoirs de la piété,
» les occupations, les repas et les amusemens... Ils

» sont aimés de leurs enfans, adorés de leurs do-
» mestiques : ils sont les délices de tous ceux qui
» les connoissent.

» Combien est différente la vie de Fulvie ! Elle
» regarde son mari comme son intendant. L'atten-
» tion sur l'économie, et sur tout ce qui se passe
» dans la maison, lui paroît de petites vertus bour-
» geoises, indignes d'une femme de qualité. Elle
» croit perdre son temps, quand elle est dans sa
» famille. Elle s'imagine n'être pas au monde,
» quand elle n'est pas à des cours, à des specta-
» cles, à des assemblées. Elle ne se trouve jamais
» bien dans un endroit, quand elle pense qu'ail-
» leurs il y a plus de monde. Manquer à la pre-
» mière représentation d'un opéra, lui feroit plus
» de peine que de perdre un de ses enfans. Elle a
» pitié des personnes les plus estimables de son
» sexe, qui mènent une vie décente, modeste et
» retirée : elle dit qu'elles n'ont ni esprit, ni poli-
» tesse. Quelle mortification ne seroit-ce point
» pour Fulvie, si elle savoit que plus elle se mon-
» tre, plus elle paroît ridicule, et qu'elle devient
» plus méprisable à mesure qu'on la voit davan-
» tage ! »

Ce prince lisoit volontiers Pope. Voici comment
il rend sa comparaison d'Homère avec Virgile :
« Homère fut le plus grand génie, et Virgile le
» meilleur artiste. Dans l'un nous admirons plus
» l'auteur, et dans l'autre l'ouvrage. Homère nous
» transporte et nous entraîne avec empire et im-
» pétuosité ; Virgile nous attire par une majesté
» séduisante. Homère répand avec une généreuse
» profusion, Virgile distribue avec une magnifi-
» cence réglée. Homère, semblable au Nil, verse
» ses richesses avec une espèce de débordement ;

» Virgile est semblable à une rivière qui , renfer-
» mée dans ses limites , coule avec constance et
» modération. Quand je considère leurs batailles ,
» ces deux poëtes me paroissent ressembler aux
» héros qu'ils ont célébrés. Homère, comme Achil-
le , ne connoît ni limites , ni résistance ; il ren-
» verse tout ce qui s'oppose à lui ; et plus sa té-
» mérité augmente , plus il paroît brillant : Virgile
» hardi, mais avec tranquillité , comme Énée ,
paroît sans trouble au milieu même de l'action.
» Il arrange tout ce qui est autour de lui , et il est
» encore tranquille après la victoire. Quand nous
» considérons leurs divinités, Homère , semblable
» à son Jupiter , ébranle l'Olympe , fait briller des
» éclairs , et met tout le ciel en feu. Virgile res-
» semble au même dieu , lorsqu'il tient ses conseils
» avec les dieux inférieurs , qu'il forme des plans
» pour les empires , et qu'il met l'ordre et la règle
» dans tout ce qu'il a créé. »

Le soin que prit le Dauphin de cultiver cette langue , étoit conforme à ce qu'il dit dans un de ses
écrits : « Il convient qu'un prince sache la langue
» des peuples avec lesquels il doit traiter le plus
» souvent , et sur les matières les plus importan-
» tes. » Il joignoit à cette grande facilité pour les
langues , une mémoire heureuse , dont il faisoit
surtout usage pour apprendre les plus beaux morceaux , et quelquefois des pièces et des discours
entiers des meilleurs auteurs anciens et modernes.
Le chancelier d'Aguesseau étant venu lui faire sa
cour : « M. le chancelier, lui dit-il , me réciteriez-
» vous bien le discours que vous avez prononcé
» en telle occasion ? » Tout ce que ce savant chef
de la magistrature put s'en rappeler , c'est qu'il
étoit , de tous ceux qu'il avoit faits , celui dont il

étoit le plus content : « Eh bien , lui dit le Dau-
» phin , je suis charmé que mon jugement s'ac-
» corde avec le vôtre ; j'ai trouvé cette pièce si
» belle , que je l'ai apprise par cœur , et je crois
» me la rappeler assez bien pour vous la décla-
» mer. » Ce qu'il fit sur-le-champ , mais en mettant dans son action tant d'ame et de feu, que le
chancelier en fut attendri jusqu'aux larmes : et il
disoit depuis , que jamais ses productions ne lui
avoient paru si énergiques que dans la bouche du
Dauphin. Ce prince retenoit aussi sûrement qu'il
apprenoit avec aisance. Six mois après qu'on lui
avoit parlé d'une affaire , il se la rappeloit dans
toutes ses circonstances , comme si on l'en eût
entretenu le jour même. Il demandoit à l'évêque
de Mirepoix son sentiment sur l'endroit d'un ouvrage qui paroissoit depuis long - temps ; l'évêque
lui répondit qu'il n'en avoit point d'idée : « Vous
» n'avez donc pas lu l'ouvrage, lui dit le Dauphin?
» — Je l'ai lu dans le temps, reprit le prélat, mais
» je ne l'ai pas appris par cœur. — Ni moi non
» plus , répliqua le Dauphin , mais je vous dirai
» bien encore tout ce qu'il contient; » et en même temps il en fit l'analyse avec autant de netteté
et de précision que s'il n'eût fait que de le lire.

Tant d'heureuses dispositions, jointes à un travail suivi, lui ornèrent l'esprit des plus belles connoissances. Après avoir étudié, il composa lui-même. A l'âge de dix-sept ans , il s'exerça sur divers
sujets d'éloquence ; et ses premiers essais en ce
genre furent si heureux , qu'on les eût regardés
plutôt comme les chefs-d'œuvre d'un maître de
l'art, que comme les productions d'un jeune prince. « Il écrivoit , dit le cardinal de Luynes, avec
» toute la pureté d'un grammairien , et en même

» temps avec cette noblesse de style, assortie à la
» sublimité de son rang : j'ai vu des morceaux de
» sa composition , dignes des plus grands ora-
» teurs. » Quand il étoit plein de son sujet, il le
traitoit avec une aisance merveilleuse ; les tours et
les expressions les plus heureuses ne lui coûtoient
rien. L'officier chargé de sa bibliothèque m'assura
qu'il avoit souvent écrit sous sa dictée, des pièces
qui avoient toute la perfection de style dont elles
étoient susceptibles. Nous aurons occasion de citer
dans la suite quelques morceaux de sa composition , qui ont été imprimés tels qu'il les avoit dic-
tés, et qui portent l'empreinte du bon goût. La lettre suivante , qu'il écrit à l'abbé de Saint-Cyr ,
annonce une critique fine et judicieuse.

  « Le porteur de ma lettre , cher abbé , vous
» donnera des nouvelles de ma santé. Quant à
» mes occupations, j'ai fort bien profité de l'avis
» que vous m'aviez donné de n'en prendre qu'à
» mon aise. J'ai beaucoup lu , et j'espère, Dieu
» merci , n'avoir guère profité de mes lectures.
» J'ai surtout lu force discours académiques, dont
» quelques-uns m'auroient assez plu pour le sujet ;
» mais on voit régner partout, dans ces nouveau-
» tés, un style à prétention qui révolte , et passe
» souvent de beaucoup les bornes communes du
» ridicule. N'en attendez point d'analyse. Voici ,
» en général, ce qui m'en est resté : l'un couche
» sur le papier quelques centaines de propositions,
» de quatre mots chacune, avec un point au bout,
» et prétend avoir donné un discours. Un autre,
» non content de parler en syllogismes , a soin de
» m'en avertir , en disant ; *C'est ainsi que je*
» *procède , voici comme je démontre ;* et ses dé-
» monstrations , et ses processions ne finissent

» point, et mènent toujours fort loin de la région
» du bon sens. J'en vois qui, hérissés de philoso-
» phie, ne parlent que par *raison directe* ou
» *inverse*, par *quantités* et *quotités*, par *pro-*
» *duits*, par *somme*, et par *masse*.

» Le style oriental est du goût de la plupart ;
» mais on est surpris, en lisant, de voir leur phra-
» ses colossales n'accoucher que d'idées puéri-
» les, ou sans vigueur. Il s'en trouve qui, posses-
» seurs d'un certain nombre de tours de phrases
» qui ne sont qu'à eux, les distribuent, le com-
» pas à la main, pour l'ornement de leurs dis-
» cours. Plusieurs, persuadés sans doute qu'il est
» beau de se faire étudier, et qu'un homme d'es-
» prit ne s'énonce point comme un autre pour se
» faire entendre, ne nous parlent que sur le ton
» énigmatique de Nostradamus. Je vous condamne
» à lire une pièce que j'ai lue moi-même d'un bout
» à l'autre, sans pouvoir deviner le but de l'auteur :
» il m'est seulement resté un violent soupçon qu'il
» a voulu comparer les anciens écrivains avec les
» modernes ; je suis curieux de savoir si vous pen-
» serez comme moi là-dessus. Savez-vous le trait
» d'un prédicateur dont l'évêque (1) ne doute nul-
» lement, et qui mérite au moins d'être vrai ; las
» de prêcher sans auditoire, le nouveau Cotin
» s'avisa, par le sage conseil d'un bedeau de pa-
» roisse, de substituer les mots de *bienfaisance*
» et d'*humanité* à celui de *charité* qui régnoit
» auparavant dans son sermon sur l'amour du
» prochain, ce qui lui mérita sur-le-champ une
» de ces réputations qui font tourner la tête : au
» point qu'il demandoit fort sérieusement, si les
» termes *Chrétiens, mes Frères*, etc., commen-

____
(1) M. l'évêque de Verdun.

» çant à vieillir, il ne seroit pas à propos d'y subs-
» tituer celui de *Français*, ce qui nous rappro-
» cheroit des anciens orateurs, qui, quand ils par-
» loient en public, disoient : *Athéniens, Ro-*
» *mains.* A cela, certain goguenard s'écrie que
» le projet de réforme est digne d'immortaliser
» son auteur ; mais il ajoute que, comme nos
» prédicateurs ne sont pas censés parler à tout le
» peuple, comme les orateurs dans l'Aréopage
» ou dans le Sénat, il vaudroit mieux encore par-
» ticulariser, et dire, par exemple, *Sulpiciens*
» quand on parleroit aux paroissiens de Saint-Sul-
» pice, *Jacobins* dans l'église de Saint-Jacques, et
» ainsi du reste ; et l'on s'en tint à cet avis moyen.
» Qu'en pensez-vous, l'abbé ? Pour moi, je vous
» conseille d'être le premier, s'il est possible, qui
» le mettiez à profit, et vous pouvez compter que
» Bourdaloue ni Massillon ne mériteront plus de
» vous être comparés. Mais, à propos de sermons,
» ne manquez pas de venir me débiter les vôtres :
» j'éprouve à chaque instant le besoin que j'en ai.
» Surtout ne mangez point l'ordre : au 24, je vous
» l'intime de nouveau, et suis avec les sentimens
» que vous m'inspirez, LOUIS DAUPHIN. »

L'abbé de Saint-Cyr, qui ne laissoit échapper
aucune occasion de donner au jeune prince quelque leçon utile, lui fit cette réponse :

« Monseigneur, votre lettre m'annonce assez
» que vous profitez de mon avis, et j'en suis très-
» flatté ; il faut vous délasser, parce que je vous
» prépare de la besogne. Vous ne vous exprimez
» pas tout-à-fait juste, quand vous dites que vous
» n'avez point profité de vos lectures ; votre let-
» tre vous trahit ; mais cela s'entend. Je vois que
» vous connoissez parfaitement ce que valent ces

» littérateurs à la mode ; et vous sentez mieux
» que moi, sans doute, que le tort qu'ils peuvent
» faire dans la république des lettres, n'approche
» point de celui qu'ils font tous les jours à la reli-
» gion et aux mœurs. Et c'est là, monseigneur,
» le point qui intéresse spécialement un grand
» prince.

» Semblables aux charlatans qui attroupent le
» peuple par leurs quolibets pour débiter leur or-
» viétan, ces hommes audacieux, à la faveur de
» leur langage nouveau, fixent l'attention de la
» multitude qu'ils séduisent d'autant plus sûre-
» ment, qu'ils prennent toujours les intérêts de
» la licence contre l'autorité qui la réprime. A les
» entendre, ils sont les hommes du monde les
» plus désintéressés, les plus généreux ; ils ne
» plaident que la cause commune du genre hu-
» main, contre les tyrans qui l'oppriment. Ils le
» disent, et le bon public les en croit sur leur
» parole. Mais suivez-les, vous aurez bientôt dé-
» couvert leurs manœuvres : vous verrez que ces
» hommes, nés pour la plupart dans l'obscurité,
» vivent dans une sorte d'opulence. N'avez-vous
» jamais observé, monseigneur, que, quand ils
» prêchent la bienfaisance, ils ne manquent pas
» d'insinuer qu'elle n'est jamais plus louable,
» que lorsqu'elle a pour objet un homme de let-
» tres, un savant, un philosophe sans fortune ?
» Voyez quand ils font l'éloge d'un homme en
» place, comme ils rehaussent le prix de sa ma-
» gnificence envers les gens de lettres. Il est plus
» grand, à les en croire, par ce seul endroit, que
» par tous les services qu'il a rendus à la patrie.
» C'est en flattant ainsi à tous propos la folle va-
» nité des riches qu'ils provoquent leur générosité,

» et qu'ils se ménagent véritablement, par la bien
» faisance d'autrui, une fortune qu'ils n'altèrent
» pas beaucoup par la leur. Mais qui ne voit que la
» bienfaisance des riches, que cette secte famélique
» intercepte de toute part, se répandroit bien plus
» utilement pour l'humanité, sur le pauvre qui gé-
» mit dans la misère ? Pour moi, je suis de bonne
» composition, il me semble que si j'étois en pla-
» ce, je dirois volontiers à ces hommes remuans :
» Escrimez – vous, tant qu'il vous plaira, sur le
» langage ; mais, sur la vie, respectez la religion,
» les mœurs et l'autorité. Je me dispose, mon-
» seigneur, à vous tenir parole ; et quand je sau-
» rai sur quoi il faut que je vous sermone, je ne
» manquerai pas de me conformer à vos inten-
» tions. Sans être un Bourdaloue, ni un Massil-
» lon, on peut dire des vérités ; et on les dit tou-
» jours avec confiance, monseigneur, quand c'est
» à vous qu'on a l'avantage de les adresser »...

Cependant l'abbé de Saint-Cyr, qui craignoit
que l'attrait du Dauphin pour la littérature ne dé-
générât en passion, et ne lui inspirât de l'éloignement pour les études plus essentielles à un
prince, lui en parla avec sa liberté ordinaire, et il
lui fit un jour, relativement à la rhétorique, une
espèce de reproche semblable à celui que Philippe
faisoit à son fils Alexandre au sujet de la danse :
il lui demanda s'il n'avoit pas honte d'en connoître si bien les règles ? Il lui représenta qu'il étoit
temps de se porter à de plus grandes choses ; que
le grand art d'un prince de son rang n'étoit pas
tant de savoir bien parler, que de savoir gouverner avec sagesse. Quoique jeune encore, le Dauphin sentit parfaitement combien l'avis étoit sen-
sé, et faisant céder le goût au devoir, il résolut

de faire déso.mais son unique occupation du soin
de préparer le bonheur des peuples : c'est vers ce
but qu'il dirigea toutes ses études.

Il s'occupa d'abord de la philosophie. Il en savoit déjà ce que sait un écolier au sortir de ses
classes : il l'étudia dans les sources. Il lut les anciens et les modernes qu'il compara ; il fit des notes sur Platon. La réputation avec laquelle l'abbé
Nollet donnoit ses leçons dans l'université de Paris, lui fit désirer de l'entendre ; et ce célèbre physicien fit plusieurs voyages à Versailles, pour exé-
cuter devant lui ses expériences. Les mathémati-
ques lui plurent beaucoup, il y fit de grands progrès en peu de temps. Il possédoit parfaitement le
génie et l'architecture ; il mesuroit des yeux la
largeur d'un fossé, la hauteur d'une muraille,
toutes les dimensions d'un bâtiment. Il se plaisoit
à conférer avec les plus habiles ingénieurs : il examinoit avec eux le plan d'une citadelle, les fortifications d'une place frontière ; il les entretenoit
avec une égale facilité sur les différentes parties
de leur art. « Au premier coup d'œil, disoit un
» ancien officier très-versé dans le génie, M. le
» Dauphin jugeoit une place ; il en indiquoit sur-
» le-champ le fort et le foible : il nous exposoit
» comment il en formeroit le siége, et les moyens
» qu'il voudroit employer pour le soutenir. Il en-
» tendoit assez les fortifications pour s'apercevoir
» de certaines fautes qui échappent quelquefois
» aux plus grands maîtres, et pour faire voir com-
» ment on eût pu les éviter, et ce qu'on pourroit
» faire pour les réparer. » Quelquefois il prenoit
plaisir à tracer le plan d'une forteresse ou d'une
maison royale, et partout on reconnoissoit son
goût. Ce fut lui qui distribua, quelques mois avant

sa mort , le camp que le roi avoit ordonné devant Compiègne. Les personnes à portée d'observer ses inclinations , n'étoient pas sans une certaine appréhension qu'il ne donnât dans le faste ruineux des bâtimens , lorsqu'un jour il leur fit connoître d'une manière non équivoque que l'amour des peuples auroit toujours un empire absolu sur ses goûts particuliers : il montroit à l'évêque de Verdun le plan d'une maison royale , qu'il avoit tracé avec beaucoup de soin. Le prélat loua l'économie de la distribution , l'élégance des décorations , la noblesse de l'ensemble. Quand il eut fini ses observations : « Vous me paroissez » avoir du goût, lui dit le prince ; je crois cepen- » dant que vous n'avez pas aperçu ce qu'il y a de » mieux dans mon château. » L'évêque l'examina encore, et ne trouvant matière à aucune nouvelle observation , il pria le prince de vouloir bien lui indiquer ce qu'il n'apercevoit pas lui - même. « C'est, lui répondit - il en riant , que ce beau » château ne sera jamais bâti qu'en crayon, et qu'il ne coûtera rien au peuple. »

Le Dauphin examina aussi les productions de ces hommes que notre siècle qualifie du nom de philosophe. « Autrefois , disoit-il à l'abbé de Sail- » ly, le nom de *philosophe* inspiroit de la véné- » ration : aujourd'hui , dire à quelqu'un : *Vous* » *êtes un philosophe*, c'est une injure atroce , » et pour laquelle il pourroit vous faire des affai- » res en justice. — Je les ai étudiés , écrivoit - il » en une autre occasion , j'ai passé de leurs prin- » cipes à leurs conséquences ; et j'ai reconnu » dans les uns des hommes libertins et corrom- » pus, intéressés à décrier une morale qui les » condamne , à éteindre des feux qui les effraient

à jeter des doutes sur un avenir qui les inquiè-
» te : dans les autres , des esprits superbes qui ,
» emportés par la vanité de vouloir penser en
» neuf, ont imaginé de raisonner par système
» sur la divinité, ses attributs et ses mystères ,
» comme il est permis de le faire sur ses ouvra-
» ges. » ce ne fut pas assez pour ce prince d'avoir,
si je puis parler ainsi , reconnu ces ennemis de
Dieu et de l'état ; il voulut encore les combattre lui-
même ; il réfuta ceux de leurs ouvrages qui faisoient le plus de bruit par la célébrité de l'auteur ,
ou l'impiété de ses assertions ; et il le fit d'une
manière simple , précise et lumineuse , se conten-
tant presque partout de les opposer eux - mêmes à
eux-mêmes , en rapprochant leurs principes de
leurs conséquences. L'erreur et le mensonge ne
soutiennent point ce parallèle. « Suivant les prin-
» cipes de nos nouveaux philosophes, dit ce prince
» dans un de ses écrits , le trône ne porte plus
» l'empreinte de la Divinité : ils décident qu'il fut
» l'ouvrage de la violence, et que ce que la force
» eut le droit d'élever , la force a le droit de l'a-
» battre et de le détruire... que le peuple ne peut
» jamais céder l'autorité, qu'il ne peut que la
» prêter , toujours en droit de la communiquer
» et de s'en ressaisir , selon que le lui conseille
» l'intérêt personnel , son unique maître.

» Ce que les passions se contenteroient d'insi-
» nuer, nos philosophes l'enseignent : que tout est
» permis au prince quand il peut tout, et qu'il
» a rempli ses devoirs quand il a contenté ses dé-
» sirs ; car enfin, si cette loi de l'intérêt, c'est-à-
» dire , du caprice des passions humaines, venoit
» à être généralement adoptée , au point de faire
» oublier la loi de Dieu , alors toutes les idées du

» juste et de l'injuste , de la vertu et du vice , du
» bien et du mal moral seroient effacées et anéan
» ties dans l'esprit des hommes : les trônes de-
» viendroient chancelans , les sujets seroient in-
» dociles et factieux , les maîtres sans bienfaisan-
» ce et sans humanité. Les peuples seroient donc
» toujours dans la révolte ou dans l'oppression. »
Pouvoit-on mieux saisir les conséquences de ces
monstrueux systèmes ?

Mais il importe peu à ces hommes audacieux d'ê-
tre réfutés , fût-ce par un grand prince , ils n'en deviennent que plus vains. « Qu'importe à un de nos
» philosophes , disoit le Dauphin à l'évêque de
» Verdun , qu'on brûle son livre au pied du grand
» escalier , si on le laisse tranquillement dans son
» cabinet en préparer un plus méchant encore ?»
C'est d'après cette considération qu'il sollicita du
roi une déclaration contre ces écrivains, et qu'en
toute occasion il pressa les personnes en place (1)

(1) Un de nos premiers magistrats (M. Séguier , réquisitoire
du 7 septembre 1775) , entroit bien dans les vues du Dauphin,
lorsqu'invitant le clergé et la magistrature à une sainte ligue
contre ces écrivains audacieux , il disoit au milieu des chambres
assemblées, avec cette éloquence qui lui est propre : « Le moment
» est arrivé où le clergé et la magistrature doivent se réunir ,
» et par un heureux accord , écarter les atteintes que des mains
» impies voudroient porter au trône et à l'autel. Les magistrats,
» en veillant à la tranquillité publique et en rendant la justice
» aux citoyens , feront en même temps respecter nos saintes
» Ecritures, nos dogmes sacrés , nos divins mystères; et les suc-
» cesseurs des apôtres , qui sont dépositaires de la doctrine et
» juges de la foi , en annonçant la parole de Dieu et en instrui-
» sant les fidèles, feront respecter l'autorité des lois , entretien-
» dront les peuples dans la soumission qu'ils doivent à leurs sou-
» verains, et leur apprendront à regarder les oracles de la justice
» comme une portion de la justice divine elle-même , qui veut
» qu'on obéisse aux puissances que le Ciel a établies sur la terre.

d'user contre eux de toute la sévérité des lois. Il fit plus encore : ce fut lui qui leur mit en tête l'adversaire (1) le plus incommode qu'ils aient eu dans ce siècle ; et qui l'encouragea à dévoiler en toute rencontre le poison de leurs écrits. En un mot, il fit contre cette secte impie tout ce que pouvoit faire un Dauphin, et il laissa voir ce qu'il eût fait s'il eût été roi.

L'étude des lois occupa long-temps ce prince. L'abbé de Saint-Cyr, qui étoit fort instruit dans cette partie, fut son premier guide. Il lut les ouvrages les plus estimés, qui traitent du droit public et des lois du royaume. Il en fit, selon sa coutume, des extraits, auxquels il ajouta ses propres réflexions. Il distribua tout avec ordre, dans deux traités qu'il écrivit de sa main, et qui contiennent chacun plusieurs livres. Il parle des parlemens, des fonctions de conseillers d'état, des règles que doivent suivre les magistrats dans l'administration de la justice. Personne ne connut mieux que lui la considération et l'étendue d'autorité qu'un prin-

» Cette précieuse harmonie bannira bientôt du milieu d'un peu-
» ple religieux et soumis, cette foule d'écrits licencieux, de bro-
» chures scandaleuses, de libelles impies, qui attaquent également
» et la majesté divine et la majesté royale. Les écrivains du siè-
» cle, que rien n'a pu contenir jusqu'à ce jour, redouteront cette
» union tant désirée du sacerdoce et de l'empire ; ils craindront
» également et les censures ecclésiastiques, et les regards ven-
» geurs des ministres de la loi. On ne les verra plus tourner en
« dérision les allégories sacrées employées dans nos saintes Ecri-
» tures, ils ne se feront plus un jeu de répandre à pleines mains
» ce ridicule que la gaîté française saisit avec avidité, qu'ils pro-
« diguent au défaut de raisons, et qui finiroit par détruire l'an-
« tique croyance de nos pères, dont la simplicité étoit bien pré-
» férable à la légèreté de nos principes et de nos mœurs... »

(1) L'auteur de l'Année littéraire.

ce sage doit accorder à ces tribunaux respectables, chargés de rendre en son nom la justice qu'il doit à ses sujets. Il avoit à cet égard les vrais principes, ceux que suit son auguste fils : principes d'après lesquels la magistrature jugera, le sacerdoce enseignera, et le peuple jouira. Il aimoit à consulter le chancelier d'Aguesseau et M. d'Aubert, premier président du parlement de Flandre : il eut avec eux de fréquentes conférences.

Il prit sur le droit civil et criminel toutes les connoissances qui peuvent convenir à un prince en qui devoit résider un jour la plénitude du pouvoir législatif. Ce fut toujours avec une véritable indignation qu'il entendit parler des chicanes et rapines de ces officiers subalternes qui s'attribuant les premiers droits sur les biens qui sont en litige, rendent la justice onéreuse aux particuliers, et leur font redouter de gagner un procès. Le roi étant un jour entré dans son appartement, voyoit sur sa table plusieurs livres qui traitoient de la jurisprudence criminelle : « Il y a apparence, lui
» dit-il en riant, que vous voulez vous faire re-
» cevoir avocat à la Tournelle. — Sans prétendre
» au titre, répondit le Dauphin, je ne serois pas
» fâché d'avoir quelque chose des connoissances
» d'un avocat ; et la vie d'un homme est un bien
» qui lui est si propre et si précieux, qu'on ne
» sauroit trop approfondir les titres qui peuvent
» autoriser à l'en dépouiller. « Il ne dédaignoit
pas de suivre certaines causes qui se plaidoient au palais : celle de M. Du Lau, curé de Saint-Sulpice, l'intéressa d'une manière si particulière, que lorsqu'il apprit qu'elle avoit été jugée en sa faveur, il lui écrivit en ces termes : « J'aurois peine à vous
» exprimer, monsieur, la joie que j'ai ressentie

» du succès de votre affaire, et plus encore de la
» manière dont la paroisse y applaudit. Jouissez
» de votre triomphe ; il n'est point celui de l'or-
» gueil, mais de la vertu, qui sait toujours re-
» couvrer ses droits, quand elle est véritable. Elle
» doit aussi vous être un sûr garant de mes sen
» timens. »

Le Dauphin fit pendant plusieurs années une
étude sérieuse de l'histoire qu'il appeloit *la leçon
des princes, et l'école de la politique.* « L'his-
» toire, disoit-il un jour à l'abbé de Marbœuf, est
» la ressource des peuples, contre les erreurs des
» princes. Elle donne aux enfans les leçons qu'on
» n'osoit faire au père : elle craint moins un roi
» dans le tombeau, qu'un paysan dans sa chau-
» mière. » M. Le Beau lui ayant présenté deux
volumes de son Histoire du Bas-Empire, il les
montra à l'abbé de Saint-Cyr, et lui dit en riant :
« L'abbé, avis aux princes. — Vous avez raison,
» monseigneur, lui répondit l'abbé, et c'est un
» avis sur lequel on peut compter : le prince le
» plus puissant ne le seroit point assez pour cor-
» rompre l'histoire : en gagnant un historien, il
» n'auroit fait que lui fermer un œil, mais elle
» en a cent. — Oui, reprit le prince, les histo-
» riens sont des échos fidèlement indiscrets, qui
» ne manquent jamais de répéter au siècle futur
» ce qu'ils ont entendu dans le leur. »

On eût dit, à entendre raisonner le Dauphin
sur l'histoire, qu'il avoit fait son unique étude de
cette partie. Il savoit l'histoire sacrée et profane,
l'histoire ancienne et moderne, celle des peuples
étrangers, et celle de la nation. Le soin qu'il avoit
d'étudier l'historien avant son histoire, rendoit sa
critique sage et judicieuse. Le duc de Nivernais

et le président Hainault eurent avec lui plusieurs
entretiens , dont ils sortoient toujours pénétrés
d'admiration. On étoit surtout étonné de la sagesse avec laquelle il savoit apprécier les faits con
testés ; et les présenter sous le point de vue le plus
vraisemblable. « M. le Dauphin, disoit le prési-
» dent Hainault , m'a quelquefois instruit en me
» consultant, et j'avoue qu'en une occasion il m'a
» mis en défaut. »

Outre la science des faits, le Dauphin avoit trouvé dans l'étude qu'il avoit faite de l'histoire, ce
qu'il y avoit cherché plus particulièrement, sa
propre instruction. Tout autre prince eût borné là
ses vues , et nous l'eussions admiré : mais le Dauphin voyoit en tout plus loin que le commun des
hommes. Il conçut, relativement à l'histoire, un
projet qui a échappé à toute l'antiquité , et dont
le simple exposé suffiroit pour faire connoître la
justesse et l'étendue de son génie. En considérant
tout ce qu'il lui avoit coûté de temps et de recherches pour parcourir les différentes branches de
l'histoire . et surtout pour en extraire les conséquences de pratique qu'il vouloit adapter au plan
de gouvernement qu'il méditoit , il se représenta
un jeune prince , auquel des circonstances d'âge ,
de temps, ou de dégoût , ne permettroient pas de
se livrer comme lui à ce genre d'étude : de là , il
conclut qu'il ne pourroit laisser rien de plus utile
à ses successeurs, qu'un monument historique,
qui leur assureroit tout le fruit de ses recherches et
de ses réflexions , en leur en épargnant le travail.
Cet ouvrage , selon qu'il le concevoit, doit être une
savante école de politique , et le livre propre des
rois et des ministres. Le principal but qu'on s'y
propose, est de faire connoître à un prince l'origine

et l'étendue de son autorité, sans lui laisser ignorer l'usage qu'il en doit faire pour le bonheur des
peuples, et la gloire de celui de qui seul il la tient.
Pour cet effet, il veut qu'on parcoure d'abord
l'histoire de la nation ; que l'on considère les différens règnes dans leur ensemble, plutôt que dans
les détails. Pour rendre l'ouvrage le moins volu-
mineux qu'il est possible, on n'entre point dans
les disputes qui partagent les savans : on ne s'occupe que du fond, et l'on compte pour peu les
circonstances qui n'y changent rien. On entre
dans le conseil du prince, on y appelle ses ministres ; on examine si c'est à eux ou à lui, ou à
tous ensemble, qu'on doit attribuer le bonheur
ou la misère des peuples. Le commerce a langui
dans un règne, on en cherche la cause. La guerre s'est allumée dans le temps où l'on eût eu le
plus besoin de la paix, quelle en a été l'occasion ? l'ambition du prince ou les intérêts particuliers d'un ministre ? L'issue de cette guerre a été
funeste : est-ce au découragement des troupes, à
l'inexpérience du général, ou à quelque intrigue
de cour qu'on doit l'attribuer ? Tel prince se fit
aimer de ses peuples, lors même qu'ils étoient
dans la misère ; tel autre en fut détesté au milieu
de l'abondance ; celui-ci contint tous les ordres
de l'état dans le devoir, et en fut respecté ; celui-
là leur laissa usurper une partie de son autorité,
et en fut méprisé : d'où viennent ces différences ?
En un mot, à quelles causes doit-on rapporter la
prospérité qui en tel temps a élevé la nation, et
les revers qui en tel autre l'ont humilié ?

De l'histoire de France, on passe à celle des
peuples étrangers, et d'abord à celle des peuples
qui, par leur voisinage, doivent avoir plus d'in-

térêts à concilier avec la nation. On examine surtout leur génie, leur caractère, leurs prétentions.
On passe enfin à l'histoire des différens peuples,
qu'on parcourt d'une manière plus générale, et
toujours suivant la même marche et les mêmes
vues politiques. Ce plan honorera sans doute son
auteur dans les siècles futurs; et nos neveux béni-
ront avec attendrissement la mémoire d'un prince
qui s'occupoit de leur bonheur, en traçant des
leçons de sagesse et de modération à ceux de ses
descendans qui devoient les gouverner. Les différentes occupations auxquelles se livroit le Dauphin, ne lui permettant pas de composer lui-même cet ouvrage, l'exécution en fut confiée à M.
Moreau. Si elle répond au plan, nous aurons un
chef-d'œuvre, et l'on est en droit de l'attendre de
l'auteur.

Après avoir étudié les hommes dans l'histoire,
le Dauphin s'appliqua encore à connoître d'une
manière plus particulière ceux au milieu desquels
il avoit à vivre. Cette connoissance lui paroît essentielle à un prince. «Connoître les hommes,
» dit-il dans un de ses écrits, est la véritable
» science des rois;» et dans un autre endroit :
«Le plus grand art des rois est celui de connoître
» les hommes, d'apprécier leurs talens, et de les
» placer dans les emplois qui leur conviennent. »
Pour arriver plus sûrement à la fin qu'il se proposoit, il se garda bien de se précipiter dans le tour-
billon. En vrai sage, il se tint à l'écart, assez près
pour tout reconnoître, assez loin pour n'être aperçu de personne. Du fond de son cabinet, seul
avec la Dauphine et quelques amis choisis, il
contemploit à loisir ce choc continuel des passions
qui se rassemblent tumultuairement autour du

prince, pour se disputer les faveurs qui tombent de sa main, et qui leur servent d'aliment. Il suivoit, dans leurs plus sombres détours, ces manœuvres de l'ambition, ces rivalités, ces intrigues d'intérêts qui se croisent : rien ne lui échappoit. Ayant, si je puis parler ainsi, la clef du système général, il savoit à quel parti tel ou tel appartenoit : il n'étoit pas surpris que celui-là fût le patron de la philosophie moderne; que cet autre opinât dans le conseil en faveur d'une autre secte. Le fruit qu'il tiroit de ces observations étoit d'examiner comment un prince judicieux et sans foiblesse pourroit, sinon fixer absolument ces agitations, au moins les calmer assez pour qu'elles ne nuisissent pas au bien général. « Il faut surtout,
» disoit-il, que les hommes en place, et dignes
» d'y être, soient affranchis du soin de faire face
» à leurs envieux; et c'est au prince à pourvoir à
» ce qu'ils ne soient point réduits à la condition
» de ce peuple malheureux, qui ne pouvoit ser-
» vir sa patrie que d'une main, ayant à combattre
» ses ennemis de l'autre. »

Un quart d'heure de conversation suffisoit ordinairement à ce prince pour connoître un particulier. Il lui faisoit quelques questions comme au hasard; et ses réponses, qu'il comparoit ensuite, lui donnoient le tableau de son ame, sans qu'il se doutât qu'il eût été étudié. Quoiqu'il fût si habile dans l'art d'analyser les caractères, il se plaignoit cependant quelquefois de ne pouvoir parvenir à la connoissance des hommes qu'à force de travail, et en les étudiant chacun en particulier. « Plus
» j'acquiers de connoissance, disoit-il un jour à
» M. d'Aubert, plus je sens qu'il manque aux prin-
» ces, élevés comme moi au sein de la grandeur,

» une multitude d'idées communes et famillières
» aux particuliers , surtout de celles qui aident à
» discerner les caractères et le mérite des hommes.
» Les princes me paroissent, à cet égard, dans le
» cas d'une personne qui , ayant besoin de deve-
» nir très-éloquente, n'auroit cependant pour s'ex-
» primer qu'un tiers , ou la moitié des lettres de
» l'alphabet. » Le magistrat lui répondit que les
princes avoient au moins l'avantage de pouvoir
s'approprier l'expérience d'autrui : « C'est ce que
» j'ai tenté , lui dit le Dauphin ; je me suis livré à
» plusieurs personnes de ce pays-ci : mais je m'en
» suis repenti. Vous pouvez m'en croire, lui ajou-
» ta-t-il en riant , puisque vous me voyez donner
» toute ma confiance à un Flamand. » Voici ce
qu'il écrivoit à un homme qu'il consultoit volontiers , pour l'engager à lui communiquer ses lumières sur la connoissance du cœur humain. « Que
» votre première lettre soit sur les moyens de con-
» noître à fond les hommes, l'aptitude de leur es-
» prit, la droiture ou la duplicité de leur cœur,
» les motifs qui les dirigent, l'intérêt qui les ani-
» me, l'étendue de leurs lumières , leur degré de
» sagacité , et singulièrement l'étendue de leurs
» connoissances sur des matières sur lesquelles je
» ne suis nullement ou que médiocrement instruit ;
» car cet article me paroît la magie noire , ainsi
» que de juger des sentimens du cœur. Traitez
» toutes ces matières méthodiquement , intelligi-
» blement et avec étendue. Qu'aucun des moyens
» pour parvenir à cette fin ne vous échappe : con-
» duisez vous-même mon esprit dans tous ceux
» que j'aurai besoin de connoître ; introduisez-le
» dans les cœurs les plus tortueux ; employez , s'il
» le faut , des cahiers entiers. Si par-dessus tout

» cela, vous m'apprenez à éviter les jugemens té-
» méraires, je dirai que vous avez rempli toute
» justice. » Ne pourroit-on pas conclure de cette
lettre, qu'il étoit en état de donner lui-même des
leçons sur la matière dont il demande à être instruit ? « Je vous estime heureux, disoit-il un jour
» à l'abbé de Marbœuf, vous voyez souvent des
» hommes. — Il me semble, Monseigneur, répon-
» dit l'abbé que vous en voyez bien autant que moi.
» — Vous vous trompez, reprit le Dauphin ; ceux
» qui sont pour vous des hommes, ne sont plus
» devant nous que des personnages de tapisseries,
» des automates que nous ne faisons remuer que
» par ressorts. » Le courtisan le plus ouvert, en
apparence, est, selon lui, le plus dissimulé de
tous. Il cherche dans les inclinations du prince,
les vertus qu'il peut montrer, et les vices qu'il
doit cacher. « Les courtisans, dit-il dans un de
» ses écrits, conduits par l'ambition, ne se mon-
» trent au prince que du côté favorable, pour tâ-
» cher, par une vertu affectée, de gagner son es-
» time, et de se faire croire capables d'être mis
» en place. Ces hommes, dit-il dans un autre en-
» droit, cherchent à se concilier les bonnes grâ-
» ces des princes par la flatterie et par une com-
» plaisance outrée pour toutes leurs volontés. Dès
» qu'ils voient une passion s'élever dans leur cœur,
» au lieu de les avertir d'être en garde contre elle,
» ils cherchent à la fomenter, afin de conserver
» leur crédit, en s'en faisant les ministres. Crai-
» gnant toujours de leur déplaire, jamais ils ne
» leur disent des vérités dures qui les blessent. Rien
» pourtant de plus nécessaire aux rois, que de con-
» noître la vérité. »

Ces belles maximes n'étoient point oisives dans

le Dauphin. Il ne négligeoit aucun des moyens de connoître la vérité. Il l'accueilloit quand elle se présentoit, il l'invitoit lorsqu'elle n'osoit se produire. Le président d'Aubert , en lui parlant pour la première fois , paroissoit un peu embarrassé : « Eh » quoi ! lui dit-il , du ton le plus capable de le » rassurer, vous vous troublez, est-ce que je vous » intimiderois ? » Il le prit par la main , et le fit asseoir dans un fauteuil à côté de lui, en ajoutant : » Songez que je ne prends ici avec vous que la » qualité d'ami. » Par ce libre accès qu'il donnoit aux gens de bien , souvent il savoit ce que tout le monde ignoroit à la cour. Il est des vérités qu'on dit rarement aux princes , telles sont celles qui choquent ouvertement leurs inclinations. Une personne de la cour ne craignit point de donner un jour au Dauphin un avis de cette nature. Ce prince, trop parfait pour se croire sans defaut, le reçut avec reconnoissance , et ne s'en vengea que par des bienfaits.

La prudence, vertu utile à tous les hommes, est essentielle à un Dauphin. Héritier de la couronne et le second du royaume, il est aussi le premier des sujets, et sa conduite doit être en tout la plus soumise et la plus respectueuse envers la personne du prince. Les passions de ceux qui l'environnent lui rendent encore la circonspection plus nécessaire. Il est rare qu'il ne se trouve pas dans le palais des rois, de ces hommes qui, sous une fausse apparence de zèle, s'efforcent d'établir leur crédit aux dépens de celui des enfans de la maison, dont ils se constituent les observateurs et les juges ; toujours prêts à interpréter malignement les intentions les plus droites , vrais ennemis du bonheur des princes , en qui ils altèrent cette confiance et cette cordialité réciproques , qui doivent régner entre le père et le fils , le frère et le frère, et qui font le plus doux charme de la vie. Le Dauphin connoissoit tout le prix de la prudence ; et il savoit en faire usage. « La dissimulation et la défiance, » disoit-il , sont des vices odieux : la prudence » porte des fruits plus utiles et plus assurés ; elle » est la vertu propre des grands princes. » Sa conduite répondoit à ces principes. Un des plus grands seigneurs de la cour l'avoit prié de parler au roi sur une affaire fort délicate et de la plus grande importance : il s'en défendit d'abord ; le seigneur insista : le Dauphin l'écouta avec bonté , et se contenta de lui dire en souriant : « Je vois bien , mon- » sieur, que vous n'avez jamais été Dauphin. »

Il n'alloit jamais au conseil , sans avoir mûrement réfléchi sur les matières qui doivent s'y traiter ; et il avoit l'esprit trop juste et trop pénétrant, pour qu'aucunes considérations étrangères pussent jamais lui faire prendre le change sur le fond des choses. Son avis étoit souvent conforme à celui de Louis XV ; et l'on sait que ce prince joignoit à l'expérience d'un long règne , un discernement exquis. Le premier jour qu'il fut admis au conseil des dépêches (il avoit alors vingt et un ans) , M. de Moras, contrôleur général, commença le rapport d'une affaire très-compliquée concernant les domaines du roi ; mais il ne put , pendant cette séance, qu'établir ses principes. Le Dauphin lui dit en sortant : « Le Bret jette beaucoup de lumières » sur cette matière : il me semble , d'après vos » principes, que vos conclusions différeront peu » des siennes. » Elles devoient en effet être les mêmes. M. de Moras , qui ne croyoit pas le prince si instruit, fut tellement frappé de ce trait qu'il le racontoit encore plusieurs années après.

Ce fut particulièrement dans le conseil d'état qu'on fut à portée de reconnoître l'étendue de ses connoissances sur tout ce qui concerne l'administration publique. Il étoit âgé de vingt-huit ans quand il y fut admis. Eclairé dans ses vues, juste dans ses principes, prudent dans ses moyens, il ne hasardoit point un avis, qu'il ne l'eût auparavant comparé avec les règles invariables de la religion, du bien des peuples, et de la constitution monarchique. Toujours en garde contre ses propres lumières, il ne prenoit jamais le ton décisif : après avoir exposé son sentiment avec modération, si celui d'un autre étoit jugé meilleur, il faisoit le sacrifice du sien sans opiniâtreté, pour se réunir à la pluralité des suffrages. On ne le vit jamais se prévaloir de la supériorité de son rang sur les ministres. Il les regardoit comme ses égaux dans le conseil, et souvent il les écoutoit comme ses maîtres. Il s'étoit fait une loi d'éviter, avec la plus grand soin, tout ce qui eût pu altérer, le moins du monde, ce concert qui doit régner entre les personnes chargées du noble emploi de concourir avec le monarque à rendre les peuples heureux. Voici le témoignage que lui rendit un ministre qui avoit séance avec lui dans le conseil d'état. « M. le Dau-
» phin exposoit son sentiment avec beaucoup de
» modération, surtout quand il n'étoit pas con-
» forme à celui du roi. Quelquefois même il n'o-
» pinoit que par son silence. La religion, les
» mœurs publiques, le maintien des lois et des
» priviléges des différens ordres de l'état, le bon-
» heur des peuples, la gloire de la nation, et l'au-
» torité du roi, étoient les points cardinaux qu'il

» ne perdoit pas de vue. Jamais on ne s'est repenti
» d'avoir suivi un avis qui avoit été le sien. »

Mais ce prince ne fit jamais paroître plus de sagesse et de prudence dans le conseil, que dans cette circonstance malheureuse où il fut obligé d'y présider en la place du roi : circonstance digne d'un éternel oubli, et que je ne rappellerois pas ici, si elle n'étoit déjà consignée dans les monumens publics ; et si le plus scélérat des hommes n'avoit servi à mettre de plus en plus en évidence les bonnes qualités du prince dont j'écris la vie. Le 5 janvier 1757, sur les dix heures du soir, Louis XV, accompagné du Dauphin, se disposoit à partir pour Trianon, où il devoit souper avec la famille royale. Au moment où il alloit monter en carrosse, le nommé Robert Damiens, qui s'étoit posté dans un petit enfoncement, sous un escalier à portée de l'endroit où devoit s'avancer la voiture , sortit de sa retraite, s'ouvrit un passage à travers les gardes, heurta en passant le Dauphin , et pénétrant jusqu'au roi, le frappa au côté droit d'un instrument en forme de canif. Tout cela se fit si promptement, qu'aucun de ceux qui auroient dû arrêter ce malheureux , ne l'aperçut ; il faut observer qu'on n'étoit éclairé que par des flambeaux. Le roi lui-même ne le vit pas quand il lui porta le coup. Il dit seulement : « On m'a donné un furieux coup de
» poing; » mais ayant passé la main sous sa veste, il la retira teinte de sang , et s'écria : « Je suis
» blessé. » Au même instant, il se retourna, aperçut Damiens qui avoit le chapeau sur la tête. Il dit en le montrant : « C'est cet homme qui m'a
» frappé, qu'on l'arrête, et qu'on ne lui fasse point
» de mal. » On s'en saisit, et il fut conduit à la salle des gardes du corps. Dès qu'il fut arrêté, il

répéta deux ou trois fois : « Qu'on prenne garde à
» M. le Dauphin... ; que M. le Dauphin ne sorte
» point de la journée. »

On auroit peine à imaginer le saisissement dont
ce prince fut frappé, au moment où le roi dit qu'il
étoit blessé. Il le suivit dans son appartement, et
tandis qu'on s'empressoit de lui procurer les secours
de la religion et de la médecine, et qu'on ignoroit
encore ce qu'on avoit à craindre ou à espérer, on
vit le Dauphin s'abandonner à toute la sensibilité
de son cœur, et dans un état de désolation qui
partageoit entre lui et le roi l'alarme et l'affliction des assistans. Il ne parut sortir de son accablement, que quand les médecins, après la visite
de la plaie, lui eurent assuré qu'elle n'étoit pas
mortelle. Mais, en prince religieux, qui ne connoissoit point les êtres chimériques de bonheur et
de hasard, il attribua la conservation d'une tête
qui lui étoit si chère, à cette Providence suprême
qui veille au salut des rois : dans le premier transport de sa reconnoissance, il oublia l'avis qu'on
venoit de lui donner à lui-même, de prendre garde
à sa personne : et sortant presque seul , il alla
droit à la chapelle, se prosterner au pieds du Saint
Sacrement, et rendre grâces à Dieu de ce qu'il
n'avoit pas permis qu'un si monstrueux attentat fût
consommé.

Après cet acte de religion , remarquable par la
circonstance, il rentra dans l'appartement du roi,
et s'approcha de son lit. Ce prince le prit par la
main, et en la lui serrant, il lui remit la clef d'une
cassette pour qu'il allât en retirer quelques papiers
de conséquence. Il lui ordonna ensuite d'assem-
bler le conseil , et d'y présider en sa place. Les
ministres, consternés d'un événement si étrange,

étoient incertains et irrésolus dans leurs avis : le Dauphin, qui venoit de se recueillir devant Dieu, paroissoit seul avoir toute sa présence d'esprit : il les rassura, et dans une affaire si délicate, et qui mettoit en défaut toutes les règles de la politique, il procéda avec une profondeur de sagesse et de prudence qui étonna tous les membres du conseil ; et l'un d'eux, en sortant, s'écria : « Quelle tête ! » chacune de ses paroles est un trait de lumière. »

A la première nouvelle de l'attentat commis contre le roi, les principaux officiers du parlement, c'est-à-dire de la grand'chambre, les autres ayant donné leurs démissions, vinrent lui exprimer les sentimens de leur compagnie sur un événement qui consternoit toute la nation. Ce prince les envoya prendre les ordres du Dauphin. Introduits à son audience, ils lui exposèrent l'accablement où ce coup avoit jeté tout le corps de la magistrature, et le supplièrent qu'il lui plût d'ordonner que le parricide, qui étoit sous la juridiction de la prévôté de l'hôtel, fût remis entre les mains du parlement, et qu'il fût permis à tous ceux qui avóient donné leur démission, d'assister à l'instruction du procès.

Le Dauphin loua le parlement du zèle avec lequel il se portoit à venger le crime commis sur la personne du roi. Quant aux demandes que lui faisoit la compagnie, il répondit à la première, « que » le criminel étoit en mains sûres et intègres ; à » la seconde, que les magistrats qui avoient donné » leurs démissions, ne pouvoient pas exercer des » charges dont ils s'étoient privés ; que les leur » rendre pour instruire ce procès, étoit une affaire » trop importante, pour n'en pas laisser la déci- » sion au roi seul. — Au reste, ajouta-t-il, sa ma-

» jesté n'étant, Dieu merci, en aucun danger,
» sera bientôt en état de prendre connoissance de
» tout par elle-même. » La crainte de s'éloigner
des intentions du roi, et de lui témoigner son affection par un zèle précipité, l'engagea à n'user
qu'avec la plus grande réserve du plein pouvoir
dont il étoit revêtu ; et l'événement justifia sa conduite, car le roi n'accorda au parlement que la
première de ses demandes.

Voici comment ce prince parloit de ce monstrueux attentat à l'évêque de Verdun : « Vous me
» pardonnerez aisément, je crois, de n'avoir point
» répondu à votre lettre de bonne année ; j'avois
» de trop cruels sujets d'occupation pour y penser,
» et je crois que l'impression de cet abominable
» événement n'aura guère été moins forte sur vous
» que sur moi ; car les sentimens d'un aussi bon
» sujet que vous, approchent un peu de ceux d'un
» fils. Pour moi il m'est impossible de vous détail-
» ler tout ce qui s'est passé dans mon ame. Je n'ai
» senti d'abord que la douleur et le désespoir de
» perdre un père qui me témoignoit une tendresse
» qui redoubloit encore les déchiremens de mon
» cœur. A peine ai-je été rassuré sur sa vie, que
» l'image de l'attentat commis a étouffé en moi
» tout sentiment de joie. Je l'ai vu, et je ne puis
» le croire : j'étois présent, et quand j'y pense, je
» me crois dans l'horreur d'un songe ; il me sem-
» ble que je vis dans un autre siècle. De quelques
» malheurs que les dissensions présentes m'offris-
» sent le tableau, celui-là ne s'étoit jamais pré-
» senté à mon imagination. » On reconnoît également la religion, la tendresse filiale, et la prudence du Dauphin dans toute la conduite de cette
affaire.

En se formant à une vertu, ce prince ne négligeoit pas celles d'un autre genre. Il est peu de sciences qu'il ait approfondies comme celle de la guerre. Il l'étudia dès son enfance par inclination, et depuis par raison ; il eut l'avantage de faire avec Louis XV la glorieuse campagne de 1745. Tout respiroit encore la joie qu'avoient répandue dans les cœurs les fêtes qu'on venoit de donner à l'occasion de son mariage, lorsque le roi fit ordonner des prières publiques, pour demander à Dieu le succès de ses armes, et se disposa à passer en Flandre, pour se mettre à la tête de ses troupes. On ne devoit pas s'attendre qu'un jeune prince, dans de pareilles circonstances, pensât à s'éloigner d'une épouse qui possédoit et méritoit toute sa tendresse, pour aller s'exposer aux hasards des combats : mais la première passion des grandes ames fut toujours de voler où l'honneur et le devoir les appellent : il ne balança point à rappeler au roi la promesse qu'il lui avoit faite l'année précédente, et il le conjura de ne pas lui refuser de faire avec lui cette campagne. Louis XV, ravi de trouver en son fils de si généreuses dispositions, souscrivit à sa demande. On disposa tout pour le départ ; et le vendredi 7 mai, tous deux en habits militaires, montèrent dans la même voiture, pour se rendre au camp devant Tournay, où ils arrivèrent le lendemain. Dès qu'ils parurent, ce ne fut de toutes parts qu'acclamations et cris de joie. Les troupes n'avoient point encore vu le Dauphin. Il étoit d'une taille avantageuse, d'une complexion vigoureuse et capable de soutenir les fatigues d'une campagne. Il avoit les traits du visage agréablement formés, le teint de la plus grande fraîcheur, des yeux pleins d'esprit. Une noble simplicité, dans tout son extérieur, sembloit annoncer en lui l'union d'un bon cœur à une grande ame. Il n'eut besoin que de se montrer, pour gagner l'affection du soldat. Sa présence et celle du roi inspirèrent à toute l'armée une ardeur incroyable; on ne demandoit plus qu'à combattre.

Le maréchal de Saxe, après plusieurs marches feintes, pour couvrir son dessein à l'ennemi, avoit jugé à propos d'ouvrir la campagne par le siége de Tournay, place importante de la Flandre autrichienne. Il poussoit vivement ses travaux, lorsque l'armée combinée des Autrichiens, Anglais, Hollandais et Hanovriens, s'avança pour l'obliger à lever le siége, ou pour lui livrer bataille.

Près de Tournay, sur les bords de l'Escaut, s'offre une plaine assez découverte, au milieu de laquelle est le village de Fontenoy; c'est l'endroit que le maréchal avoit destiné pour le champ de bataille, en cas d'une action générale. Le roi, à son arrivée au camp, alla avec le Dauphin reconnoître le terrain; et, de l'avis des officiers généraux, il arrêta que l'armée s'y posteroit pour attendre l'ennemi. Le mardi 11, de grand matin, le duc de Cumberland, campé dans les environs, s'avança en ordre de bataille. A cette nouvelle, le roi et le Dauphin passèrent l'Escaut au pont de Calonne, et parurent à la tête de l'armée auprès de Fontenoy. Quand ils eurent reconnu l'ennemi, le maréchal de Saxe leur conseilla de repasser la rivière; mais tous deux refusèrent de se rendre à son avis, et se placèrent assez près du feu, pour qu'on pût dire qu'ils partageoient le péril de l'action; et assez loin, pour éviter le reproche de s'exposer témérairement.

Vers les cinq heures, les armées se trouvèrent

en présence. La droite de la nôtre s'étendoit vers le village d'Antoin ; la gauche vers le bois de Barry ; le centre étoit à Fontenoy. L'armée ennemie se présentoit en trois corps. Le comte de Konigseck commandoit l'aile droite , le prince de Waldeck la gauche : le duc de Cumberland occupoit le corps de bataille. Sur les six heures , les ennemis tirèrent un coup de canon , qui fut comme le signal de l'action. L'artillerie étant également bien servie de part et d'autre , on se canonna long-temps avec un égal succès , ou pour mieux dire , avec une perte égale : chaque décharge éclaircissoit les rangs , et jonchoit la terre de morts.

Enfin l'armée ennemie s'ébranla ; et s'avançant dans la plus belle ordonnance , elle fit mine de vouloir attaquer nos trois corps en même temps ; mais se repliant tout-à-coup sur elle-même , elle vint fondre sur le centre de bataille. L'attaque fut terrible : on s'y attendoit, la défense fut vigoureuse. Notre artillerie , placée à propos , sillonnoit l'armée ennemie : les soldats de part et d'autre tiroient à bout portant. Toutes les décharges des nôtres étoient suivies des cris de *vive le roi et monseigneur le Dauphin.* Quoiqu'on perdît beaucoup de monde des deux côtés , on combattoit avec le plus grand sang-froid. On vit des officiers anglais et français se saluer avec civilité et se défendre de l'honneur de tirer les premiers. Cependant l'affaire n'avançoit point ; le duc de Cumberland fit changer son ordre de bataille , et du centre , il se porta vers notre gauche. Les décharges de mousqueterie recommencèrent alors, et continuèrent long-temps dans un ordre presque invariable. Nos troupes avoient perdu du terrain, et se trouvoient à trois cents pas au-dessous de Fontenoy. Cette position, par l'événement , devint funeste à l'ennemi , qui étoit tout à la fois exposé au feu des redoutes du bois de Barry ,et à celui de l'artillerie de Fontenoy. Mais le duc de Cumberland , en capitaine qui savoit prendre son parti, fit faire volte-face aux dernières lignes de son armée , qui forma par ce moyen un carré long , dont l'un des côtés devoit continuer de presser notre aile gauche , et l'autre envelopper les redoutes du bois de Barry , et faire tête au poste de Fontenoy. Cette disposition réussit aux ennemis au delà de leurs espérances. Leur unique bataillon faisoit face de toutes parts , ils avoient un plus grand nombre de coups à tirer , et tous les coups portoient. Leurs lignes étoient serrées et en bon ordre ; les nôtres étoient rompues en plusieurs endroits.

Cependant le maréchal de Saxe , tantôt à pied, tantôt à cheval, quelquefois.en litière , car il étoit malade , se portoit où le péril étoit plus grand. Partout il voyoit notre armée faire des prodiges de valeur , mais qui ne servoient qu'à augmenter ses pertes. Si quelquefois le soldat cédoit pour un instant aux efforts de cette colonne redoutable qu'il avoit en tête , il revenoit à la charge , sans jamais se rebuter , quoique toujours sans succès.

Déjà l'ennemi , comptant sur la victoire , jetoit des cris d'allégresse , qui l'annonçoient au loin ; et les Tournaisiens, qui, du haut de leurs murailles , étoient spectateurs du combat , se préparoient à rendre complète la défaite des Français. La garnison tenta une sortie ; mais des miliciens et des troupes de nouvelle levée , qu'on avoit laissés à la garde de la tranchée, firent si bien leur devoir , que l'ennemi fut repoussé avec perte.

Ce fut dans cet instant critique , qu'on se détermina à faire un nouvel effort, et par une triple attaque à charger l'ennemi de front et par les flancs. Ce mouvement fit espérer que les choses change-roient de face. Et les troupes se montrant aussi pleines d'ardeur, que si elles n'eussent point en-core combattu, la charge recommença. Jamais deux armées rivales, poussées par le désir de la ven-geance, ne s'entre-choquèrent avec plus de furie. C'est en cette occasion que la maison du roi, qui n'avoit pas encore donné, se couvrit de gloire. Tous les régimens, français et étrangers, cavale-rie et infanterie, se précipitèrent sur l'ennemi avec une égale impétuosité. La colonne ennemie fit face aux trois attaques, et les soutint avec intrépidité. On la foudroyoit par des charges vives et conti-nuelles ; elle répondoit par un feu également meur-trier : le carnage fut effroyable de part et d'autre. L'ennemi cachoit ses pertes ; les nôtres étoient sen-sibles. On vit les régimens du roi, de la couronne et d'Aubeterre se retrancher derrière des monceaux de cadavres. L'armée des confédérés faisoit ferme, et soutenoit ses premiers succès par de nouveaux avantages : nos lignes écrasées plutôt qu'enfoncées, paroissoient en désordre en plusieurs endroits. Ce-pendant on ne vouloit point céder : plusieurs dé-tachemens ne prenant conseil que de leur valeur, allèrent, tête baissée, heurter ce bataillon formi-dable : rien ne fut capable ne l'entamer.

Le maréchal de Saxe, qui ne s'inquiétoit pas sans raison, fit dire au roi et au Dauphin, qu'il étoit temps qu'ils songeassent à mettre leurs per-sonnes en sûreté, en passant l'Escaut : son avis ne fut point suivi. Peu de temps après, on parla de retraite, et plusieurs braves officiers la jugeoient nécessaire au salut de l'armée. On avoit réservé quatre pièces de canon pour la favoriser en cas d'accident : on pensoit à en faire usage. Le duc de Richelieu crut devoir s'y opposer : « point de re- » traite, s'écria-t-il, le roi ne veut pas, et entend » que ces canons servent à la victoire. » En effet, on les braque sur l'armée ennemie, qui n'étoit qu'à quelques pas : on en fait précipitamment plu- sieurs décharges. La certitude d'être foudroyé l'ins- tant d'après, fait craindre au soldat d'occuper la place de celui qui vient d'être renversé. Cette co- lonne, jusqu'alors impénétrable, laisse enfin aper- cevoir un défaut ; on le cherchoit depuis long-temps : la maison du roi le saisit et s'y insinue ; les gen- darmes et les carabiniers élargissent le passage, les autres régimens suivent. Animés par ces suc- cès, les corps chargés des autres attaques se pré- cipitent sur les lignes qu'ils ont en tête, et les rompent en plusieurs endroits. Ce fut alors qu'on en vint aux armes blanches. La mêlée fut sanglan- te : mais le soldat français ayant son adversaire en face, la partie ne fut plus égale. Bientôt le dé- sordre et la confusion s'étant communiqués jus- qu'aux derniers rangs de l'armée ennemie, d'un excès de confiance, elle passa au découragement. Les troupes anglaises furent celles qui firent mieux leur devoir en cette occasion, mais il fallut céder à la force. Tout plia, tout se débanda. Le soldat, irrité d'une résistance si opiniâtre, ne faisoit point de quartier, et massacroit sans pitié tout ce qui tomboit sous sa main. Ceux qui échappoient au fer du fantassin, étoient écrasés par la cavalerie. Les chevaux ensanglantés jusqu'au poitrail, avoient peine à se débarrasser des tas de cadavres, dont la plaine étoit jonchée. Ce qui est bien remarqua- ble, c'est que cette déroute d'une armée, peu d'heures avant si formidable , fut l'ouvrage d'un instant. Le Français étonné de ne rencontrer partout que des français , respire enfin, et sent tout le prix d'une victoire si long-temps disputée.

Chacun raisonna comme il étoit affecté , sur la cause du gain de la bataille. Les uns l'attribuèrent à la présence du roi et du Dauphin , d'autres à l'habileté du maréchal de Saxe ; ceux-ci à la charge vigoureuse de la maison du roi , ceux-là à l'avis du duc de Richelieu ; d'autres enfin, à la valeur opiniâtre de nos troupes que rien ne put décourager. Peut-être pourroit-on dire que tous avoient raison , et qu'il ne falloit rien moins que le concours de toutes ces circonstances, pour nous assurer la victoire. Tous les régimens perdirent du monde. Quelques-uns se firent écraser, et ne sauvèrent que leur nom. Plusieurs officiers se signalèrent en cette journée par des traits de valeur , qui eussent honoré les héros de l'ancienne Rome. Mais les détails ne sont point de mon sujet, qui ne me permet que de donner une idée générale d'une action à laquelle assista le Dauphin.

Ce prince, en cette occasion, annonça à toute la France, qu'il étoit l'héritier des nobles sentimens, comme du sceptre des Bourbons. Si l'on pouvoit lui faire quelque reproche , ce seroit d'avoir trop bravé le danger, et voulu s'exposer moins en Dauphin qu'en soldat. Mais l'âge de seize ans est plutôt celui de la bouillante valeur, que de la parfaite prudence. Dès le commencement de l'action, un boulet de canon renversa et couvrit de terre, à quatre pas de lui, M. d'Arbaud, qui fut depuis colonel. Louis XV avoit chargé un officier de faire ramasser par les valets de l'armée, les boulets qui faisoient voler la poussière au bas de l'éminence où

il s'étoit posté. S'étant aperçu qu'il en étoit tombé
un aux pieds du Dauphin , il lui cria en riant :
» Monsieur le Dauphin, renvoyez-le aux ennemis,
» je ne veux rien avoir à eux ; » mais l'action l'occupoit tout entier ; il ne répondit rien au roi. Il ne fit
pas même attention à un autre coup, qui renversa
derrière lui un des domestiques du comte d'Argen-
son. Il vit avec le plus grand intérêt le régiment
qui portoit son nom, se distinguer entre les autres,
sous les ordres du comte de la Vauguyon , qu'il
estima dès lors pour sa bravoure ; et plus encore
depuis, quand il sut qu'il honoroit le mérite guerrier par la vertu.

Dès les premières décharges des ennemis , la
campagne avoit paru couverte de fuyards , qui
sembloient annoncer que tout étoit perdu : le Dauphin voulut les arrêter ; et, par prières et par me-
naces , il s'efforça de leur inspirer des sentimens
plus généreux. Mais ceux à qui il parloit n'étoient
point des soldats , c'étoient les goujats de l'armée
que la peur avoit saisis, et qui ne tenoient à leurs
régimens que par l'uniforme qu'ils déshonoroient.
Au fort de l'action, il demanda au roi qu'il lui permît de s'avancer à la tête de sa maison , contre cet
épais bataillon, dont la résistance avoit déjà coûté
tant de sang à l'armée française. Le roi rejeta sa
demande : jamais refus ne l'attrista davantage.
Sur ce qu'un seigneur de sa suite, pour l'en consoler , lui représenta que sa vie étoit trop précieuse
à l'état, pour que le roi pût consentir à ce qu'il
l'exposât au hasard d'une mêlée : « Ma vie, reprit-
» il en soupirant, ah ! ce n'est point la mienne ,
» c'est celle d'un général, qui est précieuse en un
» jour de bataille. » Un instant après, s'apercevant
que les choses alloient de mal en pis , et qu'en

certains endroits, nos troupes étoient poussées jusque sur les bords de l'Escaut, il oublia les ordres
du roi, et se laissant emporter par son ardeur, il
tire l'épée, s'échappe du milieu de ceux qui l'environnent, et croyant déjà voir les troupes rani-
mées par sa présence, il leur crie d'un ton de voix
plein de feu : « Marchons, Français ; où est donc
» l'honneur de la nation ? — J'ai eu l'avantage,
» dit le marquis de Contades, de voir alors M. le
» Dauphin montrer non-seulement le sang-froid
» du plus grand courage, mais des traits d'une
» habileté peu commune. Il a voulu charger lui-
» même, à la tête des grenadiers à cheval, cette
» troupe pour ainsi dire invincible. Il fallut un
» ordre du roi, pour qu'il ne joignît pas l'enne-
» mi, et il s'en tint toujours trop à portée. Il en-
» courageoit les soldats qui alloient au combat ; il
» consoloit les blessés qui passoient sans cesse sous
» ses yeux. Cette bonté paternelle s'étendoit jus-
» qu'au dernier des soldats, et sa charité toujours
» agissante s'occupa, après cette sanglante jour-
» née, à recueillir les restes languissans des vic-
» times de la gloire, et à leur procurer, par les
» ordres les plus précis, tous les secours imagina-
» bles. » Le Baron d'Espagnac, qui étoit présent
à l'action, rend le même témoignage à sa valeur,
dans son Histoire du comte de Saxe. « M. le Dau-
» phin, dit-il, couroit l'épée à la main, à la tête
» de la maison du roi ; on eut bien de la peine à
» l'arrêter. » On ne lui laissa pas cependant le
temps de joindre l'ennemi, et on le ramena auprès
du roi, qui le fit rester à ses côtés jusqu'à la fin
de l'action. Mais dès que le champ de bataille fut
libre, ce prince, afin de lui inspirer l'horreur qu'il
eut toujours lui-même pour les guerres les plus

justes, le lui fit parcourir. Il vit là, au naturel, ce qu'il n'avoit jamais vu que dans l'histoire : l'humanité dégradée par la main des hommes, une vaste plaine abreuvée de sang humain, des membres épars et séparés de leurs troncs, des monceaux de cadavres, des milliers de mourans qui faisoient de vains efforts pour se dégager d'un tas de morts. Il racontoit lui-même qu'il en avoit vu, qui oubliant qu'ils étoient ennemis, se bandoient mutuellement les plaies qu'ils venoient de se faire. D'autres, luttant avec la mort, se rouloient dans leur sang, et mordoient la poussière, quelques-uns levoient la tête et rappeloient un reste de vie, pour crier : *Vive le roi et monseigneur le Dauphin.* Plusieurs, tout occupés du salut de leur ame, conjuroient le Dieu des batailles d'être pour eux en ce moment le Dieu des miséricordes. De quelque côté qu'il prêtât l'oreille, il n'entendoit que des cris plaintifs et des gémissemens lamentables.

A cet affreux spectacle, qui n'est pas pour un jeune prince un spectacle inutile, il s'attendrit ; le roi, qui s'en aperçut, lui dit : « Voyez, mon fils, » qu'il en coûte à un bon cœur de remporter des » victoires ! » Le prince ne lui répondit qu'en essuyant ses larmes. Ce fut dans le même moment, que Louis XV, sans y penser, et en suivant son penchant naturel, lui donna une autre leçon bien digne d'un prince chrétien. On vint lui demander comment il vouloit qu'on traitât les blessés du parti ennemi : « Comme les nôtres, répondit-il, ils ne » sont plus nos ennemis. » Le Dauphin écrivit du champ de bataille à la reine et à la Dauphine : « J'ai été témoin, dit-il dans sa lettre à la Dau- » phine, de la bravoure du soldat, qui a combattu » comme un lion. » Et dans une autre, qu'il lui écrivit quelques jours après, il lui raconte d'une manière plus détaillée comment le roi conduisit cette affaire.

« Dimanche, à une heure après midi, le roi
» apprit que les ennemis n'étoient qu'à une lieue
» de nous. Aussitôt il fit passer l'Escaut à son ar-
» mée. Après qu'il eut dîné, il la joignit, sur les
» cinq heures du soir..... Il y trouva une ardeur
» incroyable ; il s'avança à la tête du camp, dans
» un endroit d'où l'on découvroit une partie des
» ennemis. Il y eut le soir quelques coups de fusils
» tirés entre les hussards ennemis et nos grassins,
» qui ont fait ces jours-ci des merveilles.

» Sur les neuf heures, le roi repassa l'Escaut
» sur un pont qu'on avoit fait à une demi-lieue
» de Tournay, du côté de la citadelle, et s'en
» vint coucher dans une méchante maison d'un
» village appelé Calonne, où tout le monde cou-
» cha sur la paille, excepté lui et moi.

» Le lendemain lundi, le roi se leva à trois heu-
» res et demie, et dîna à huit. Il ne monta à che-
» val qu'à midi, pour aller examiner la situation
» des ennemis. Il trouva que leur camp paroissoit
» davantage. Nos postes avancés tirailloient quel-
» ques coups de fusil, sans que pour cela les ar-
» mées s'ébranlassent. Comme le roi s'en revenoit,
» sur les trois heures après midi, il rencontra des
» fourrageurs qui avoient jeté leurs trousses, et
» qui retournoient à toute bride au camp, disant
» qu'il y avoit une alerte. Le roi revint sur ses
» pas....Il vit en effet que les ennemis faisoient
» marcher leur gauche vers le village d'Antoin.
» On ne pouvoit encore s'imaginer qu'ils en vins-
» sent à une attaque, parce que, disoit-on, ils
» flairoient trop long-temps la médecine, pour

» avoir envie de l'avaler. Ainsi ce soir-là il n'y
» eut rien , on ne fit que s'arranger pour le len-
» demain.

» Le roi se leva avant quatre heures du matin ;
» il monta à cheval, passa l'Escaut , et s'arrêta un
» peu en deçà d'une chapelle appelée Notre-Da-
» me-des-Bois. Ensuite il s'avança sur une petite
» hauteur , d'où il découvrit parfaitement l'armée
» ennemie comme la nôtre. A neuf ou dix heures,
» il demanda à déjeûner. Comme on alloit lui en
» apporter ; les ennemis commencèrent l'attaque
» du poste de Fontenoy, d'où M. de la Vauguyon,
» à la tête de la brigade du Dauphin , les repous-
» sa vigoureusement, si bien qu'ils n'osèrent plus
» y remordre.... Le roi fut obligé de quitter sa pe-
» tite hauteur , parce que le canon des ennemis
» y donnoit en plein. Il ne put jamais faire re-
» venir au combat des fuyards , dont une grande
» partie étoient des valets , qui donnoient l'épou-
» vante au reste. Pendant cette retraite , qui lui
» perçoit le cœur de douleur, son visage ne chan-
» gea pas , et il donna ses ordres avec une tran-
» quillité que tout le monde admira.... Quand les
» ennemis eurent abandonné le champ de batail-
» le , le roi y vint et y fut reçu avec des cris de
» joie incroyables. Il ordonna qu'on prît soin des
» blessés, amis ou ennemis. On a donné à cette
» affaire le nom de *bataille de Fontenoy*. Le
» soir, sur les neuf ou dix heures, le roi apprit
» que les ennemis s'étoient retirés en mauvais or-
» dre, qu'il y avoit beaucoup d'aigreur entre les
» Anglais et les Hollandais, et qu'à leur appel, il
» leur avoit manqué quinze mille hommes ; au
» lieu que nous n'en avons perdu que deux mille.
» Ainsi vous voyez que le roi a remporté une vic-

» toire complète. Le pauvre duc de Grammont
» fut tué d'un boulet, qui lui cassa la cuisse.
» Adieu, ma chère femme, je vous aime plus que
» moi-même. »

Après cette fameuse journée on pressa le siége
de Tournay. Le Dauphin en suivit toutes les opérations : partout il animoit le soldat par sa présence. Dans une revue qu'il fit du régiment Dauphin, infanterie, il nomma chevaliers de Saint-
Louis plusieurs officiers qui s'étoient distingués
entre les autres à la journée de Fontenoy ; et il
répéta à la tête de ce régiment ce qu'il avoit dit
quelques jours avant, en allant visiter la tranchée :
« Je sais, messieurs, ce que vous savez faire. Il
» n'est pas possible que la place tienne long-temps
» devant des troupes si courageuses. » En effet,
peu après il y fit son entrée avec le roi, le jour
de l'octave de la Fête-Dieu ; et les Autrichiens qui
avoient déjà reconnu sa valeur, furent encore
édifiés de sa religion. Pendant la procession du
Saint Sacrement, à laquelle il assista, les habitans de la ville admirant son recueillement et sa
piété, se disoient les uns aux autres (1), « qu'on
» ne devoit point s'étonner que le Ciel se fût dé-
» claré pour une armée qui avoit à sa tête un
» prince si religieux. » La garnison s'étoit retirée
dans la citadelle : cette place tint encore quelques
jours, et fut obligée de capituler. De là Louis XV
et le Dauphin s'avancèrent à la tête de l'armée
victorieuse vers la ville de Gand ; on y arriva la
nuit. Le comte de Lowendal se jeta le premier à
l'eau, passa le fossé, fit appliquer les échelles de
toutes parts. En un instant les murailles furent

____

(1) Un bourgeois de la ville de Tournay, qui avoit entendu
ces paroles, me les a rapportées.

escaladées , et les remparts bordés de Français , qui allèrent ouvrir les portes au reste de l'armée. Elle entra dans la place sans coup férir ; et tout cela s'exécuta avec tant d'ordre , de promptitude et de silence , que , comme le dit agréablement un écrivain, les bourgeois qui s'étoient endormis Autrichiens , furent tout surpris de se réveiller Français. Bruges ouvrit ses portes au vainqueur. Oudenarde se défendit vigoureusement , et fut emportée. Dendermonde ne tint pas long-temps. Enfin l'armée parut sous les murs d'Ostende, cette ville fameuse par le siége qu'elle soutint pendant trois ans , contre une armée commandée par un des plus habiles capitaines de son siècle , Spinola. Cette place est défendue d'un côté par la mer , de l'autre, par des forts et des bastions , au pied desquels sont des fossés larges et profonds , que le commandant tient à sec , ou qu'il inonde à son gré. Elle renfermoit une bonne garnison. Sa défense fut vigoureuse ; mais il n'est point d'obstacles insurmontables pour une armée française qui combat sous les yeux de son roi et de son Dauphin : Ostende ne soutint que dix jours de tranchée. Nieuport et plusieurs autres places moins importantes subirent la loi du vainqueur. Louis XV ayant terminé cette campagne , et pourvu à la sûreté de ses conquêtes , revint en France avec le Dauphin : ils arrivèrent à Paris dans le courant de septembre.

A l'ouverture de la campagne suivante , le Dauphin qui désiroit passionnément d'accompagner le roi dans les nouvelles expéditions qu'il méditoit, lui en demanda la permission ; mais il la lui refusa constamment ; conseillé , dit - on , par quelques personnes en place qui craignoient que la vertu du

jeune prince n'éclairât de trop près leurs opérations, et déterminé, comme on l'a cru, par la crainte assez bien fondée que son ardeur ne le précipitât dans quelque fâcheux accident. Mais depuis la journée de Fontenoy, jamais il ne témoigna plus de désir de se signaler contre les ennemis du nom Français, qu'au moment où il apprit la défaite de Crevels. Il étoit alors à Versailles ; le roi étoit allé à Saint-Hubert. Le maréchal de Belle-Isle, à qui le courrier avoit remis les papiers, les envoya au roi, et vint sur-le-champ rendre compte au Dauphin des particularités de cette malheureuse journée. Le découragement des troupes fut ce qui le toucha le plus. Sans perdre un instant, il écrivit au roi pour lui demander la permission d'aller se mettre à la tête de l'armée battue. Il emploie dans sa lettre les motifs les plus pressans pour le persuader. Il prévient les difficultés qu'on pourroit opposer à sa résolution : il proteste qu'il ne fera rien que de l'avis des officiers généraux. « Non, dit-il en finissant, je suis
» sûr qu'il n'y a point de Français dont le cou-
» rage ne soit ranimé, et qui ne devienne invin-
» cible à la vue de votre fils unique, qui le me-
» nera au combat. » Le roi lui fit cette réponse :
« Votre lettre, mon fils, m'a touché jusqu'aux
» larmes ; il ne faut pas se laisser accabler par les
» malheurs. C'est aux grands maux qu'il faut de
» grands remèdes : ceci n'est qu'une échauffou-
» rée. Je suis ravi de reconnoître en vous les sen-
» timens de nos pères. Mais il n'est pas encore
» temps que je vous sépare de moi. Je plains bien
» le pauvre maréchal de Belle-Isle, son fils nous
» manquera. Je serai à Versailles à une heure. »
Le Dauphin, outre le courage qu'on remarquoi

en lui , et une connoissance exacte de toutes les parties de l'art militaire , avoit encore , dans un degré supérieur , ce qu'on peut appeler l'esprit de commandement , et ce qui n'est pas le moindre mérite d'un général , le talent merveilleux de s'affectionner les troupes : ce qui faisoit dire au maréchal de Broglie : « Il n'a manqué à M. le Dau-
» phin que l'occasion pour se montrer un des plus
» grands héros de sa race. » Au dernier camp de Compiègne , portant déjà depuis long-temps dans le sein le germe de la maladie dont il mourut , on le vit diriger les travaux , comme le plus habile ingénieur ; commander les évolutions avec la dignité d'un roi , le ton , l'aisance et la précision du général le plus expérimenté. On remarqua surtout qu'il étoit actif , se trouvant le premier à toutes les opérations ; généreux , jusqu'à anticiper sur ses revenus , pour gratifier le soldat ; affable , disant dans l'occasion un mot à un officier , faisant à l'autre un signe gracieux , donnant à tous quelques marques d'attention. Il sortit un jour en uniforme après son dîner , pour aller visiter le quartier des Dragons-Dauphin , qui étoit fort éloigné de la ville. Les officiers , qui n'étoient pas avertis , étoient alors absens ; mais quelques soldats l'ayant reconnu à son uniforme et à son cordon bleu , se mirent à crier : « Voilà notre colo-
» nel. » Tous à l'instant se rassemblèrent autour de lui , jetant leurs casques en l'air , et poussant mille cris de joie. Comme ils n'avoient pas de siége à lui présenter , ils lui offrirent une botte de paille , sur laquelle il ne fit point difficulté de s'asseoir. Les officiers , avertis de son arrivée , se rendirent auprès de lui avec un empressement qu'il est aisé d'imaginer : il s'entretint familière-

ment avec eux, et leur demanda la grâce de quelques dragons qui étoient aux arrêts : « Ne voulant pas, dit-il, qu'il y eût aucun malheureux » dans un jour qui lui causoit tant de joie. » Un ancien officier général disoit à cette occasion, qu'il se regarderoit comme un personnage dans l'état, s'il étoit simple dragon dans le régiment Dauphin.

Quelque temps avant le départ de Compiègne, après avoir commandé un exercice : « Mes enfans, » dit-il aux soldats, je suis d'autant plus content » de vous, que vous avez très-bien fait, quoique » je vous aie moi - même fort mal commandés. » Le prince de Condé lui disoit en revenant du camp, qu'il avoit été charmé de la manière dont il avoit paru à la tête de son régiment, et de l'air martial qu'avoient tous ses dragons : « N'est - ce » pas bien dommage, lui dit le Dauphin en riant, » que je ne me sois pas trouvé avec ces braves » gens dans des occasions plus brillantes ? » Il voulut un jour souper sous la tente au milieu des officiers : le repas fut, à la vérité, mieux servi qu'il ne l'est ordinairement dans un camp, mais ce qui en fit le principal assaisonnement, ce fut la bonne humeur du prince, les propos obligeans qu'il adressoit aux convives, sachant si bien faire distinction de rang et de mérite, que tous étoient satisfaits, et se croyoient placés dans son estime au degré qui leur étoit dû. La Dauphine, curieuse de voir une armée rangée en bataille se rendit un jour au camp. A son arrivée, le Dauphin alla à sa rencontre, lui donna le bras, et s'avançant vers les troupes : « Approchez, mes enfans, leur dit- » il, voilà ma femme. » Paroles bien éloquentes dans la bouche d'un Dauphin. A peine furent-elles prononcées , que tout le camp retentit des cris réitérés de *vive monseigneur le Dauphin et madame la Dauphine.* Les soldats des derniers rangs, qui avoient crié sans savoir pourquoi , recommençoient quand ils apprenoient de leurs camarades la manière militaire dont le Dauphin venoit de leur présenter la Dauphine.

Quoique ce prince fût guerrier par inclination , on pouvoit cependant compter que, s'il fût monté sur le trône, il eût été pacifique par amour pour les peuples , et qu'il eût préféré le plaisir de faire le bonheur de ses sujets à la gloire d'humilier ses voisins. « Les plus grands conquérans , dit-il
» dans un de ses écrits , sont fort au - dessous des
» rois pacifiques, justes et humains : il est bien
» plus beau d'être les délices du monde, que d'en
» être la terreur. Un prince, ajoute-t-il , qui en-
» treprend une guerre uniquement pour sa gloire
» personnelle , est également en horreur à Dieu
» et aux hommes ; mais un roi , digne de l'être ,
» l'évite sans la craindre , et la soutient avec cou-
» rage quand elle est inévitable : il se montre dans
» l'occasion prodigue de son sang, et toujours
» avare de celui de ses sujets. »

Dans un de ses écrits, où il traite particulière-ment de ce qui concerne les offices militaires :
« Il y a , dit-il , plusieurs sortes de crimes qu'on
peut commettre dans les offices militaires : 1.º
la trahison ; 2.º révéler aux ennemis le secret
» d'une entreprise; 3.º déserter aux ennemis; 4.º
» violer la discipline militaire en points essentiels.
» Tous ces crimes emportent peine de mort. La
» lâcheté et la poltronnerie , quoique moins cri-
» minelles , peuvent être sujettes à la même pu-
» nition , les conséquences en étant quelquefois

» aussi funestes que celles de la trahison. Quel-
» ques états ont poussé la rigueur jusqu'à punir
» les mauvais succès ; mais c'est une barbarie
» inutile et aussi dangereuse qu'elle est contre le
» droit des gens. Enfin le dernier crime qu'à bien
» juste titre les capitaines paient de leur tête ,
» c'est de détourner à leur profit , par avarice , la
» paie et la nourriture du soldat. »

La journée de Fontenoy , mieux que tous les
préceptes qu'on eût pu lui donner , avoit fait sentir au Dauphin ce que c'étoit qu'être roi ; et plus
la nation lui avoit paru en cette occasion affectionnée au service de ses maîtres, et docile à leur
voix, plus il se croyoit obligé d'apprendre à ne lui
commander qu'avec sagesse. Depuis ce moment,
la perspective du trône , qui présente une idée si
flatteuse aux yeux du vulgaire, qui ne sait point
en apprécier les charges , eut pour lui quelque
chose d'effrayant : une couronne lui parut un
fardeau accablant ; et lorsqu'il parloit , ou même
qu'il écrivoit sur ce qu'il se proposoit de faire, si
Dieu l'appeloit au gouvernement des peuples, il
avoit coutume de dire : *Si j'avois le malheur de
monter sur le trône.* C'est d'après ces dispositions , qui avoient toujours fait la règle de sa conduite , qu'au lit de la mort , il disoit à son confesseur : « Je n'ai jamais été ébloui par l'éclat du
» trône auquel ma naissance m'appeloit , parce
» que je ne l'ai jamais envisagé que du côté des
» devoirs redoutables qui l'accompagnent , et des
» périls qui l'environnent. » Ces sentimens ne
partoient point d'une ame pusillanime : ce prince,
au lieu de se décourager à la vue d'une couronne
qu'il redoutoit , se prépara par un travail qui ne
finit qu'avec sa vie, à en soutenir tout le poids ,

s'il plaisoit à la Providence de l'en charger un jour.

Il s'appliqua d'une manière particulière à connoître les droits comme les obligations attachés à l'autorité souveraine; et cette connoisssance lui paroît essentielle dans un prince. « Ne point connoître, dit-il, l'origine, l'étendue et les bornes de son autorité, c'est pour un prince ne connoître ni la nature ni les propriétés de son être. » Les rois, selon lui, tiennent leur autorité de Dieu seul, dont ils sont comme les lieutenans sur la terre. « Tout vient de Dieu, dit-il, tout doit retourner à Dieu.... C'est Dieu qui a mis dans le cœur des hommes les premières idées d'un Être suprême, et les premiers principes de la justice, de la droiture et de la bonté, pour les diriger dans leurs actions. C'est lui-même qui, en distribuant aux sociétés les régions diverses qu'elles habitent, leur donne des chefs qui les gouvernent.... N'admirez-vous pas la bonté par excellence qui réside en Dieu ? son amour pour le bien, sa haine pour le vice ? sa bonté qui nous aime avec tant de tendresse, qui nous attend avec tant de patience ; sa justice qui punit aussi sévèrement qu'elle récompense avec usure ; son amour qui ne s'occupe qu'à faire notre bonheur ? N'admirez-vous pas la sagesse et la sublimité de ses lois ? La paix que leur observation fait régner dans l'ame : le trouble et le désordre que leur violement ne manque pas d'y produire ?

» Mais peut-on réfléchir sur ces grandes vérités, sans se convaincre que la puissance des rois n'est établie que pour exercer en particulier celle de Dieu ? Pour récompenser et pour

» punir ; pour effrayer par les châtimens, attirer
» par les bienfaits, faire naître une noble émula-
» tion, maintenir le bon droit, le défendre con-
» tre la violence, terminer les dissensions et les
» querelles, entretenir l'union entre tous les mem-
» bres de l'état, alléger, autant qu'il est possi-
» ble, le joug de l'autorité, tourner au profit des
» peuples les trésors dont on est dépositaire ; s'oc-
» cuper tout entier de ce qui peut faire le bon-
» heur, leur sacrifier son temps, son plaisir, sa
» vie et sa gloire même : voilà les traits de ressem-
» blance que l'autorité des rois doit avoir avec
» celle de Dieu... Quel bonheur pour les peuples,
» quand les princes cherchent en Dieu même les
» règles de la conduite qu'ils doivent tenir pour
» les gouverner : quand ils interrogent, en quel-
» que sorte, la bonté, la justice et la sagesse de
» l'Être suprême, pour apprendre de lui la ma-
» nière de conduire les hommes, et les moyens
» de les rendre heureux !

» Tout bon gouvernement, dit-il encore, doit
» avoir pour base la justice et la raison. » C'est-
à-dire, comme il l'explique lui-même fort au long,
que les droits de Dieu, du souverain et des peuples, doivent y être respectés selon les règles de
la droite raison ; que Dieu doit y être servi par le
souverain et par les peuples ; le souverain respecté de ses peuples, et les peuples protégés par le
souverain. Quant à l'autorité, n'en donnant aucune au plus puissant monarque pour faire le
mal, il veut qu'il l'ait pleine et entière pour faire
le bien ; et cette autorité lui étant nécessaire pour
assurer le repos de l'état et le bonheur des peuples, elle est, selon lui, de l'essence d'un souverain. « Un prince, dit-il, n'existe dans le monde

» politique qu'à raison de son autorité. La foi-
» blesse dans un roi, dit-il ailleurs, lui rend tou-
» tes ses vertus inutiles. » Il suffiroit pour se convaincre de la justesse de ces principes, d'ouvrir
nos histoires : on y voit partout que les états n'ont
jamais été plus agités de troubles, et les peuples
plus malheureux que sous les gouvernemens foibles. Et, presque toujours, le prince le moins jaloux de son autorité, est celui qui en prépare à
ses peuples l'usage le plus rigoureux, pour le jour
où il sentira la nécessité de recouvrer ses droits,

Cette autorité suprême, que le Dauphin reconnoît dans un souverain, n'a sans doute aucun de
ces caractères odieux que lui prête la philosophie
moderne. Elle prévient les abus plutôt qu'elle ne
les punit. Elle n'est ni despotique, ni tyrannique,
mais bienfaisante et modérée. L'empire qu'elle
exerce est tout à l'avantage de la société dont elle
contient tous les membres dans cette heureuse
harmonie qui fait le bonheur et la force des empires. C'est toujours sur le modèle le plus parfait,
que ce prince veut qu'un souverain se règle dans
l'exercice du pouvoir suprême. « Un monarque,
» dit-il, image de la divinité sur la terre, doit la
» prendre pour modèle dans l'usage de sa puis-
» sance. Elle encourage les hommes à la vertu par
» l'attrait des récompenses : elle les détourne du
» vice par la crainte des châtimens : elle dirige
» tout, selon l'ordre admirable qu'elle a établi
» dans l'univers ; immuable comme elle, le mo-
» narque doit respecter lui-même les lois qui sont
» émanées de sa puissance ; et s'il n'a pas de juge
» ici-bas, il ne doit jamais oublier qu'il en est un
» dans le Ciel, qui juge également et les rois et
» les peuples. »

L'autorité paternelle lui paroît encore une image naturelle de celle qu'un souverain doit exercer sur ses peuples. « Le monarque, dit-il, doit se re-
» garder comme le chef d'une nombreuse famille.
» Il doit aimer ses peuples, non comme un maî-
» tre aime ses esclaves, mais comme un père ai-
» me ses propres enfans : il leur doit le même
» soin, la même protection, la même applica-
» tion à les rendre heureux. Il doit avoir le même
» désir d'entretenir et d'augmenter leur respect
» et leur amour pour la religion. Il doit être ja-
» loux de leur réputation et de leur gloire. Le
» principal objet de l'attention d'un roi, dit-il
» ailleurs, est le soulagement de ses peuples ; et
» sa plus grande gloire est de les rendre heu-
» reux. » Voici comment il termine un traité,
dans lequel il rédige, par extraits, les sentimens
des auteurs les plus estimés, qui traitent des droits
et des devoirs de la royauté. « Je ne puis finir cet
» ouvrage, sans faire ressouvenir les rois eux-
» mêmes de la dépendance où ils sont du Roi des
» rois. Plus ils sont élevés et puissans, plus le
» juste juge leur demandera un compte exact du
» pouvoir qu'il leur a confié. L'éclat de la cou-
» ronne et l'élévation du trône enivrent souvent
» les ames les mieux nées... Que les exemples frap-
» pans de vengeance que le Ciel exerce contre les
» conquérans, la terreur du monde, et les tyrans
» de leurs propres sujets, soient toujours présens
» à leurs yeux. Qu'ils songent qu'ils ne comman-
» dent que pour faire la félicité, la gloire et le
» repos de leurs peuples ; que tout autre motif de
» leurs démarches, est un crime aux yeux du
» souverain maître ; et que c'est dans la balance
» redoutable que leurs actions seront pesées, pour

» recevoir une récompense d'autant plus abon
» dante, ou des châtimens d'autant plus terribles,
» que c'est pour cette seule fin qu'ils ont été éle-
» vés au-dessus des autres mortels. »

Après avoir discuté les différentes matières qui concernent l'administration publique, le Dauphin s'appliqua à les rapprocher avec ordre, pour former son plan de gouvernement. Il travailloit à cet ouvrage (1) quand la mort nous l'a enlevé. Il le divise en trois parties. Voici le titre des matières. PREMIÈRE PARTIE... Religion, Conseils, Ministres, Justice, Tribunaux, Procès. SECONDE PARTIE.... Finances, Perception de deniers, Nécessité des impôts, Guerres, Subsides, Paix, Marine, Cour, Récompenses, Libertés, Avarice, Amas. TROISIÈME PARTIE.... Police, Commerce, Abondance, Priviléges, Sévérité, Indulgence, Représentations, Amis, Favoris, Plaisirs, Liberté, Société.

Voici comment le Dauphin communiqua un jour ses vues de gouvernement au président d'Aubert, en les réduisant à une seule maxime générale : « La gloire et le bonheur d'un roi consistent, se-
» lon moi, à savoir allier la sagesse, la force et
» la bonté, pour s'assurer la soumission, l'esti-
» me et la reconnoissance de la nation ; afin que
» de tous ces sentimens réunis, se forme entre
» lui et elle cet amour mutuel, et cette confusion
» d'intérêts qui constituent la vraie puissance,
» et qui assurent la durée des empires, auxquels
» l'esprit de conquête et la terreur des armes ne
» donnent qu'un éclat passager, acheté au prix du
» sang, de l'aisance et de la tranquillité des su-
» jets, suivi par conséquent de l'affoiblissement de

______

(1) Voyez l'ouvrage intitulé : *Les devoirs des Princes*, composé par M. *Moreau*, d'après le plan et les vues du Dauphin.

» l'état, dont l'ame et le nerf au dedans, ainsi
» que la considération au dehors, dépendent de
» la population, de l'abondance et de l'harmo-
» nie intérieure. » Voilà des principes clairs et lumineux : l'Évangile et la droite raison n'en ont
jamais reconnu d'autres. Qu'une secte impie et
séditieuse s'efforce de les travestir : que sous le
spécieux prétexte d'éclairer les hommes, elle les
invite à la révolte contre toute autorité légitime ;
qu'elle aille même jusqu'à décrier ouvertement la
forme de gouvernement, de l'aveu des grands politiques, la plus parfaite de toutes ; c'est de quoi
le Dauphin ne fut jamais surpris, suivant cette
maxime qu'il citoit souvent : « Qui ne craint pas
» son Dieu, ne respectera point son roi, qui n'en
» est que la foible image. »

Ce prince, suivant le plan qu'il s'étoit formé
de s'occuper uniquement du soin de rendre les
peuples heureux, étudia sérieusement la partie
des finances. Il connoissoit l'état des différentes
provinces, leurs richesses réelles, et celles qui
proviennent de l'industrie des habitans : ce qui le
mettoit à portée de juger en quelle proportion
chacune d'elles pouvoit, sans s'épuiser, contribuer aux besoins de l'état. Pour procéder plus sûrement dans une matière si importante, il chargeoit différentes personnes également instruites
et désintéressées, de lui remettre des mémoires
qu'il comparoit entr'eux et avec ses propres lumières. Peut-être avoit-il trouvé ce qu'on cherche depuis si long-temps, ce système moins dis-
pendieux pour la perception des impôts, et suivant lequel chacun contribueroit aux charges de
l'état, en raison de ses facultés. Mais dans la
crainte de compromettre quelques-unes des per-

sonnes qui l'avoient servi si fidèlement, il eut
l'attention, pendant sa dernière maladie, de faire
jeter au feu les différens mémoires qu'on lui avoit
remis, tant sur cette matière que sur les autres
parties de l'administration publique. Quand il sentit que sa fin approchoit, il appela l'officier qui
étoit chargé de son cabinet d'étude à Versailles. Il
lui confia les clefs de deux secrétaires, lui donna
la note des papiers qu'il y trouveroit, et lui désigna ceux qu'il devoit brûler. Il porta l'attention
jusqu'à lui recommander de s'enfermer dans son
cabinet afin que personne ne fût témoin de son
opération. L'officier, muni de ces instructions,
partit en poste de Fontainebleau, pour se rendre
à Versailles : il trouva tout dans l'ordre qui lui
avoit été indiqué. Il eut à brûler une si prodigieuse
quantité de papiers, écrits tant de la main du
prince que des mains étrangères, qu'il lui fallut
plusieurs heures pour s'acquitter de sa commis-
sion. De retour à Fontainebleau, il alla rendre
compte au Dauphin de la manière dont il avoit
exécuté ses ordres. Le prince le fit repartir sur-le-
champ, pour aller jeter au feu quelques autres
pièces, auxquelles il n'avoit pas pensé d'abord.

Comme les voyages de la cour ne l'empêchoient
point de suivre son plan d'étude, et de s'occuper
des affaires les plus importantes, il avoit aussi à
Fontainebleau quantité de papiers qu'il fit brûler.
« Il me fit appeler, dit la Dauphine, il me con-
» fia ses clefs, et me dit de chercher tous les pa-
» piers qui étoient dans son bureau et dans son
» secrétaire : je les lui présentai ; il les prit, me
» les rendit l'un après l'autre, me dit en riant ce
» qu'ils contenoient, et m'ordonna de les brû-
» ler. » Quoique sa prudence nous ait ravi un

grand nombre de pièces , précieuses sans doute ,
ce qui nous est parvenu de ses écrits est plus que
suffisant pour nous faire connoître l'étendue et la
sagesse de ses vues en matière de gouvernement.
Il est partout d'un style si expressif et si lumineux ,
que souvent il dit en quatre mots ce qui seroit
pour un autre la matière d'un discours. « Toute
» imposition sur les peuples, dit - il , est injuste
» lorsque le bien général de la société ne l'exige
» pas. » Persuadé qu'un prince , après avoir cherché les moyens de percevoir les revenus de l'état
de la manière la moins onéreuse au peuple , doit
encore donner tous ses soins à ce qu'ils soient
administrés par des mains sages et intègres , il ne
fait pas difficulté de dire : « Un état doit périr né-
» cessairement lorsque ses revenus ne sont pas
» administrés avec la plus exacte et la plus pru-
» dente économie ; » et, comme s'il eût pu craindre la tentation de dissiper en dépenses superflues
les deniers arrosés de la sueur du laboureur et de
l'artisan : « Le monarque , dit - il encore, n'est
» que l'économe des revenus de l'état : » maximes
que personne n'ignore, mais qui ravissent dans
la bouche d'un prince destiné au trône.

En parlant du crime de péculat , dont peuvent se
rendre coupables ceux qui ont part au maniement
des finances : « Nos rois , dit - il , ont fait avec
» justice les ordonnances les plus sévères contre
» ceux qui malversent dans le maniement des
» finances. François Ier ordonne que le péculat
» sera puni par *confiscation de corps et de biens*.
» Il y eut de grandes contestations sur le sens de
» cette expression : les uns entendant simplement
» la mort civile , et les autres , peine de la vie :
» je suis de ce dernier sentiment ; car on voit que

» les Romains , d'après lesquels la plupart de nos
» lois ont été faites , n'ayant d'abord décerné
» qu'une restitution du quadruple , ont été forcés
» par les cas multipliés , de punir de mort le pé-
» culat ; et notre histoire fournit des exemples
» d'une pareille rigueur.

» Ce crime se contracte , et lorsqu'on dérobe
» l'argent du prince , et lorsqu'on en fait com-
» merce ; lorsqu'on fait des gains illicites et dom-
» mageables au public , dans la fourniture des
» munitions de guerre , dans les constructions des
» édifices publics et autres pareilles entreprises.

» Les rois doivent être infiniment réservés à
» accorder à des particuliers des exemptions de
» tailles et de subsides , qui diminuent le revenu
» de l'état , et font retomber sur le pauvre peu-
» ple tout le poids dont la faveur soulage un petit
» nombre. Il y a déjà , par toutes sortes de char-
» ges et d'emplois , un si grand nombre d'exempts,
» que l'augmenter seroit véritablement une injus-
» tice odieuse : les exemptions sont souvent plus
» contraires à l'humanité que les impôts mêmes. »
L'agriculture parut au Dauphin un objet digne
de toute son attention. Il protégea , en plusieurs
occasions , ces sociétés qui ont travaillé avec tant
de succès à perfectionner cet art , la source des
vraies richesses d'un état. Il reçut leurs mémoires ,
et les lut avec plaisir. Il appelle les laboureurs ,
une classe d'hommes utiles à la société. « Il
» faut, dit-il , que les laboureurs , sans être ri-
» ches, soient dans un état d'aisance, et ne crai-
» gnent point , en rentrant des champs au logis ,
» de trouver les huissiers à leurs portes : préten-
» dre s'enrichir en les dépouillant , c'est tuer la
» poule qui pond des œufs d'or. » Comme on lui

représentoit que ses revenus étoient trop bornés, et qu'à son âge, le Dauphin, fils de Louis XIV, avoit cinquante mille francs par mois pour sa cassette. « Il ne me seroit pas difficile, répondit-il, » d'obtenir du roi la même somme ; mais comme » je ne la recevrois que pour la donner, j'aime » mieux que le pauvre laboureur en profite, et » qu'elle soit retranchée sur ses tailles. »

Il avoit coutume de dire qu'il étoit plus jaloux d'être aimé des paysans que des courtisans. Quelquefois, pendant les voyages du roi, il prenoit plaisir à se faire raconter ce que disoient de lui les habitans des campagnes. On lui rapportoit un jour qu'un laboureur picard, après s'être expliqué fort cavalièrement sur le compte de quelques seigneurs de la cour, avoit ajouté qu'il aimeroit toujours M. le Dauphin, parce qu'à la chasse il n'entroit point dans les terres encore couvertes de leurs moissons. « N'admirez-vous pas ces bonnes » gens, dit alors le Dauphin à l'abbé de Saint-» Cyr ? ils nous aiment parce que nous ne leur » faisons point de mal ; et des courtisans rassasiés » de nos bienfaits, n'ont pour nous que de l'in-» différence. » Aucun laboureur en effet n'eut jamais à se plaindre que ce prince eût causé le moindre dommage dans son champ. Un jour qu'il chassoit avec le roi dans les environs de Compiègne, son cocher vouloit traverser une pièce de terre dont la moisson n'étoit pas encore levée ; s'en étant aperçu, il lui cria de rentrer dans le chemin : le cocher lui observa qu'il n'arriveroit pas à temps au rendez-vous « Soit, répliqua le » prince, j'aimerois mieux manquer dix rendez-vous de chasse, que d'occasioner pour cinq sous de dommage dans le champ d'un pauvre paysan. »

Belle leçon pour ces seigneurs qui se croient tout permis dans leurs terres, parce qu'ils y peuvent tout impunément, et que leurs vassaux, dans la crainte de plus grands maux encore, n'osent demander justice de ceux dont ils les font gémir.

Le Dauphin avoit sur le commerce toutes les connoissances nécessaires pour opiner prudemment dans le conseil sur les moyens de le faire fleurir. Il savoit quelles marchandises il étoit plus avantageux à l'état de recevoir et de faire passer dans le commerce. Il disoit sur quelle mer telle marchandise s'embarquoit, à quelle port telle autre abordoit : ayant un jour donné audience à un officier de marine, après l'avoir entendu sur sa demande, il l'entretint de la mer et de tout ce qui concernoit sa profession, d'une manière si intéressante, que l'officier dit tout haut au sortir de son audience : « Je ne crois pas qu'il y ait » d'homme en France qui entende mieux la ma- » rine que M. le Dauphin. » Ses principes sur le commerce, comme sur toute autre matière, furent toujours conformes à ceux qu'il s'étoit formés sur la justice, la religion et les mœurs. Il n'entendit parler qu'avec horreur de cette maxime que la politique de la philosophie moderne ne rougissoit pas d'établir : « Qu'un prince doit laisser la » liberté de la presse, et fermer les yeux sur tous » les ouvrages qui paroissent dans ses états, pour » ou contre la religion et les mœurs, parce que » la librairie forme une branche de commerce; » et c'est à cette occasion qu'il répondoit un jour à la reine : « Maman, je pense comme vous, et je » dis malheur à l'état qui auroit besoin pour sub- » sister, de tolérer ce commerce d'iniquité, ou

» tout autre semblable ; c'est un malade réduit à
» n'avoir que du poison pour remède. »

Il envisageoit la licence des mœurs comme un
principe destructeur des états les mieux affermis ;
et si la Providence l'eût placé sur le trône, il se
seroit cru obligé de faire usage de tous les moyens
que le pouvoir suprême lui eût mis en main, pour
rappeler la nation à l'innocence des mœurs antiques. Son exemple, mieux qu'un édit, eût eu
force de loi, sur un peuple qui s'en fait toujours
une de copier les mœurs de ses souverains. Suivant ce principe qu'il adopte partout, « qu'un roi
» doit se regarder dans ses états, comme un père
» de famille au milieu de ses enfans, » il met au
rang de ses obligations les plus étroites, de veiller
sur les mœurs de ses sujets. « Le monarque, dit-
» il dans un de ses écrits, doit apporter les soins
» d'un père à régler les mœurs de ses sujets. Je
» n'ai jamais douté, disoit-il encore, que la mo-
» rale d'Epicure, à laquelle on attribue la déca-
» dence de l'empire romain, ne doive entraîner la
» ruine de toutes les nations chez lesquelles elle
» s'introduira. » Aussi ne compta-t-il jamais les
excès honteux de la débauche au nombre de ces
abus sur lesquels il est quelquefois prudent de
fermer les yeux, pour en prévenir de plus grands :
il étoit persuadé, et il le disoit lui-même, qu'il ne
pouvoit en exister de plus préjudiciable au bien
même physique d'un état, que celui qui arrête le
cours de la population ; qui invite le luxe et la fai-
néantise ; qui trouble souvent la tranquillité publique, et toujours l'ordre domestique ; qui ruine
les familles, qui conseille les vols et les rapines,
qui prépare les empoisonnemens, les suicides et
les assassinats ; qui moissonne tous les ans plus de

citoyens que le fer ennemi ; qui fait de la capitale un rendez-vous de libertinage , l'école de tous les vices et le tombeau de la jeunesse. « La débau » che , dit ce prince , est mère de beaucoup de » filles qui sont des furies bien redoutables au » sein d'un état. »

Après avoir considéré le monarque comme le père de ses sujets, pour l'obligation de régler leurs mœurs , il veut qu'il se regarde lui - même , pour le devoir de régler les siennes, non comme un grand prince , en qui la flatterie ne manque jamais d'excuser les foiblesses les plus condamnables , mais comme un prince chrétien qui n'est pas moins comptable à Dieu de sa conduite . que le reste des hommes. « Un roi , dit-il , ne doit point » avoir de favoris : le nom de maîtresse fait horreur à un chrétien. » Il ne laissa jamais ignorer ce qu'il pensoit de ces femmes sans pudeur , qui ne rougisssent point de chercher à se faire un nom par la voie de l'infamie , et qui s'applaudissent, comme d'un triomphe, quand elles ont su jeter dans un cœur honnête et vertueux les premières étincelles d'un feu illégitime ; il regardoit ces ames basses et artificieuses comme les plus grands ennemis de la gloire des princes, et le mépris qu'il avoit pour elles alloit jusqu'à l'indignation. Je supprime plusieurs anecdotes populaires relatives à ce sujet, et qu'il est permis de révoquer en doute ; mais elles ont eu au moins pour fondement les inclinations et les sentimens décidés du Dauphin ; et l'on ne sauroit douter que le titre de *Restaurateur des mœurs*, que le vœu des gens de bien a déjà décerné à Louis XVI , son auguste fils , n'eût été un de ceux qui l'eussent le plus agréablement flatté

Persuadé cependant, comme il disoit un jour à l'évêque de Verdun, « qu'il étoit plus facile de » former les mœurs d'une nation, que de les ré- » former, » l'éducation de la jeunesse lui parois- soit un des objets les plus dignes de fixer l'atten- tion d'un sage gouvernement. « Il n'est point de » naturel si heureux, dit ce prince dans un de » ses écrits, qui ne puisse se corrompre par le vi- » ce de l'éducation, comme il n'en est point de » si ingrat qu'on ne puisse améliorer par une ap- » plication constante et des soins assidus.... Dans » toute société, une partie des hommes conduit » l'autre ; ceux qui ont eu l'esprit cultivé par les » lettres, se trouvent naturellement à la tête de » ceux qui n'ont point eu le même avantage, et » leur communiquent nécessairement leurs vices » ou leurs vertus.... Rien peut-être n'influe plus » directement sur les mœurs d'une nation, que » l'éducation publique ; les plus beaux jours de » Lacédémone, furent ceux où elle éleva sa jeu- » nesse avec des soins plus particuliers ; Rome ne » fut plus semblable à elle-même, quand sa jeu- » nesse commença à se corrompre. »

L'éducation de la jeunesse l'intéressoit encore par cette affection qu'on éprouve naturellement pour cet âge, celui de la candeur et de l'ingénuité. Il aimoit les jeunes gens, mais de cet amour sage qui ne perd point de vue leurs véritables intérêts. Un des pages de la Dauphine, dont il estimoit le père, marquoit de la légèreté et de l'inconstance dans sa conduite. Il le fit appeler ; il lui rappela plusieurs époques où l'on avoit été content de lui ; et il ajouta : « Il faut que je vous guérisse aujour- » d'hui d'une erreur : n'est-il pas vrai que vous vous étiez imaginé qu'on pouvoit servir Dieu par

» qüartiers ? Détrompez-vous, le service de Dieu
» est un service de pages ; il est de tout temps et
» de toute saison. Servez Dieu comme vous servez
» madame la Dauphine : vous sentez que si vous
» prétendiez ne l'accompagner que par fantaisie,
» elle ne s'accommoderoit point de vos servi-
» ces. » Si quelque seigneur présentoit au Dauphin un de ses fils étudiant dans un collége, il ne
manquoit jamais de l'exhorter à se distinguer par
son application au travail, et par son amour pour
la vertu. On le vit quelquefois assister à des exercices d'écoliers, et honorer de ses applaudissemens
leurs triomphes littéraires. Un de ses valets de
chambre (car il ne dédaignoit pas de s'entretenir
avec eux) lui parloit de son fils qu'il faisoit étudier
à Paris, et lui disoit qu'il s'étoit arrangé avec ses
maîtres, afin qu'il ne fût jamais puni : « Sans
» doute, lui dit le Dauphin, que vous avez aussi
» pris vos arrangemens avec votre fils, pour qu'il
» évite de tomber dans les fautes qui mériteroient
» punition ? » L'officier persistant à dire que,
quelque chose que pût faire son fils, il ne con-
sentiroit jamais à ce qu'on le punît, le prince le
plaisanta beaucoup : et quand il vit ses autres valets de chambre, il leur parla du système d'éducation de leur camarade, et leur recommanda
de lui en faire compliment. Ayant appris qu'un
page à qui il vouloit du bien, avoit perdu au jeu
une somme de ving-cinq louis, il le fit appeler
pour lui en témoigner son mécontentement : « Je
» ne croyois pas, lui dit-il, que vous eussiez la
» bourse si bien garnie ; cependant perdre ving-
» cinq louis, c'est jouer gros jeu pour un page. »
Comme ce prince conservoit toujours quelque
chose de l'air de bonté qui lui étoit naturel, lors

même qu'il étoit obligé de faire un reproche, le jeune homme ne sentit pas qu'il lui en faisoit un, et lui répondit qu'il avoit quelquefois perdu des sommes plus considérables encore. « Oh, vraiment, lui dit le Dauphin, je me trompois donc bien sur votre compte : car je vous croyois de la conduite, mais l'aveu que vous me faites, me donne tout lieu de craindre que vous n'augmentiez un jour le nombre des mauvais sujets. » Des écoliers de l'Université s'étant trouvés sur son passage dans le bois de Boulogne, le saluèrent par leurs cris accoutumés ; le prince les remercia par un signe de tête le plus gracieux. Les écoliers, qui désiroient quelque chose de plus qu'un salut, s'approchent, environnent la voiture, et le prient de leur faire donner quelques congés : « Comment, mes enfans, leur dit-il, il est congé aujourd'hui, puisque vous êtes ici, et vous voudriez qu'il le fût encore demain ? Sûrement vous ne faites point attention que la multiplicité des congés est préjudiciable aux études, et que le roi a besoin de savans. » Ce peu de paroles, qu'il prononça avec l'air et le ton de bonté qui lui étoient ordinaires, éleva le courage de ces jeunes gens : ils redoublèrent leurs acclamations, et de retour à Paris, ils racontèrent avec une espèce d'enthousiasme à leurs condisciples, comment le Dauphin leur avoit fait connoître l'estime qu'il faisoit des sciences et des savans.

Toutes les vues de ce prince tendoient à rendre les peuples heureux. Un officier, attaché à son service, me racontoit que souvent il entroit avec lui dans les moindres détails relatifs à la subsistance du bas peuple. Il s'informoit de ce que pouvoit gagner la classe des ouvriers qui gagnent le

moins ; il calculoit les petites dépenses nécessaires pour leur nourriture , et celle de la famille
qu'il leur supposoit. Le prix du pain , des légumes
et des denrées les plus communes , n'échappoit
point à ses recherches. Un jour qu'il s'informoit
de l'état du pauvre peuple ; sur ce qu'on lui répondit qu'en général il n'y avoit point de misère : « Il
» faut, reprit-il, que la Providence y veille , car ,
» suivant mon calcul , il devroit y en avoir. » Toutes les calamités publiques lui devenoient personnelles ; il souffroit avec le peuple quand il le voyoit
réduit à une de ces disettes , que ni la puissance ,
ni la sagesse du monarque le plus humain ne sauroient détourner. Une guerre sanglante ou dis-
pendieuse l'affligeoit sensiblement : une nouvelle
imposition devenue nécessaire pour la soutenir ,
le faisoit gémir ; en un mot, chaque charge de
l'état en étoit une pour son cœur. Le duc de la
Vauguyon , à l'occasion d'une fête qui s'étoit donnée à Versailles pour la naissance d'un prince ,
disoit qu'il ne comprenoit pas comment Assuérus
avoit pu tenir à la fatigue des festins qu'il donna
pendant cent quatre − vingts jours aux grands de
son royaume. « Et moi , dit le Dauphin , je ne sais
» comment il a pu subvenir à la dépense ; et je
» présume que ce festin de six mois à sa cour ,
» aura été expié par un jeûne solennel dans ses
» provinces. — Il faudroit, disoit-il dans une au-
» tre occasion à l'ambassadeur d'Espagne, pour
» qu'un prince goûtât une joie bien pure au mi-
» lieu d'un festin, qu'il pût y convier toute la na-
» tion , ou que du moins il pût se dire en se met-
» tant à table : *Aucun de mes sujets n'ira au-*
» *jourd'hui se coucher sans souper.* » Le Dauphin ne connut jamais ces dépenses de fantaisie

ou de pure somptuosité, que le peuple, quelquefois bon juge, qualifie de folles dépenses ; et il se fit une loi, qu'il n'enfreignit jamais, de n'en occasioner à l'état aucune de cette nature. Plusieurs même ont cru que portant ses vues de bien public jusqu'après sa mort, il n'avoit demandé d'être enterré à Sens, que pour épargner à la nation les frais d'une pompe funèbre depuis Fontainebleau jusqu'à Saint-Denis. Mais c'étoit peu pour lui de n'être point à charge à l'état : il étoit du petit nombre de ces ames sensibles qui ne goûtent point de véritable satisfaction tant qu'elles connoissent des malheureux. Il contribuoit au soulagement des peuples aux dépens de ses plaisirs et de ses amusemens les plus légitimes, on pourroit même dire de ses besoins. Quand il fut guéri de sa petite-vérole, le roi lui assigna une somme assez considérable, afin qu'il se procurât les petits agrémens capables d'adoucir les ennuis d'une convalescence qui devoit être longue : il ne voulut point la recevoir ; et il dit à la personne qui vint lui faire part de cette disposition du roi en sa faveur : « Je puis me passer de cette somme, et le » pauvre peuple en a besoin. » Après s'être appliqué pendant plusieurs années à connoître l'état actuel de nos provinces, il crut qu'il lui seroit également utile et agréable de vérifier sur les lieux la fidélité des rapports qui lui avoient été faits : il témoigna au roi le désir qu'il avoit de voyager en France. Le roi y consentit, en louant le motif qui l'y engageoit, et il fixa le terme de son départ. Le Dauphin, avant qu'on ordonnât les préparatifs, eut l'attention de demander à combien pourroit monter les frais indispensables de ce voyage, on lui en remit un état ; quand il le vit : «Oh ! en

» vérité, s'écria-t-il , toute ma personne ne vaut
» pas au pauvre peuple ce que lui coûteroit ce
» voyage , je ne veux plus y penser. » En 1750 , il
fit passer à l'évêque de Chartres des secours abondans pour les habitans d'un canton du pays char-
train , qu'un violent ouragan avoit ravagé. Quelques années auparavant , il avoit contribué efficacement à réparer les pertes immenses qu'un
incendie avoit occasionées de la même ville. En
1751 , la naissance du duc de Bourgogne, le premier de ses fils , le mit dans le cas de manifester
ses libéralités , qui étoient souvent secrètes , et
afin que les pauvres prissent part à la joie que
causoit à toute la nation la naissance d'un nouvel appui du trône , il leur fit distribuer d'abondantes aumônes. Ayant appris que la ville de Paris destinoit une somme considérable aux fêtes
qu'elle préparoit, il représenta au roi qu'il verroit
avec peine *tant d'argent s'en aller en fumée;*
qu'il lui paroîtroit plus glorieux et plus utile à
l'état que cette somme fût employée en faveur des
pauvres. Louis XV entrant dans ses vues , fit connoître aux habitans de la capitale , qu'ils ne pouvoient rien faire qui fût plus conforme à ses propres désirs, et qui flattât plus agréablement le Dauphin , que de consacrer au soulagement des malheureux la somme qu'ils destinoient aux réjouissances publiques. La ville applaudit à ces dispositions ; les fêtes furent moins brillantes : on paya
la dot de six cents pauvres filles , et l'exemple de
la capitale fut suivi par plusieurs villes de nos
provinces. En 1752 , la disette s'étant fait sentir
dans les environs d'Angers , il fit parvenir à l'évêque une quantité considérable de riz , pour être
distribuée aux pauvres de son diocèse.

Nos provinces les plus reculées ressentirent dans le besoin les effets de la bienfaisance du Dauphin. La noblesse indigente, comme le pauvre peuple, pouvoit s'adresser à lui avec confiance. Ce qu'il ne pouvoit pas faire par lui-même, il le faisoit ou par ses représentations auprès du roi, ou bien en faisant contribuer la reine, la Dauphine, et les princesses ses sœurs, et quelquefois en puisant dans la bourse de ses amis. Il témoignoit sa reconnoissance à ceux qui pourvoyoient aux nécessités du pauvre peuple, comme s'ils l'eussent fait à sa décharge. Plus d'une fois des personnes aisées et charitables qui, dans des temps de misère publique, s'étoient distinguées par leur zèle à soulager les malheureux, furent surprises d'en recevoir des remercîmens de la part de ce bon prince. L'abbé de Saint-Cyr fut plusieurs fois porteur de semblables complimens. On parloit un jour, en présence du Dauphin, d'une banqueroute considérable, et des risques que couroient les particuliers en plaçant leur argent. Les uns disoient qu'il falloit qu'ils exigeassent plusieurs cautions, d'autres qu'ils ne devoient point placer toute leur fortune d'un côté. « Tout cela, reprit le prince,
» ne vaut pas le secret de madame la comtesse
» de Toulouse ; elle place à fonds perdus : et pour
» plus de sûreté, elle met hypothèqué sur l'hu-
» manité toute entière, qui, de l'hiver dernier,
» lui est redevable de la vie de plusieurs milliers
» de malheureux, en danger de périr de misère,
» si elle ne fût venue à leur secours. » L'état d'é-
puisement où se trouvoit la France en 1759, ayant engagé le roi Stanislas à se surcharger lui-même pour soulager la misère commune, il lui écrivit en ces termes :

« Monsieur , mon frère , et très - cher grand-
» père , la France reçoit tous les jours de nouvel-
» les marques de l'affection que vous lui portez.
» Vous venez de lui en donner encore une bien
» sensible dans cette triste circonstance. Je ne
» puis exprimer à votre majesté combien j'en ai
» été touché : puisse tout le monde suivre en tout
» vos exemples et vos leçons ; c'est le souhait le
» plus avantageux qu'on puisse former pour l'hu-
» manité : pour moi , en particulier , vous savez
» ce que j'en pense.... »

Dans une circonstance où , toutes ses ressources
étant épuisées , il lui restoit encore un nombre de
malheureux à secourir , il ne crut pas qu'il fût
indigne d'un Dauphin de faire par motif de charité , ce que la passion du jeu justifie tous les
jours aux yeux des grands : il eut recours à l'em-
prunt ; et , ne prenant conseil que de son grand
cœur , il en fit un , dont le remboursement devoit
lui coûter des privations de plusieurs années. S'é-
tant rappelé au lit de la mort , qu'il ne l'avoit pas
encore entièrement acquitté , il pria le roi de le
faire à sa décharge. Voici ce qu'il lui marqua dans
une lettre qui renferme ses dernières dispositions.
« Ayant été redevable à M. de Monmartel d'une
» somme très-considérable , dont j'ai déjà acquitté
» la plus grande partie , je vous prie d'ordonner
» que le reste lui soit payé ; je n'en ai pas d'état ,
» ayant négligé de garder les reçus ; mais M. de
» Monmartel est d'une probité assez reconnue ,
» pour qu'on puisse s'en rapporter à lui. » Il paroît
que cette somme étoit *très-considérable*, comme
dit le prince , puisque la plus grande partie acquit-
tée il en restoit encore cent mille écus, dont Louis
XV ordonna le paiement. La France étoit comme

le théâtre privilégié de ses bienfaits , mais elle n'étoit pas le seul : ce bon prince portoit tous les hommes dans son cœur ; et bien autrement ami de l'humanité , que ceux qui en ont continuelle-ment le nom sur les lèvres , il l'alloit chercher au delà même des mers , pour lui faire éprouver ses bienfaits. Sa charité embrassoit jusqu'aux régions infidèles ; et plus d'une fois il seconda par ses li-béralités , le zèle de ces hommes apostoliques qui travaillent à étendre dans les Indes le culte du vrai Dieu. Etonné de tout le bien qu'il lui voyoit faire, un seigneur de sa suite lui disoit un jour que tous ses pas étoient marqués par des bienfaits , et qu'on pourroit dire de lui comme du Sauveur ; *pertran-siit benefaciendo.* « Ah ! reprit le prince , que » n'est-il en mon pouvoir de faire qu'on ajoute encore , *et sanando omnes* (1) ? » Cependant le zèle avec lequel il se portoit à soulager la misère générale des peuples , n'épuisoit pas entièrement sa charité ; et nous verrons dans la suite qu'il en faisoit encore ressentir les effets à une infinité de particuliers. Mais ce qui annonce combien étoit sincère et éclairé l'amour qu'il avoit pour les peu-ples , c'est qu'en s'appliquant si généreusement à les soustraire aux rigueurs de l'indigence , il dé-siroit beaucoup plus encore de les rendre heureux du bonheur que procure la vertu ; et ce fut tou-jours là , comme nous l'avons vu , le but et la fin principale vers laquelle il dirigea toutes ses étu-des , à laquelle il rapporta tous ses soins. « L'hom-» me vertueux , disoit-il un jour à la Dauphine ,

______

(1) Ce seigneur lui disoit qu'on pourroit dire de lui : *Il fit du bien partout où il passa.* Le Dauphin lui répond : Ah ! que n'est-il en mon pouvoir de faire qu'on ajoute , *et il guérit tous les malades ?*

» en présence de l'abbé de Saint-Cyr , n'est ja-
» mais malheureux ; l'homme vicieux l'est tou-
» jours. Qu'on bannisse de la société les désor-
» dres du vice , on verra disparoître la plupart des
» maux qui l'affligent. »

LIVRE TROISIÈME.

L'ÉLÉVATION des princes devient pour eux un engagement à plus de vertus. Il n'est pas nécessaire au commun des hommes de posséder toutes les vertus du prince ; mais le prince doit allier aux vertus propres de sa condition, toutes les vertus de l'homme. Le Dauphin les réunissoit dans le plus haut degré de perfection.

Jamais fils ne fut plus respectueux envers son père et ne l'aima plus tendrement. Il ne voyoit dans sa qualité de Dauphin, que celle de premier sujet du roi, et une obligation plus étroite de donner au peuple l'exemple de la soumission due à l'autorité paternelle et souveraine. Si quelquefois il s'entretenoit du roi avec les personnes qu'il honoroit de son amitié, ce n'étoit que pour relever la bonté de son cœur, son amour pour la paix, la justesse de ses vues, la prudence de ses avis dans le conseil. En bon fils, comme en bon citoyen, il se faisoit un devoir d'attacher tous les sujets à leur souverain. Protecteur zélé de tous les malheureux, jamais on ne le vit écouter un mécontent. On se rappelle comment s'expliqua sa tendresse filiale dans les deux circonstances qui pensèrent ravir Louis XV à la France. Il n'étoit pas nécessaire que ce prince lui signifiât ses volontés, il s'étoit fait une loi de les étudier lui-même pour s'y conformer en tout ; et le sacrifice de ses inclinations les plus chères ne lui coûtoit rien pour lui faire plaisir. Ses dispositions à cet égard alloient quelquefois jusqu'à l'inquiétude, comme on vit

dans sa dernière maladie. « Il regrettoit infini-
» ment , dit la Dauphine dans un de ses écrits,
» d'avoir voulu aller à Fontainebleau, parce qu'il
» sentoit que cela occasionoit du dérangement au
» roi. Il lui en parla souvent, et encore quelques
» jours avant sa mort. Sur ce que le roi lui dit
» que cela ne le dérangeoit pas : Je sens bien, lui
» répondit - il , que vous le direz par bonté pour
» moi; mais il n'en est pas moins vrai que si nous
» étions à Versailles , vous iriez à Bellevue, Tria-
» non ou Choisy ; et je me reprocherai toujours
» d'avoir eu la fantaisie de quitter Versailles. Le
» roi lui ayant protesté de nouveau qu'il n'y avoit
» aucun regret : Quoi, lui dit-il, me parlez - vous
» en conscience ? Le roi le lui assura. Ah ! lui ré-
» pondit-il ; que vous me soulagez ! »

La tendresse qu'il avoit pour la reine, étoit également affectueuse, et avoit quelque chose de plus
démonstratif et de plus libre. Elle étoit fondée
moins encore sur le bienfait de la naissance , que
sur celui de la vertu dont il se recounoissoit redevable à ses soins et à ses exemples. La reine , de
son côté , voyoit avec ravissement toutes ses vertus reproduites dans le cœur de son fils , et lui témoignoit un amour réciproque. Elle en fit le premier de ses amis , et le confident dans le sein duquel elle déposoit , avec le plus de confiance et
de consolation , toutes les mortifications , compa-
gnes inséparables de la grandeur.

La conformité de caractère , d'inclinations et
de sentimens , autant que les liens du sang , unissoit de la manière la plus intime le Dauphin au
roi Stanislas. Le petit-fils admiroit dans son aïeul
un modèle de vertu qui , en augmentant son estime et sa tendresse , excitoit son émulation ; et

l'aïeul voyoit avec complaisance un autre lui-même en la personne de son petit-fils : ils se consoloient par leurs lettres de n'être pas à portée de se voir plus souvent ; et quand une circonstance leur procuroit cette satisfaction, ils regrettoient de ne pouvoir la faire durer plus long-temps. Je crois qu'on verra avec plaisir quelques lettres du Dauphin à Stanislas, écrites de sa main, et que j'ai copiées, comme les autres que je cite, sur les originaux.

« Monsieur, mon frère et très-cher grand-père,
» je charge un courrier (1) qui, j'espère, ne vous
» sera pas désagréable, de remettre cette lettre à
» votre majesté, afin que la partie de la famille
» qu'elle verra ne lui fasse pas oublier l'autre. Mais
» je vous avoue que ce n'est pas sans jalousie,
» que je la vois sur le point de jouir du plaisir de
» vous voir et de passer avec vous l'entre-deux
» saisons. J'aurois été bien tenté de me donner
» quelque embarras au foie ou à la rate pour ser-
» vir de prétexte à un voyage qui m'auroit procu-
» ré tant de satisfaction (2) ; mais puisqu'il faut
» que j'en sois privé, j'essaie au moins de m'en
» consoler, en m'entretenant de mes regrets, et
» en chargeant mes sœurs de vous rendre fidèle-
» ment tout ce que je pense et ce que je sens, et
» surtout les sentimens de vive tendresse que vous
» me connoissez depuis que je suis au monde, et
» avec lesquels je suis de votre majesté, le très-
» respectueux petit-fils, Louis.

» Monsieur, mon frère et très-cher grand-père,
» madame la Dauphine vient d'accoucher très-

(1) Madame Adélaïde.

(2) Le voyage aux eaux de Plombières en Lorraine, et se trouver par là auprès de ce prince.

» heureusement d'un très - gros garçon. Je crois
» que cette nouvelle vous fait autant de plaisir
» qu'à moi... M. de Laumont, qui vous remet-
» tra cette lettre , vous instruira des bontés que
» le roi a pour lui en faveur de son futur mariage
» avec mademoiselle de Rochechouart, qui est une
» fille de la plus grande naisssance, mais sans for-
» tune. Si votre majesté , pour y suppléer , vouloit
» bien avoir la bonté de lui conserver ses appointe-
» mens , et de lui procurer une pension de six
» mille livres , telle que celle qui vient d'être ac-
» cordée au vicomte de Chabot , ce seroit une
» grâce qui uniroit deux grands noms. J'ai saisi
» avec empressement cette occasion pour reparler
» encore au roi du marquis de Boufflers , en lui
» représentant le désir que vous avez de l'obliger ;
» il m'a répondu qu'il passeroit immanquable-
» ment après le comte de Grammont et le mar-
» quis de Rochechouart. Je ne négligerai rien , et
» je mettrai tout en œuvre pour achever au plu-
» tôt une chose qui peut vous plaire , et j'ose me
» flatter que vous êtes bien convaincu que si le
» devoir et la reconnoissance ne me l'ordonnoient
» pas , un sentiment plus libre , mais plus fort et
» plus vif, me feroit toujours courir au-devant de
» tout ce qui doit vous être agréable.... »

Le roi Stanislas lui ayant demandé , en plaisantant , de l'emploi dans le régiment Dauphin : « C'est
» assurément avec bien de la satisfaction , lui écri-
» vit ce prince , que je vous accorde une sous-lieu-
» tenance réformée, en attendant qu'il en vaque
» une en pied : le régiment est en garnison à Thion-
» ville. Je vous prierois , ce qui ne vous détour-
» nera pas beaucoup, de me l'amener ici l'année
» prochaine , afin que je ous y reçoive vous-

» même. Mais savez-vous, avec toute votre bonne
» humeur, que je ne prétends point du tout plai-
» santer, et que le regret de ne pouvoir partager
» avec la reine le plaisir de vous embrasser, ne
» me donne nulle envie de rire ? Non, je ne puis
» exprimer à votre majesté toute la vivacité de
» mon regret ; et tout ce qui me console, c'est la
» certitude où je suis du bon état de votre santé ;
» la mienne est tout-à-fait rétablie. Je suis absolu-
» ment sans fièvre depuis trois jours, et j'ai été pur-
» gé ce matin pour la dernière fois ; il ne me man-
» que plus qu'un peu de forces qui seront bientôt
» recouvrées : je vous renouvelle encore mes regrets
» qui partent de la plus tendre amitié... La reine,
» lui dit-il dans une autre lettre, veut que je
» vous donne moi-même des nouvelles de ma
» santé à laquelle vous voulez bien vous intéres-
» ser. Elle est de beaucoup meilleure, ma toux est
» diminuée, quoiqu'elle subsiste encore ; mes for-
» ces sont augmentées sensiblement depuis que je
» suis ici, et mon sommeil, quoique interrom-
» pu, est très-bon. Le lait d'ânesse me fait fort
» bien, et commence même à m'engraisser. Je
» voudrois bien que vous pussiez en juger par vous-
» même, ne connoissant pas de plus grande sa-
» tisfaction que celle de pouvoir vous assurer, de
» vive voix, de la tendre amitié avec laquelle je
» suis, de votre majesté, le très-respectueux pe-
» tit-fils, Louis. »

Cette lettre écrite de Fontainebleau, en date du
16 octobre 1765, est la dernière que ce prince
écrivit lui-même à son aïeul. Il se servit depuis ce
temps-là de mains étrangères pour l'informer de
l'état de sa santé, et lui donner, jusqu'aux derniers instants de sa vie, de nouveaux témoignages

de la vive et respectueuse amitié qu'il avoit toujours eue pour lui.

Ces empressemens de piété filiale dans le Dauphin, ne refroidissoient ni sa tendresse fraternelle, ni l'amour conjugal : son bon cœur étoit inépuisable en beaux sentimens. L'union qui régnoit entre lui et les princesses ses sœurs alloit jusqu'à la plus parfaite intimité. Il les plaçoit toutes au même rang dans son cœur, et les égards privilégiés qu'il sembloit avoir pour mesdames Henriette et Adélaïde, étoient fondés sur l'âge plutôt que sur aucun sentiment de prédilection ; aussi les autres princesses ne s'en offensèrent-elles jamais. C'est dans ce sanctuaire de l'amitié chrétienne, la seule véritable, que se trouvoient encore réunies la simplicité, la franchise, la cordialité, et toutes ces vertus aimables qu'une froide philosophie voudroit exiler de la société, pour y substituer des simulacres de vertus, dont les noms mêmes étoient ignorés de nos pères. Quoique le Dauphin fût, à tant de titres, le chef et le centre de cette petite société, jamais il n'y prétendit de droit, que celui d'être plus ardent et plus empressé dans sa tendresse. La princesse qui lui parloit l'appeloit *mon frère*, et il l'appeloit *ma sœur*, ou plus souvent par son nom de baptême, *Henriette, Adélaïde,* etc. Jamais on ne vit parmi eux l'ombre de jalousie, de déguisement ou de soupçon. On ouvroit son cœur avec une confiance réciproque. Si l'on avoit besoin d'un conseil ou d'un motif de consolation, on étoit sûr de le trouver. Le sentiment de l'un devenoit bientôt un sentiment commun à tous. La peine ainsi partagée, en étoit plus légère, et la joie plus sensible. La Dauphine, bien loin d'affoiblir en rien cette belle union, ne faisoit qu'y ajouter un nouvel intérêt ; et l'on eût dit qu'elle ne vouloit posséder le cœur de son époux, que pour le tourner vers les princesses ses sœurs. Ce portrait est si charmant, que j'aurois à craindre qu'on en suspectât la sincérité, si je parlois dans des temps assez reculés pour qu'il fût impossible de la vérifier.

Le Dauphin et la Dauphine, membres de cette société que composoit la famille royale, en formoient une ensemble que les nœuds sacrés du mariage rendoient plus étroite encore. Elevés dans des contrées différentes, et selon les mœurs qui n'avoient entr'elles rien de commun, leurs inclinations d'abord ne sympathisoient pas en tout. Mais les caractères et les climats n'ont rien entre eux de si opposé, que la religion ne puisse concilier. Il ne leur fallut, pour fixer réciproquement leur tendresse, que le temps de s'étudier et de se connoître ; et comme tous les deux s'y prêtoient également, et tendoient au même but, bientôt leurs humeurs et leurs goûts se rapprochèrent de telle sorte, qu'on peut dire qu'ils ne faisoient plus qu'un cœur et qu'une ame : et toute leur vie, comme un beau jour, se passa sans que le moindre nuage en altérât la sérénité. Ce fut toujours même éloignement de tout ce qu'on appele intrigues de cour, même application à remplir les devoirs de leur rang, même soin à veiller sur l'éducation des princes et princesses leurs enfans, même attrait pour la piété, même ardeur pour s'y perfectionner par l'exercice de toutes les vertus chrétiennes, et surtout par un saint et fréquent usage des sacremens. Et tout cela se faisoit avec cet air simple et naturel qui caractérise la solide vertu, avec ce discernement qui apprécie les circonstances,

dans ce bel ordre qui ne confond jamais les devoirs avec les goûts. La confiance que la Dauphine avoit dans le Dauphin, étoit si entière, qu'elle
ne faisoit pas de difficulté de l'admettre dans son
conseil de conscience, de lui découvrir ses dispositions les plus intérieures, et tout ce qui se passoit dans son cœur. Une personne ayant relevé
cette particularité dans un essai qu'elle lui présenta sur la vie de son époux, la princesse ne put
se la rappeler sans s'attendrir : « Je vous avoue,
» lui dit-elle, les larmes aux yeux, que la priva-
» tion de ce secours rend ma perte infiniment plus
» amère et m'en rappelle à chaque instant le sou-
» venir. » Une si belle ame ne pouvoit que gagner
à être connue : aussi le Dauphin payoit-il sa confiance par un juste retour ; et il la pria de l'aimer
assez pour l'avertir elle-même des défauts qu'elle
pourroit remarquer en lui. L'union est bien intime, et la vertu bien parfaite, quand des époux
vont jusqu'à se donner réciproquement de pareils
gages de confiance.

La naissance de huit enfans, cinq princes et
trois princesses, fut le fruit d'une alliance si chrétienne et si bien assortie. La première demande
que le Dauphin faisoit au Ciel quand il lui nais-
soit un fils, c'étoit qu'il fût vertueux. Le roi Stanislas l'ayant félicité sur la naissance du comte
d'Artois, il lui avoue, avec cette franchise d'a-
mitié qui se permet la vérité, sans penser à flatter, que la joie qu'il ressent d'être père de quatre
princes ne lui laisse plus rien à désirer, sinon de
les voir un jour imitateurs de ses vertus. « Je suis
» infiniment sensible, lui dit - il, à la part que
» vous prenez à ma joie qui, je vous l'avoue, ne
» sauroit être plus grande. Je me vois quatre gar-

» çons : tout ce que je souhaite à présent, c'est
» que Dieu les conserve et qu'il les fasse ressem-
» bler à leur bisaïeul. Ils n'auroient pas besoin
» d'autre recommandation pour être aimés et res-
» pectés, pour faire le bonheur du pays qu'ils
» habiteront : pardonnez-moi cette vérité, elle a
» échappé au sentiment qui me pénètre.... »

On imagine aisément qu'avec de tels sentimens
le Dauphin devoit regarder l'éducation de ses enfans comme un de ses devoirs les plus sacrés. Il
leur donna pour gouverneur le duc de la Vauguyon,
seigneur d'une valeur et d'une probité reconnues ;
et pour précepteur l'évêque de Limoges, prélat qui
joignoit au savoir la noble franchise des mœurs
antiques, et qu'il suffit de nommer pour rappeler l'idée de la vertu. Il leur déclara qu'il leur trans-
féroit toute son autorité ; et qu'il vouloit que des
enfans destinés par leur naissance à commander
un jour à la nation, commençassent par respecter eux-mêmes les règles de la dépendance et de
la soumission. Ce ne fut point assez pour ce
prince d'avoir fait le choix de ceux qui devoient
présider à l'éducation de ses enfans ; afin que la
vertu défendît de toutes parts leur innocence, et
fermât toutes les avenues au vice, il s'assura encore de la probité de tous les officiers qui devoient
avoir avec eux le moindre rapport de service ;
et après de si sages précautions, ne se croyant
pas encore déchargé de ce qu'il leur devoit, il
voulut avoir lui-même sa partie dans leur éducation, et il la remplit avec un zèle et une assiduité, dont aucun prince de son rang ne lui
avoit donné l'exemple. Deux fois la semaine, le
mercredi et le samedi, à une heure réglée, le
prélat, précepteur des jeunes princes, les condui-

soit à l'appartement de la Dauphine, où le Dauphin lui-même se trouvoit. Ce prince examinoit leur travail, et leur faisoit rendre compte de ce qui avoit fait la matière de leurs études depuis la dernière répétition. Afin de leur rendre cet exercice plus utile, en suivant également tous les objets et en particularisant les détails, il se déchargea sur la Dauphine de ce qui regardoit la religion et l'histoire, et se réserva la partie des langues. Pour prévenir les inconvéniens qui résultent nécessairement du peu d'accord qui règne entre ceux qui ont part à la même éducation, il convint d'un plan fixe et invariable avec toutes les personnes qui devoient concourir à celle des jeunes princes.

Il savoit exciter leur émulation par des récompenses, ou des privations ménagées à propos. Il applaudissoit tantôt à l'un, tantôt à l'autre. Un terme bien choisi, une règle heureusement appliquée, une construction aisée, un tour élégant, une phrase harmonieuse devenoient la matière de ses éloges. Quelquefois il paroissoit charmé de leurs progrès; d'autres fois, il leur en témoignoit sa surprise, et l'espérance de les voir bientôt aussi instruits que lui. Celui qui n'avoit pas eu de part à ses éloges, étoit toujours dans la résolution de faire tous ses efforts pour les mériter au prochain exercice. On ne sauroit imaginer avec quel succès il faisoit usage de ces ressources innocentes pour leur élever le courage et enflammer leur ardeur. L'un d'entr'eux, transporté par son petit enthousiasme, jusqu'à penser à devenir l'émule de son père dans la science, disoit un jour : « Que je » serois content, si je pouvois savoir quelque » chose que papa ne sût point ! »

Mais les bonnes qualités du cœur étoient celles

que le Dauphin reconnoissoit avec le plus de satisfaction dans ses enfans; et les personnes prépo-
sées à leur éducation, étoient sûres de lui causer
la joie la plus sensible, en lui racontant quelque
trait de leur part qui annonçât une vertu, surtout
si c'étoit la droiture du cœur, le goût de la piété
ou la sensibilité envers les malheureux. Il portoit
jusqu'au scrupule l'atte tion à éloigner d'eux ce qui
auroit pu donner la moindre atteinte à l'innocence
de leurs mœurs; et quoique leur âge les garantît
encore des dangers de la lecture, il avoit déjà pris
des précautions pour qu'il ne leur tombât entre les
mains aucune de ces produc tions frivoles ou licen-
cieuses, qui, en inspirant le dégoût du solide,
jettent souvent dans un jeune cœur les premières
étincelles d'un feu qui doit causer sa perte. « Je
» me rappelle, disoit-il un jour, d avoir surpris
» la vigilance de mon précepteur, pour lire quel-
» ques romans qu'un valet de chambre m'avoit
» procurés. Je n'apercevois pas alors comme au-
» jourd'hui, le poison qu'ils cachoient : mais je
» serois au désespoir que les mêmes livres tom-
» bassent entre les mains de mes enfans. » Paroles qui en supposant que ces ouvrages de ténèbres
pénètrent quelquefois jusqu'au cabinet des enfans
des rois, nous font connoître quels doivent être à
cet égard les soins inquiets des pères de famille et
des maîtres qui les représentent.

Le Dauphin saisissoit toujours, et faisoit souvent naître les occasions de donner aux jeunes
princes quelques leçons utiles : il leur en fit une
des plus frappantes le jour qu'on suppléa les cérémonies de leur baptême. Après que leurs noms
furent inscrits sur le registre de la paroisse, il se
le fit apporter; et l'ayant ouvert, il leur fit remar-

quer que celui qui les précédoit étoit le fils d'un
pauvre artisan, et leur dit ces belles paroles :
« Vous le voyez, mes enfans, aux yeux de Dieu
» les conditions sont égales, et il n'y a de distinc-
» tions que celles que donnent la foi et la vertu :
» vous serez un jour plus grands que cet enfant
» dans l'estime des peuples ; mais il sera lui-
» même plus grand que vous devant Dieu, s'il
» est plus vertueux. » Quelque temps avant sa
mort, comme il considéroit combien ses bras
étoient maigres et décharnés : « Voilà, mes en-
» fans, dit-il en s'adressant au duc de Berry et au
» comte de Provence, ce que c'est qu'un grand
» prince ; Dieu seul est immortel ; et ceux qu'on
» appelle les maîtres du monde, sont, comme
» les autres, sujets aux maladies et à la mort. »
. Il fut toujours en garde contre cette indulgence
aveugle, l'écueil le plus ordinaire de l'éducation
des enfans des grands. Il avoit pour les princes ses
fils toute la tendresse d'une mère, et toute la fermeté d'un père. S'étant aperçu dans quelques répétitions, que le petit duc de Berry n'avoit pas
travaillé comme il eût pu le faire, il lui déclara
qu'il ne seroit point de la chasse de Saint-Hubert,
qui devoit se faire quelques jours après. Cette
chasse est des plus brillantes : les ambassadeurs
des cours étrangères y sont invités ; les princes et
les seigneurs de la cour y assistent. On sent combien la privation d'une partie de plaisir de cette
nature doit être sensible à un enfant : la reine et
les dames de France la jugèrent accablante, et se
réunirent pour fléchir le Dauphin ; mais ce fut
inutilement. Il protesta, et on le savoit assez,
qu'il avoit pour ce jeune prince plus de tendresse
que qui que ce fût ; mais il ajouta que c'étoit pour

cela même qu'il vouloit suivre de plus près son éducation, et ne négliger aucun des moyens qui pouvoient contribuer à en assurer le succès. Le roi étoit charmé de voir les jeunes princes. « Quand » vous empêchez vos enfans de se trouver à mes » chasses, disoit-il au Dauphin, c'est moi-même, » autant qu'eux, que vous mettez en pénitence. » —Vous savez, lui répondit le Dauphin, com- » bien je serois mortifié de vous occasioner la » moindre peine; je n'ai jamais envisagé que le » bien de mes enfans dans la conduite que je tiens » à leur égard : mes dispositions, au reste, sont » toujours subordonnées aux vôtres; et ils vous » accompagneront toutes les fois que vous le ju- gerez à propos. » Louis XV cependant, sentant assez que cette fermeté du Dauphin étoit dirigée ar un zèle éclairé sur les véritables intérêts de ses enfans, ne voulut jamais rien ordonner en cette partie, que de concert avec lui.

Cette attention qu'apporte un père sage à cor- riger les défauts de l'enfance, peut aigrir et éloi- gner un mauvais cœur; mais elle ne fait qu'exciter davantage la tendresse et la reconnoissance d'une ame bien née : le Dauphin étoit autant aimé de ses enfans, qu'il les aimoit lui-même. Tous s'em- pressoient à l'envi d'aller au-devant de ce qui pou- voit lui faire plaisir, tous craignoient de lui don- ner le moindre sujet de mécontentement. Un té- moignage de bonté, un air de satisfaction de sa part, les transportoit de joie : le plus léger repro- che, un ton de voix plus élevé que de coutume les affligeoit à l'excès, et quelquefois jusqu'aux larmes. Un jour où devoit se faire une revue géné- rale des troupes qui formoient le camp de Com- piègne, le Dauphin ayant aperçu le carrosse des jeunes princes, qui passoit devant les premières lignes, s'avança à sa rencontre, le fit arrêter, et mit la tête à la portière ; tous à l'instant se précipitèrent sur son cou : il les embrassa tendrement l'un après l'autre, ce qui fut pour toute l'armée un spectacle ravissant. On entendoit de toutes parts l'officier et le soldat s'écrier avec transport : « Oh ! voyez comme il aime ses enfans, et combien » il en est aimé ! »

Mais ce fut surtout dans la circonstance de sa dernière maladie, que parut dans le plus grand jour sa tendresse paternelle : après avoir reçu les derniers sacremens, et dans le temps où, tout occupé de son éternité, il n'avoit plus que de l'indifférence pour toutes les choses d'ici-bas, il ne perdit point de vue ses enfans : il les rassembloit à des heures réglées autour de son lit, pour leur donner ses instructions. Voici ce qu'en écrit la Dauphine : « Tout le temps qui s'est passé depuis » qu'il reçut ses sacremens pour la première fois, » jusqu'à quinze jours avant sa mort, il a toujours » continué de donner ses leçons à ses enfans, » comme il le faisoit en santé, quoique souvent » cet exercice le fît tousser, ou lui fatiguât la » tête. Quelques jours après qu'il fut adminis- » tré, sur ce qu'il apprit qu'ils étoient instruits » de son état, il les fit venir, et dans la conver- » sation, il dit au duc de Berry : Eh bien, mon » fils, vous pensiez donc que je n'étois qu'enrhu- » mé ? Puis, en riant et en plaisantant, sans dou- » te, ajouta-t-il, que quand vous avez appris mon » état, vous aurez dit, *Tant mieux, il ne m'em-* » *pêchera plus d'aller à la chasse ?* Un autre » jour, pendant la conversation, le propos tomba » sur la rapidité avec laquelle le temps passe : le

» duc de Berry dit que le temps de la journée qui
» lui passoit le plus promptement, étoit celui de
» l'étude. M. le Dauphin, transporté de joie, lui
» dit : Ah ! mon fils, que vous me faites de plaisir !
» car puisque le temps de l'étude vous passe si vite,
» cela me prouve que vous vous y appliquez. Je le
» fis approcher de son lit ; il l'embrassa tendre-
» ment. Le duc de Berry lui avoua pourtant que
» quand l'étude n'alloit pas bien, le temps lui pas-
» soit plus lentement. M. le Dauphin prit de là
» occasion de lui peindre l'avantage et le bonheur
» d'un homme qui sait faire un bon usage de son
» temps , et au contraire le malheur de ceux qui
» aiment l'oisiveté, ou qui ne savent pas s'occuper
» eux-mêmes. Après que les enfans furent sortis ,
» il me répéta encore le plaisir qu'il ressentoit de
» ce que le duc de Berry lui avoit dit (1). »

(1) L'auteur rapporte dans l'histoire du fils, *Louis XVI, et
ses vertus aux prises avec la perversité de son siècle*, qu'après
la mort du jeune duc de Bourgogne , le Dauphin , plus attentif à
étudier les dispositions du duc de Berry, devenu l'héritier pré-
somptif du trône, manda à Versailles un homme d'une grande
sagacité dans le discernement des esprits , le P. de Neuville, prophète alors si disert de la prochaine subversion de l'empire. Ce
religieux vivoit en solitaire dans un asile que lui avoit procuré le
Dauphin au château de Saint-Germain-en-Laye. Le prince , en
le voyant , lui dit : « Vous ne soupçonneriez pas , Père , le motif
» du voyage que je vous fais faire ; c'est que je ne connois per-
» sonne plus en état que vous de deviner l'homme dans l'enfant.
» Je vais faire venir mes trois fils , à qui vous n'êtes pas inconnu ;
» la récréation qu'ils devront à votre arrivée, leur épanouira le
» cœur : ils jaseront à leur aise ; vous observerez , vous écouterez,
» vous interrogerez, vous sonderez à fond , et me direz, avec
» votre franchise apostolique, ce que vous augurez de l'avenir ,
» surtout de l'aîné. » Le père de Neuville obéit ; et son rapport
touchant le duc de Berry fut , qu'il annonçoit moins de vivacité
d'esprit , et présentoit des formes moins gracieuses que les prin

Ce ne fut point assez pour le Dauphin d'avoir
employé jusqu'aux derniers instans de sa vie à l'instruction de ses enfans : ne pouvant plus se dissimuler combien sa mort leur seroit préjudiciable,
il pria le roi de lui donner sa parole qu'il laisseroit
la Dauphine maîtresse absolue de leur éducation.

La veille de sa mort , il témoigna le désir qu'il
auroit eu de les voir encore une fois , et de leur
donner sa bénédiction ; mais l'extrémité où il se
trouvoit ne lui en laissant pas la force, il fit appeler leur gouverneur. « M. de la Vauguyon, lui dit-
» il , je vous charge de dire à mes enfans, que je
» leur souhaite toute sorte de bonheur et de béné-
» dictions....» A ces mots , son cœur se serra , il
jeta un profond soupir , et se tournant vers son
confesseur, il lui dit : « Ah ! monsieur, il ne m'est
» pas possible de poursuivre , achevez de dire en
» mon nom ce dont nous sommes convenus.
» — Monsieur le Dauphin , reprit le confesseur ,
» recommande par-dessus tout aux jeunes princes
» la crainte du Seigneur et l'amour de la religion :
» il leur recommande de profiter de la bonne édu-
» cation que vous leur donnez ; d'avoir pour le roi
» la plus parfaite soumission et le plus profond
» respect , de conserver toute leur vie, pour ma-
» dame la Dauphine, l'obéissance qu'ils doivent
» à une mère si respectable. »

ces ses frères ; mais que quant à la solidité du jugement et aux
qualités du cœur, il promettoit de ne leur être en rien inférieur.
Cet aperçu combla de joie un prince qui se consumoit en soins
inquiets pour préparer le bonheur des hommes. « Je suis ravi ,
» s'écria-t-il, de votre manière de voir sur mon aîné. J'avois
» toujours cru reconnoître en lui un de ces naturels sans apprêts ,
» qui ne promettent qu'avec réserve ce qu'ils doivent donner un
» jour libéralement ; mais je craignois que mon cœur ne me se-
» duisît sur le compte de cet enfant. »

Le succès ne pouvoit manquer de répondre à tant de soins. Le Dauphin avoit la consolation de voir se développer avec l'âge les précieuses semences qu'il jetoit dans le cœur de ses enfans ; et, à juger des autres par ceux d'entr'eux dont il pouvoit déjà reconnoître les inclinations et les sentimens, il avoit droit d'espérer que tous retraceroient un jour aux yeux de la nation son zèle pour la religion, son amour pour les peuples, et l'image de toutes ses vertus.

Ce prince, aussi bon maître que bon père, étoit l'homme de la cour le moins difficile pour le service. Ses quatre valets de chambre, au lieu de le servir par quartier, comme il est d'usage à la cour, s'étoient arrangés entr'eux, avec son agrément, pour le servir chacun leur semaine. Comme tous quatre étoient de caractères singulièrement opposés, il prenoit à l'égard de chacun d'eux un ton et des manières tout différens ; et l'on ne pouvoit s'empêcher d'admirer comment le caractère de celui qui étoit de service sympathisoit toujours avec le sien. Il auroit mieux aimé cependant que chaque office fût desservi par un seul. Un seigneur lui disoit qu'il avoit un valet de chambre *qui se mettoit en quatre* pour son service. « Oh ! sur ma parole, lui dit le Dauphin, » ne souffrez pas qu'il en vienne à l'exécution ; » car depuis qu'on s'est mis *en quatre* pour le ser- » vice de la cour, on n'y a plus que des quarts de » valets de chambre; et j'aimerois beaucoup mieux » en avoir un comme le vôtre, tout d'une pièce. »

Il étoit en toute occasion d'une humeur égale. S'il faisoit un reproche à quelqu'un de ses officiers, c'étoit toujours avec cet air de bonté qui corrige sans décourager. Quelquefois il se donnoit la peine d'instruire lui-même ceux qui entroient à son service de ce qu'ils avoient à faire ; et quand il leur échappoit quelque faute, il se contentoit d'en rire. Souvent pour ménager le temps, dont il étoit économe jusqu'au scrupule, il se rasoit lui-même : « J'ai plutôt fait, disoit-il, que mes va- » lets de chambre n'ont échafaudé. » L'un d'eux, qui le rasoit pour la première fois, commençoit à trembler : « Ne craignez pas, lui dit-il, si vous » me faites quelque entaille, on ne s'en prendra » pas à vous, on croira que j'ai vu l'ennemi de » près : » le baigneur ne trembla plus. En voyant paroître pour la première fois dans son apparte ment un de ses officiers, à un renouvellement de quartier : « Oh ! s'écria-t-il, je frissonne quand je » vous vois. » Ces paroles déconcertèrent celui à qui elles s'adressoient : le Dauphin s'en étant aperçu, ajouta : « Quand je dis que vous me faites fris- » sonner, j'entends la saison que vous m'annon- » cez. » L'officier témoigna alors au prince qu'il étoit au désespoir de lui causer tous les ans ce dé- sagrément, et le pria d'ordonner qu'il fît son ser- vice dans un autre quartier. Mais le Dauphin qui n'auroit pu intervertir l'ordre qu'au préjudice d'un autre, répondit à celui-ci : « Je me garderai bien » de suivre votre avis, j'aime au contraire que les » mauvaises nouvelles me soient apportées par » un messager agréable. » Il étendoit ses bon- tés jusque sur le dernier de ses valets : un piqueur ayant été blessé à la suite d'une chute de cheval, il recommanda sur-le-champ qu'on lui envoyât son médecin et son chirurgien : le lendemain il fit une promenade qui le conduisit comme par ha- sard auprès de sa demeure, et en passant, il dit à un de ses officiers : « Je crois que c'est ici que

» loge le pauvre Philippe ; allez demander de ma
part comment il va. » Pendant sa dernière maladie , il s'informoit quelquefois si l'assiduité des
services qu'exigeoit son état, ne fatiguoit personne. « Par bonté pour ses garçons de la chambre , et
» pour les soulager , dit la Dauphine , il imagina
» de faire veiller alternativement avec eux ses va-
» lets de garde-robe. Il donna l'ordre devant eux ;
» mais son premier valet de chambre lui ayant re-
» présenté que ses garçons de la chambre étoient
» affligés de partager le service , il envoya cher-
» cher un de ses valets de garde-robe , et lui dit
» lui-même : Mes garçons de la chambre ne trou-
» vent pas le service trop fatigant : ainsi je vous
» dispense vous et votre camarade de me veiller ,
» et vous remercie de votre bonne volonté. » Ce
prince , par une conduite si pleine d'humanité ,
avoit attaché beaucoup plus à sa personne qu'à
son rang , tous les officiers qui étoient à son service. J'en ai vu plusieurs , et je n'en ai trouvé aucun qui ne se soit attendri à son seul souvenir, et
qui ne m'ait parlé de lui avec des transports de
reconnoissance pour ses bienfaits , et d'admiration pour ses vertus.

Le Dauphin , dans un rang si sublime, eut des
amis , il en trouva même à la cour : il en eut peu
cependant , parce qu'il fut toujours moins jaloux
de les compter par leur nombre que par leurs vertus. Un homme dont il estimoit l'esprit et les talens , qu'il honoroit même pour quelques qualités
particulières , n'étoit pas pour cela son ami. Un
courtisan qui savoit lui plaire par la douceur de
son caractère, la politesse de ses mœurs, et l'heureux assemblage des vertus sociales , étoit encore
fort éloigné de sa confiance Oser dans l'occasion ,

lui dire une de ces vérités qu'on dit rarement aux princes, eût été un titre plus sûr pour y prétendre. Mais quels que fussent les motifs qui l'engageassent à accorder son amitié, on pouvoit croire que la vertu avoit eu la plus grande part dans sa détermination : pour être son ami, il fallut toujours l'être de la religion. La conformité de sentimens et d'inclinations est le premier fondement de l'amitié : sans le vouloir et sans y penser, on cherche dans ses amis des copies de soi-même, et les plus ressemblantes sont toujours celles qui plaisent davantage ; aussi a-t-on coutume de juger les hommes par leurs liaisons, et l'on peut dire en effe que si l'on avoit perdu l'histoire des vertus du Dau phin, on la devineroit sur le nom de ses amis.

Nous avons déjà vu comment il savoit allier la qualité de fils, d'époux et de frère à celle d'ami intime. Aux divers bienfaits dont il combla ceux qui avoient été chargés de son éducation, il ajouta celui de leur donner part à son amitié. Le duc de Châtillon, exilé de la cour, ne le fut jamais de son cœur : il lui écrivoit les lettres les plus touchantes et les plus propres à adoucir la rigueur de sa disgrâce. Le nom seul de ce seigneur valoit auprès de lui la plus puissante recommandation Il conserva toujours pour son précepteur l'attachement le plus tendre et le plus respectueux. Quand ce prélat fut chargé de la feuille des bénéfices : « Monsieur, lui dit-il, ce n'est pas à vous » que je ferai compliment, mais au roi : toute la » peine sera pour vous, et tout l'avantage pour » la religion. » Le compliment étoit flatteur, mais il étoit vrai.

L'amitié que le Dauphin témoignoit au duc de Châtillon et à l'évêque de Mirepoix, deux person nages également graves et sérieux, étoit plutôt fondée sur la reconnoissance et la vertu, que sur aucune conformité de caractère. Celle qu'il avoit pour l'abbé de Saint-Cyr étoit plus démonstrative, et tenoit de la familiarité. Son cabinet lui étoit toujours ouvert, et souvent il travailloit avec lui. En le présentant à la Dauphine pour son aumônier ordinaire : «Madame, lui dit-il, considérez bien ces » petits yeux perçans, ces sourcils noirs, ce front » imposant : vous voyez l'homme qui m'a fait le » plus de peur dans ma vie. » Cette amitié de préférence étoit la juste récompense de la franchise avec laquelle cet abbé lui disoit toutes les vérités qui pouvoient lui être utiles. Il se trouvoit un jour chez la Dauphine, avec lui : la conversation tomba sur les flatteurs. «Tout le monde nous flatte, » dit le prince ; et chacun a ses raisons pour le » faire : le courtisan veut gagner notre estime ; et » les gens de bien, en nous supposant des vertus » que nous n'avons pas, veulent nous faire sen- » tir que nous devons travailler à les acquérir. » La Dauphine lui demanda si elle étoit du nombre de ses flatteurs : « Quelquefois, lui dit-il, surtout » quand je suis malade. » Et Adélaïde, poursuivit la princesse ? « Oh ! pour elle et l'abbé, ré- » pondit-il, en souriant à l'abbé de Saint - Cyr, » je les crois bien disposés à me redresser toutes » les fois que je n'irai pas droit. » La lettre suivante annonce combien l'abbé de Saint - Cyr étoit digne de la confiance du Dauphin.

« Monseigneur, non, je ne suis point surpris » du conseil qu'on a osé vous donner. L'auteur, » quel qu'il soit, ne peut être qu'un homme sans » probité et sans religion ; et je ne suis pas plus » curieux de le connoître, que celui qui préten-

» doit autrefois vous faire sa cour à mes dépens.
» Mais ce qui m'auroit surpris , monseigneur , ce
» seroit que cet homme ne vous eût pas trouvé tel
» que vous devez être , et que , par la grâce de
» Dieu, vous serez toujours : voilà , monseigneur,
» ce qui auroit plongé mon ame dans l'affliction.
» La lâche et indigne flatterie environnera tou-
» jours les princes ; et dès qu'ils paroîtront le
» souhaiter , ils ne manqueront jamais d'appro-
» bateurs et de panégyristes des plus coupables
» excès. Rufin ne voyoit , dans le massacre d'une
» multitude d'innocens confondus avec les cou-
» pables , qu'un châtiment légitime. Les courti-
» sans de Néron lui faisoient compliment sur les
» ressources ingénieuses qu'il imaginoit lui-même
» pour lasser la constance des chrétiens , et les
» barbares cruautés , qui le rendoient l'exécration
» de tout l'empire , étoient , à leur avis , l'effet
» d'une politique éclairée. Lorsque Caligula fit
» aux dignes confidens de ses projets, l'ouverture
» du dessein qu'il conçut d'élever son cheval au
» consulat , j'imagine que ce fut à qui le félici-
» teroit d'un choix si judicieux ; et ces jeunes
» seigneurs, qui s'empressoient à faire cortége au
» prince quand il couroit les rues de Rome revê-
» tu d'une peau de bête , n'auroient pas été les
» derniers à rendre hommage au nouveau consul.
» Heureusement , monseigneur , vous savez de-
» puis long-temps de quoi sont capables des hom-
» mes sans religion et sans honneur , et que s'ils
» sont auprès des princes, ils s'étudieront toujours
» à faire naître dans leur cœur des passions vio-
» lentes, dont ils peuvent espérer d'être d'abord
» les confidens secrets , et bientôt après les mi-
» nistres nécessaires..... »

L'évêque de Verdun avoit la plus grande part à l'amitié du Dauphin. Pendant sa maladie, c'est à lui qu'il s'adressoit de préférence pour les petits offices de confiance. Il l'avoit fait dépositaire de plusieurs papiers importans qui sont entre les mains du roi. S'apercevant un jour que la fatigue et l'insomnie lui avoient altéré les traits du visage :
» Vous ressemblez pour le moment, lui dit-il, à
» M. de ***; vous avez le même visage. — Vous
» pouvez, lui dit l'évêque, en suivant la plaisan-
» terie, confondre mon visage avec les plus tristes ;
» mais je vous prie de ne pas confondre les cœurs.
» — Oh ! pour cela, ne craignez pas, lui répon-
» dit le prince ; je ne m'y tromperai jamais. » La nuit qui précéda sa mort, adressant la parole au prélat : « Je vous en prie, lui dit-il, exercez vo-
» tre zèle envers un mourant ; soulagez mon con-
» fesseur, et tâchez de me suggérer les sentimens
» qui doivent m'animer en ce dernier moment. » L'évêque lui obéit, lorsqu'il eut fini : « Ce que
» vous me dites me touche et m'attendrit, lui dit-
» il, puis lui prenant la main, il la serra sur son
» cœur, en lui disant : Vous ne me quitterez sû-
» rement pas. »

Le comte de Muy occupoit une place distinguée dans le cœur du Dauphin ; en voici une preuve qui me paroît bien intéressante. Ce seigneur étoit parti pour aller joindre nos armées ; le Dauphin qui, sans craindre pour lui-même, avoit sollicité l'agrément du roi pour les commander en personne, craignit excessivement pour la vie d'un ami qu'il croyoit digne de sa tendresse et de toute sa confiance. Mais en prince religieux il voulut lui témoigner son affection plus efficacement que par la crainte : il eut recours à Dieu ; et en lui deman-

dant le salut de nos armées, il crut pouvoir lui demander spécialement la conservation d'une tête qui lui étoit si chère ; et tous les jours, jusqu'à la fin de la campagne, il lui adressa la prière suivante, qu'il avoit lui-même composée. « Seigneur.
» Dieu des armées, seul arbitre de la vie et de la
» mort, vous qui, du milieu des combats, détour-
» nez, quand il vous plaît, les coups de dessus
» ceux que vous voulez sauver, exaucez, je vous
» en conjure, l'humble prière que je vous adresse ;
» conservez (1) L. N. V., votre fidèle serviteur ;
» servez-lui vous-même de bouclier ; détournez de
» devant lui le fer et le feu ; préservez-le de tout
» accident, soutenez-le dans ses fatigues, afin que,
» de retour en santé, il puisse continuer à m'as-
» sister de ses bons conseils, m'aider à faire
» triompher la justice et la religion, et m'ensei-
» gner toujours la voie droite qui conduit à vous. »

Dans un des derniers momens de sa vie, voyant le comte aux pieds de son lit, et s'apercevant que sa douleur étoit extrême, il lui dit du ton le plus affectueux et le plus tendre : « Ne vous abandonnez
» donc point à la douleur ; conservez-vous pour
» servir mes enfans ; ils auront besoin de vos lu-
» mières et de vos vertus. Faites pour eux ce que
» vous avez fait pour moi : je compte sur cette
» dernière preuve de votre tendresse. J'espère que
» Dieu les protégera ; mais surtout que leur jeu-
» nesse ne vous éloigne jamais d'eux. »

Louis XVI ne fut pas plutôt monté sur le trône, qu'il invita le vertueux ami de son père à venir l'aider de ses conseils, en qualité de ministre de la guerre. Ce seigneur, par un principe qu'il seroit fâcheux pour l'humanité que tous les gens de bien

____
(1) Louis-Nicolas-Victor.

adoptassent, s'étoit déjà refusé à l'honneur d'une pareille marque de confiance que lui avoit donnée Louis XV; et la même crainte de ne pas faire assez de bien dans cette place éminente, en y faisant tout le bien qu'il pourroit, l'auroit encore arrêté, s'il n'eût cru devoir sacrifier en cette occasion sa façon de penser aux vœux du Dauphin mourant: quand on vint lui annoncer que le prince l'appeloit au ministère : « J'aurois encore refusé le roi, dit-» il, mais je ne puis refuser le fils de M. le Dau-» phin. »

Personne ne s'est montré plus inconsolable de la mort du Dauphin que ce vertueux et fidèle ami. Ayant obtenu du roi qu'il seroit enterré à ses pieds, il désigna lui-même l'endroit de sa tombe, sur laquelle il fit graver l'expression de sa douleur : *Huc usque luctus meus.* « Ma douleur m'a suivi » jusqu'ici. »

Le duc de la Vauguyon et l'évêque de Limoges étoient au nombre des amis du Dauphin avant d'être appelés à l'éducation des princes ses fils. Le cardinal de Luynes avoit aussi beaucoup de part à sa confiance. Il voyoit avec plaisir le cardinal de Rochechouart, et il honoroit l'archevêque de Paris d'une estime particulière. Pendant sa dernière maladie, il voulut le voir plusieurs fois : et le roi, à qui il en témoignoit un jour le désir, écrivit lui-même sur-le-champ au prélat, pour lui ordonner de se rendre aux vœux de son fils. Dans un des derniers entretiens qu'il eut avec lui, il lui avoua, dit la Dauphine, « que ce qui l'inquiétoit le plus, » c'étoit qu'il ne se sentoit pas assez de crainte des » jugemens de Dieu, et qu'il appréhendoit que » cette disposition de son ame ne fût un effet de » la présomption. » Enfin, toujours constant dans son attachement et sa confiance pour son pasteur, quelque temps avant de mourir, il exigea de lui, avec cette simplicité de foi que la religion seule sait apprécier, qu'il lui donnât sa dernière bénédiction.

Ce prince avoit usé de tant de circonspection dans le choix de ses amis, qu'au lit de la mort il s'applaudissoit encore de leur avoir donné sa confiance. « Jusqu'aux derniers momens de sa vie,
» écrit la Dauphine, il conserva les mêmes sen-
» timens pour toutes les personnes qu'il avoit ho-
» norées de son amitié ; il voyoit fort souvent la
» duchesse de Caumont et l'évêque de Verdun : il
» leur parloit avec la même gaîté qu'il eût fait en
» santé. Quelque temps avant sa mort, il fit venir
» la comtesse de Marsan, il lui marqua toute l'a-
» mitié qu'il avoit toujours eue pour elle , et lui
» témoigna beaucoup de regret de la voir partir.
» L'amitié de préférence qu'il avoit pour les prin-
» ces du sang, leur fit sentir amèrement sa perte. »

Je ne prétends point rappeler ici tous ceux qui ont eu part à la confiance du Dauphin ; et il en est sans doute dont le nom ne me sera point parvenu. Mais il n'étoit pas nécessaire d'être son ami pour l'aimer ; il suffisoit de le connoître, de l'entendre, ou même de l'avoir vu : chaque trait de son visage sembloit annoncer une vertu de son cœur. Il vint quelquefois, quoique plus rarement dans les dernières années de sa vie, se promener sur les boulevards, au Cours-la-Reine, et jusqu'aux Tuileries : à l'instant une foule de peuple se rangeoit autour de lui, et lui laissoit à peine le passage libre ; les pères le montroient à leurs enfans, les Français aux étrangers : « Et souvent, disoit un
» seigneur qui étoit ordinairement à sa suite, au

» lieu de dire en le montrant, *Voilà M. le Dau-*
» *phin*, on disoit *Voilà notre Dauphin*, ou *no-*
» *tre bon Dauphin.* » Sa vue seule suffit toujours
pour détruire, dans l'esprit du peuple, les impressions sinistres que s'efforçoient de donner de sa personne ceux qui craignoient ses vertus.

Le Dauphin ayant de son propre fonds tout ce
qu'il falloit pour intéresser en sa faveur, étoit ennemi de toute affectation dans la parure : la solidité de son esprit sembloit s'annoncer jusque dans
la noble simplicité de ses habits. Il est à la vérité
des circonstances d'appareil où les rois doivent
briller de tout l'éclat du diadème , et donner en
quelque sorte à tout ce qui les environne, l'empreinte de leur grandeur : personne , en ces jours
de cérémonie , ne paroissoit , après le roi , plus
grand que le Dauphin. Mais, excepté ces occasions
rares, on ne le voyoit point se parer de ces étoffes
somptueuses qui invitent le peuple au luxe et à la
magnificence. Une riche broderie n'avoit d'attrait
pour lui, que lorsqu'elle étoit l'ouvrage des princesses ses sœurs.

Pendant le dernier voyage qu'il fit à Compiègne,
un jour qu'il revenoit du camp en simple uniforme , et accompagné seulement de quelques officiers de son régiment , milord Harcourt vint se
joindre à eux , pour leur faire quelques questions
relatives à la disposition du camp. Le Dauphin ,
qui en avoit tracé le plan , étoit plus en état qu'aucun de la compagnie de le satisfaire : ce fut lui qui
prit la parole. La conversation s'engagea , et roula
particulièrement sur l'art des campemens , les uni-
formes et les armes défensives. Le Dauphin avoit
reconnu le milord qu'il avoit vu une fois ; mais
celui-ci croyoit avoir à faire à un simple officier ,

et, pendant trois quarts d'heure que dura la conversation, il se conduisit à son égard avec toute la familiarité qu'on se permet entre égaux : il lui tira même fort librement son casque des mains pour le considérer. Quand le Dauphin se retira : « Voilà, » dit-il à M. de Beuvron, en le lui montrant, un jeune officier qui me paroît singulièrement instruit pour son âge : comment l'appelez-vous ? » Ce seigneur, qui vouloit jouir plus long-temps du plaisir de sa méprise, lui dit que c'étoit le colonel du régiment Dauphin : l'anglais insista, et dit qu'il voudroit bien savoir son nom, qu'il retiendroit, parce qu'il n'avoit jamais rencontré de Français plus aimable ; alors M. de Beuvron lui dit que son nom étoit Bourbon, mais qu'ordinairement on l'appeloit *Monsieur le Dauphin.* Le milord, fort surpris, se reprocha la liberté qu'il avoit prise avec lui, et sentit augmenter son respect et son admiration pour un prince dont il avoit conçu la plus haute estime, lorsqu'il ne le considéroit que comme un particulier. Quand on raconta au Dauphin que ce seigneur ne l'avoit pas reconnu : « Il est » vrai, répondit-il, que j'ai été un peu surpris du » ton de familiarité qu'il prenoit avec moi, mais » j'ai cru que ce pouvoit être un effet des libertés » anglaises. »

Ce que le Dauphin parut aux yeux de cet étranger, il le fut toujours à l'égard de ceux qui avoient l'avantage de s'entretenir avec lui. Il instruisoit, quand il traitoit une matière sérieuse ; il intéressoit en parlant des choses les plus indifférentes : on sortoit toujours satisfait de sa conversation. Le fonds de bonté qui lui étoit naturel, ne lui suggéroit que des propos obligeans ; et dans l'occasion, personne ne savoit faire un compliment flatteur

avec plus de sel et de délicatesse que lui. Un jour
qu'après une revue de son régiment, il étoit rentré
chez lui, accompagné de plusieurs seigneurs et
officiers, le prince de Condé examinant son casque, lui dit qu'il lui paroissoit pesant. « Vous vous
» trompez, lui dit le Dauphin : essayez-le. » Le
prince de Condé se l'étant mis sur la tête, avoua
qu'il étoit moins pesant qu'il ne l'auroit cru, et
ajouta qu'il sembloit avoir été fait pour sa tête.
Le Dauphin se couvrit lui-même du chapeau du
prince de Condé, et trouvant qu'il lui faisoit fort
bien : « Cela est vrai, dit-il, ma tête ressemble
» parfaitement à la vôtre ; il y auroit bien de quoi
» me donner de l'amour-propre. » Un jour qu'il
n'avoit pu s'empêcher de sourire de l'embarras
d'une personne qui lui faisoit un compliment,
l'abbé de Saint-Cyr, à qui il en parloit, lui dit
qu'il commençoit à oublier les leçons qu'il avoit
reçues dans son enfance : « Vous avez raison, l'ab-
» bé, répondit-il, je crois que je serai enfant toute
» ma vie ; aussi me garderai-je bien de vous éloi-
» gner jamais de moi. » Un homme qui joignoit
à beaucoup de mérite une grande modestie, lui
disoit en le remerciant d'un emploi qu'il lui avoit
procuré, sans en être sollicité : « Je ne sais, Mon-
» seigneur, quelle figure je ferai à côté de mon
» prédécesseur qui jouissoit de toute l'estime pu-
» blique. — Oh ! point d'inquiétude, lui répondit
» le Dauphin, une belle aurore n'empêcha jamais
» le soleil de briller avec éclat. »

Sa gaîté naturelle ne l'abandonnoit jamais,
lors même qu'il s'occupoit des affaires les plus sérieuses, ou qu'il se livroit aux études les plus pro-
fondes : un jour qu'il s'entretenoit avec le président d'Aubert sur des matières de la plus grande

importance, il aperçut sur une terrasse, vis-à-vis son appartement, le Père Berthier, son bibliothécaire, qu'il estimoit pour sa vertu et pour son profond savoir. Il ouvrit sa fenêtre et l'appela : « Con
» noissez-vous, lui dit-il, le premier président
» du parlement de Flandre ? quel homme pensez-
» vous que ce soit ? — Je l'ai vu quelquefois, ré-
» pondit le religieux, c'est un honnête homme et
» un magistrat éclairé. — C'est ce que je voulois
» savoir, lui dit le Dauphin ; » et il referma la fenêtre ; puis se tournant vers le président : « Je me
» doutois bien, dit-il en riant, qu'il alloit vous
» rendre cette justice ; mais avouez qu'il auroit
» été plaisant qu'il eût dit quelque mal de vous :
» nous nous serions divertis à ses dépens jusqu'à
» ce qu'il nous eût fourni ses preuves ; et nous
» nous serions divertis long-temps. » Aussitôt il reprit la conversation précisément au point où il l'avoit interrompue.

Quelquefois, après avoir étudié pendant plusieurs heures une question épineuse, il reprenoit haleine, et s'il y avoit quelqu'un dans son cabinet, il s'égayoit avec lui, en lui adressant quelques propos sur le ton de la plaisanterie. Dans une circonstance où il avoit travaillé long-temps, et avec application, sur le livre *de la Concorde du sacerdoce et de l'empire*, dit M. de Marca, il dit tout-à-coup à l'abbé de Saint-Cyr : « Hélas ! mon cher
» abbé, qu'il en coûte de peines pour accorder
» les hommes entr'eux ! Un berger, la houlette à
» la main, met tout son peuple en mouvement
» d'un coup de sifflet : deux chiens sont ses seuls
» ministres : ils aboient quelquefois, sans presque
» jamais mordre, et tout est en paix. » L'abbé lui répondit que si un roi avoit plus de peine qu'un

berger, il avoit l'avantage de conduire un troupeau
d'êtres raisonnables : « Aussi ne voudrois-je pas,
» reprit le Dauphin, en suivant la plaisanterie,
» que ses ministres ressemblassent à ceux d'un
» berger ; mais convenez pourtant que ces êtres
» raisonnables devroient bien se montrer un peu
» plus moutons, et s'accorder entr'eux plus rai-
» sonnablement qu'ils n'ont coutume de faire. »

Les personnes attachées au service de ce prince
n'avoient à essuyer, de sa part, aucun de ces accès d'humeur chagrine, dont la vertu même n'af-
franchit pas toujours les plus heureux naturels. La
longue et cruelle maladie dont il mourut, n'altéra
pas d'un instant sa douceur et sa sérénité. « Les
» moindres services qu'on lui rendoit, écrit la
» Dauphine, étoient payés de mille marques de
» bonté. » La veille de sa mort, il fit appeler ses
grands officiers pour leur témoigner combien il
étoit reconnoissant de leurs services, et sensible au
souvenir des attentions qu'ils avoient toujours eues
pour lui. Il demanda ensuite qu'on introduisît ses
menins. Quand ils parurent : « Approchez, Mes-
» sieurs, leur dit-il, que je vous voie tous : je vous
» remercie bien des peines que vous vous êtes don-
» nées pour moi, et surtout de l'attachement que
» vous m'avez constamment témoigné : j'en suis
» très-reconnoissant. J'ai quelquefois exercé vo-
» tre patience en vous faisant attendre ; je vous
» en demande pardon, et je suis sûr que vous me le
» pardonnez de bon cœur. Adieu donc, Messieurs,
» je vous prie de vous souvenir encore de moi. »
Quelques momens après, comme le prince de Turenne lui présentoit à boire, il le regarda, et ne se
rappelant pas de l'avoir vu parmi les grands officiers à qui il venoit de marquer sa reconnoissance :

« Quoi ! M. de Turenne, lui dit-il, je ne vous ai
» encore rien dit ! ce seroit bien mal à moi de vous
» oublier, car je dois être vraiment touché de vo-
» tre assiduité, et je vous en remercie de tout mon
» cœur. »

Il étoit dans le caractère du Dauphin de faire
tout le bien qu'il pouvoit à ceux qu'il protégeoit ;
et quelquefois on lui reprocha, défaut ordinaire
aux bons cœurs, de protéger facilement ; mais
persuadé que la justice étoit la première règle de
la bienfaisance, surtout dans un prince destiné au
trône, il se fit un devoir de lui sacrifier en toute
rencontre la recommandation, et même sa propre
inclination. Dans la distribution des places dont
il pouvoit disposer par lui-même ou par son crédit,
il savoit faire un juste discernement des emplois
auxquels les talens seuls doivent donner droit,
d'avec ceux que la faveur peut dispenser ; et ses
faveurs mêmes étoient réglées par une sorte de justice : il les déterminoit par les besoins des concur-
rens, ou par l'importance de leurs services. Dans
l'impuissance de faire autant d'heureux qu'il eût
voulu, il fixoit son choix sur ceux en qui il découvroit des titres de préférence. Quand de bonnes
raisons l'avoient déterminé à placer un bienfait,
rien n'étoit capable d'en détourner la destination ;
et les sollicitations des personnes qu'il avoit le
plus à cœur d'obliger, ne l'auroient pas engagé à
faire tomber sur la tête d'un protégé, un emploi
qu'il auroit cru devoir être le prix du mérite, ou
la récompense privilégiée des services. Quoiqu'il
se montrât toujours aussi ardent à prévenir les
vœux du roi Stanislas, que ce prince l'étoit lui-
même à seconder les siens, il ne faisoit point difficulté de lui représenter dans l'occasion, avec les

ménagemens de la tendresse et du respect, que ce qu'il souhaitoit qu'on accordât comme grâce à la personne qu'il protégeoit, il le destinoit à un autre à titre de justice. Voici comment il écrivoit à ce prince, sur ce sujet : « C'est avec une véritable
» peine que j'avoue à votre majesté que les idées
» que j'avois sur ce qu'elle m'a demandé, n'étoient
» pas les mêmes que les siennes. Mais cette affaire
» est d'une trop grande conséquence pour celui
» à qui je m'intéresse, pour que je ne vous expose
» pas avec confiance sa situation : c'est le comte
» de l'Orge, un de mes plus anciens menins, qui,
» n'étant pas fort riche, manqueroit sans cela un
» mariage très-convenable à sa fille, avantage que je
» désire beaucoup de lui procurer ; avec cette con-
» dition cependant, que dès qu'il jouira d'un bien-
» fait que le roi lui a fait espérer pour dans quel-
» ques années, il renoncera aux deux mille écus
» en faveur de qui vous jugerez à propos. Vous
» sentez qu'il ne falloit rien moins qu'une néces-
» sité aussi urgente, pour que je fisse cette repré-
» sentation à votre majesté... Les expressions me
» manquent, dit-il dans une autre occasion, pour
» témoigner à votre majesté la reconnoissance que
» j'ai de ses bontés, et surtout de cette manière
» obligeante et flatteuse au delà de ce qu'on peut
» dire, avec laquelle elle a mis le sceau à la grâce
» qu'elle m'a accordée. Les termes dans lesquels
» vous vous exprimez à mon égard, me comblent
» de joie, mais ne sauroient augmenter mon atta-
» chement et ma tendresse.

« Vous m'ordonnez de vous parler avec vérité,
» et de vous dire tout naturellement ce que je pen-
» se au sujet de ce que vous me proposez : ce
» sera toujours autant par inclination que par

» devoir, que je me ferai une loi d'aller au - de-
» vant des moindres choses qui pourront vous être
» agréables, et un homme qui me viendra de vo-
» tre main, me sera toujours infiniment cher ; j'ai
» trois engagemens pour les premières places de
» menins : le marquis de Boufflers est encore bien
» jeune ; c'est à vous de décider. Si vous m'or-
» donnez de passer outre, j'exposerai au roi et vos
» ordres et le désir que j'ai de vous plaire. J'attends
» votre réponse pour m'y conformer avec la plus
» grande exactitude. »

Plus d'une fois ce prince, sans en être sollicité
que par son bon cœur, fit appeler dans son cabinet des seigneurs attachés à son service, dont il
connoissoit le peu de fortune ; et, après les avoir
consultés eux-mêmes sur ce qu'il pourroit faire en
leur faveur, il leur facilitoit les moyens d'éteindre
une dette contractée au service de l'état, de donner une éducation honnête à leurs enfans, de
conclure une alliance avantageuse à leur famille,
en un mot, il leur procuroit lui-même, ou il leur
obtenoit du roi, quelqu'un de ces bienfaits qu'il
regardoit, avec raison, comme le patrimoine de
la noblesse indigente.

La part qu'il prenoit aux disgrâces et aux malheurs d'autrui, ne se borna jamais à un stérile
sentiment de compassion : il ne connoissoit pas
de plaisir plus doux que celui de porter la consolation dans un cœur affligé. Le roi n'étoit pas à
Versailles quand on y apprit la défaite de Crevels :
grand nombre de seigneurs de la cour se rendirent
à l'appartement du Dauphin, pour savoir quelques
nouvelles positives des officiers, au sort desquels
ils s'intéressoient. On en avertit le prince, qui
sortit de son cabinet, et vint leur détailler les cir-

constances de cette triste journée. Il s'attendrit avec ceux qui avoient perdu un parent ou un ami : il leur suggéra les plus puissans motifs de consolation, il leur promit sa protection auprès du roi, et il leur parla à tous avec tant de bonté, que ceux mêmes auxquels il annonça les nouvelles les plus affligeantes, se sentirent déchargés d'une partie de leur douleur avant de sortir de son audience. « Il nous releva tellement le courage, » disoit un des parens du maréchal de Belle-Isle, » dont le fils avoit été tué, que nous eussions » désiré nous-mêmes être dans l'occasion de prodiguer notre vie pour un prince si généreux et » si compatissant. »

Le prince de Galles, fils du roi Jacques, dans une visite qu'il lui rendit, lui faisoit le récit des malheurs de sa maison ; le Dauphin, après l'avoir écouté avec attendrissement, lui dit en l'embrassant : « Votre fermeté d'ame, monsieur, vous » élève au-dessus de la plus haute fortune, et vos » malheurs unissent pour jamais mon cœur au » vôtre. » Tous les malheureux qui pouvoient lui faire parvenir le désir d'avoir une audience, étoient sûrs de l'obtenir. Souvent on l'a vu prévenir lui-même des personnes qui n'eussent osé s'adresser à lui dans leurs peines ; et par des marques d'estime et de bonté données à propos, ranimer dans le devoir des hommes en place qui avoient essuyé quelques désagrémens capables de les décourager. La journée la mieux remplie à ses yeux, étoit toujours celle où il avoit consolé un plus grand nombre d'affligés, ou soulagé plus de misérables.

Un bienfait pécuniaire ne lui coûtoit pas plus qu'un témoignage de bonté : on se rappelle ce que nous avons dit ailleurs. Sa charité n'étoit jamais oisive : quand elle n'avoit pas pour objet le soulagement des peuples, elle s'occupoit de celui des particuliers. Soutenir un établissement utile à la religion, ouvrir l'asile du cloître à une ame désabusée du monde, procurer une subsistance honnête à une autre qui s'étoit arrachée à l'erreur par le sacrifice de sa fortune, venir au secours d'un accusé dont l'innocence lui étoit connue, aider un père de famille à élever ses enfans, faciliter une alliance sortable à une jeune personne qui n'avoit pour dot que sa vertu, assurer la vie à un militaire qui l'avoit lui-même exposée pour l'état : c'étoient là pour le Dauphin des traits de bienfaisance de tous les jours. Ayant appris qu'une communauté qui édifioit la capitale par sa régularité, étoit menacée d'une entière extinction, parce qu'elle manquoit des fonds nécessaires pour relever ses bâtimens, il lui en procura. Il vint un jour *incognito* visiter lui-même les travaux; et sur ce que la supérieure lui représentoit que la maison seroit bâtie trop magnifiquement : « Oh ! pour » cela, lui dit-il, vous me dispenserez de prendre » vos avis : faites vos affaires de prier Dieu pour » nous, je ferai la mienne de vous loger. » La communauté ne sachant comment lui témoigner sa reconnoissance, avoit imaginé de mettre au frontispice de la maison une inscription qui annonçât que le prince en avoit été le restaurateur, on lui demanda son agrément. « J'ai déjà dit à ces » bonnes dames, répondit-il, que je n'avois be- » soin que de leurs prières; ainsi point d'inscrip- » tion, ou je ferme ma bourse. »

Il protégeoit la maison des nouveaux convertis : il lui paya jusqu'à sa mort une pension de six cents livres. Louis XV avoit assigné, par arrêt du

conseil d'état, une portion de terres incultes si-
tuées en Normandie à un jeune seigneur turc,
issu du sang de Mahomet, qui étoit passé en
France pour embrasser le christianisme : le Dauphin ayant appris que la personne chargée de le
faire jouir, traînoit l'affaire en longueur, lui écrivit, se plaignit de ses délais, et lui déclara qu'il entendoit que les dispositions du roi eussent au plutôt
leur effet, et que le fils de Mahomet ne fût pas
plus long-temps privé d'un bienfait nécessaire à
sa subsistance : il voulut voir plusieurs fois le jeune
schérif, à qui il donna toutes sortes de marques
de bonté.

La première fois qu'on lui paya les mille écus
qui lui étoient dus en qualité de chevalier de l'ordre : « Voilà, dit-il, un bien qui m'appartient en
» propre, et dont je suis maître de disposer; » et
sur-le-champ il assigna sur ce revenu des pensions à différentes personnes dont il vouloit récompenser les services ou soulager la misère Tous les
mois il envoyoit aux deux curés de Versailles, et
aux sœurs de la charité, une somme pour être
distribuée aux pauvres de la ville.

Un jour qu'on lui apportoit l'acquit de sa cassette, il en marqua aussitôt l'emploi en faveur de
quelques personnes qu'il savoit être dans une nécessité pressante. On lui représenta qu'il seroit de
la prudence d'en réserver un tiers : « Je ne vois
» pas, répondit-il, que j'aie besoin de rien. » On
insista sur ce que ce besoin pouvoit lui venir au
moment qu'il ne s'y attendoit pas : « Il n'y a guère
» d'apparence, répliqua-t-il, qu'un Dauphin se
» trouve jamais dans une nécessité bien urgente ;
» et assurément j'aimerai toujours mieux man-
» quer de superflu, que de voir des malheureux

» manquer du nécessaire. » La somme entière fut distribuée. Le dernier voyage qu'il fit à Marly , lui procura le moyen le plus inattendu de satisfaire son penchant à soulager les malheureux. Quoiqu'il eût plus d'éloignement que d'attrait pour le jeu , il se prêtoit quelquefois aux usages, et ne se refusoit pas dans l'occasion , de faire sa partie : il fit un jour un gain considérable. « Il voyoit avec » une sorte de dépit les monceaux d'or s'accumu- » ler devant lui, dit une personne qui étoit pré- » sente , et il étoit aisé d'apercevoir qu'il souf- » froit de tant gagner aux dépens des autres. » La fortune l'ayant favorisé constamment toute la séance , il gagna environ cent mille francs : « En « vérité , dit-il, je suis honteux de me voir si ri- » che. » Il ne le fut pas long-temps : un jour lui suffit pour répandre ce qu'une nuit lui avoit procuré ; et dès le lendemain il se débarrassa de toute la somme qu'il distribua en aumônes et en bienfaits de toute espèce. « Vous l'eussiez pris ce jour- » là , me dit un officier qui étoit à son service , » pour un homme employé dans les finances : il » ne fut occupé qu'à compter, et à ordonner les » distributions des différentes sommes qu'il desti- » noit aux personnes qui lui avoient été recom- » mandées, ou qu'il connoissoit par lui-même. » Le surlendemain l'évêque de Limoges lui proposa de contribuer à la dot religieuse d'une demoiselle : « Vous vous y prenez bien tard , lui dit le prince ; » je doute fort que vous y soyez encore à temps. » Il appela l'intendant de sa cassette, qu'il chargea de lui apporter ce qui restoit; celui-ci ne lui apporta que dix louis, que le prince remit au prélat , en lui disant : « Je suis bien fâché pour la » pauvre demoiselle qu'il ne s'en soit pas trouvé

» cinquante, je les lui aurois donnés bien volon-
» tiers. »

Content du mérite de la bienfaisance, il n'en
recherchoit point la réputation : ses bienfaits n'é-
toient connus que lorsqu'il ne dépendoit pas de
lui qu'ils restassent ignorés. Plusieurs personnes
qui recevoient des secours annuels de sa libéralité, n'en connurent la source que lorsqu'elle tarit
par sa mort. Il ne vouloit point qu'on achetât ses
faveurs par des sollicitations : à peine souffroit-il
qu'on les reconnût par un remercîment. « Un
» bienfait, disoit-il, perd la moitié de son prix,
» quand on ne sait pas épargner à un homme de
» naissance la honte de le mendier. » Ayant appris que les affaires d'un seigneur qui lui étoit attaché, étoient fort dérangées, il lui fit un don
qui le mit dans une situation commode, et ne lui
demanda, pour témoignage de reconnoissance,
qu'un profond secret. Le seigneur se mettoit en
devoir de le remercier ; il l'interrompit, et lui dit
en riant : « Taisez-vous, taisez-vous, car assuré-
» ment je vous ai fait attendre assez long-temps. »
Un autre, à qui il avoit procuré des secours abondans pendant qu'il étoit incommodé, n'attendit
pas son rétablissement pour venir lui marquer sa
reconnoissance : « Ah ! monsieur, lui dit le Dau-
» phin, le service que je vous rends n'est rien ;
» mais je m'estimerois heureux, et je recevrois
» volontiers vos remercîmens, si je pouvois vous
» rendre la santé. »

On a peine à imaginer comment, avec des revenus assez bornés, ce prince trouvoit le moyen
de multiplier ses bienfaits en tant de manières. Jamais cependant il ne fit une libéralité privée aux
dépens du public ; et si quelquefois il intéressa

l'état, ce n'étoit qu'en faveur de l'état lui - même. Mais un Dauphin trouve toujours bien du superflu, quand il sait se contenter du nécessaire. Il s'interdisoit toutes les dépenses de goût ou de fantaisie : il n'aimoit ni le jeu, ni les fêtes : il ne connoissoit aucune de ces passions faméliques, qu'on n'entretient qu'à frais immenses. Aussi économe pour lui - même, que grand et généreux pour les autres, après avoir répandu cent mille fancs en un seul jour dans le sein de l'indigence, il ne se seroit pas pardonné la dépense inutile de cent écus pour sa personne. « On le vit, dit un » de nos citoyens (1) qui l'a le plus étudié, on le » vit réduire ses propres dépenses, dès qu'il crut » que l'exemple de ce retranchement pouvoit être » utile : j'aime à le voir calculer jusqu'au prix d'un » habit ; et chercher, par la simplicité de sa pa- » rure, à consoler des peuples que le roi souffroit » de ne pouvoir soulager. » Sa table étoit une école de sobriété. Un grand repas lui étoit à charge, et il ne trouvoit de plaisir dans une longue séance à table, que lorsqu'elle lui procuroit l'occasion de lier une conversation intéressante. Jugeant que le vin devoit lui être plus nuisible que salutaire, eu égard à sa complexion robuste et sanguine, il s'en interdit tout usage, et l'eau faisoit sa boisson ordinaire. Ce que ses officiers jugeoient à propos de lui servir, étoit toujours ce qui lui convenoit. Il n'eût pas souffert qu'ils fissent la moindre dépense extraordinaire pour un mets recherché. On parloit un jour en sa présence d'un repas somptueux qu'avoit donné un particulier, et du prix qu'il avoit mis à un seul plat. « Je serois bien fâché, dit-il, qu'il eût paru sur

(1) M. Moreau, discours sur la justice.

» ma table ayant coûté si cher. » Il rappela à cette occasion les festins d'Antoine et de Cléopâtre, et ajouta : « Il y a encore aujourd'hui de ces » petits Antoines qui bravent l'humanité, autant » qu'il est en eux. »

Le même sentiment d'amour pour les peuples l'animoit en tout. Le désir de se former dans l'art de les rendre heureux l'attachoit plus fortement au travail que les passions d'intérêt et de gloire n'y attachent le commun des hommes : il est peu de particuliers qui mènent une vie aussi sérieusement occupée que l'étoit la sienne. « Il ne compre- » noit pas, écrit l'abbé de Saint-Cyr à un de ses » amis, comment un homme raisonnable pouvoit » ressentir les dégoûts de l'ennui : jamais je ne lui » entendis faire cette question si commune dans la » bouche des grands : *Que ferai-je demain ?* » Après avoir satisfait à ses devoirs de religion et d'état, l'étude faisoit son unique occupation. Naturellement ami de l'ordre, il en vouloit partout et en mettoit dans toute sa conduite : quoiqu'il ne lui fût pas possible de fixer invariablement l'heure de son coucher, celle de son lever étoit toujours la même, et c'est aux dépens de son repos qu'il vouloit rentrer dans l'ordre, quand des circonstances l'obligeoient de l'interrompre. Lorsqu'il craignoit, en se mettant au lit, de ne pouvoir pas le lendemain s'arracher des bras du sommeil, il disoit à l'officier chargé de son réveil. « Souvenez-vous qu'il faut que je sois levé demain » pour telle heure, c'est à vous de vous arranger » en conséquence ; » et il arriva plus d'une fois, qu'en exécution de ses ordres, on le fit sortir du lit lorsque le sommeil l'accabloit encore. Ces sacrifices rigoureux, auxquels il se condamnoit par affection pour les peuples, ne parurent jamais lui coûter, lors même qu'il savoit qu'une classe de méchans citoyens ne lui en tenoient nul compte, et se demandoient encore : « Qu'est-ce que fait le » Dauphin pour le bien de l'humanité ? »

Les personnes qui lui étoient attachées, lui firent souvent les plus pressantes représentations, pour l'engager à se ménager par un usage plus modéré du travail : il promettoit d'y faire attention ; mais toujours entraîné par son penchant, il avoit peine à y résister, dans le temps même qu'on s'apercevoit sensiblement du dépérissement de sa santé.

Une vie si occupée et si dure exigeoit des délassemens ; ceux qu'il se permettoit le plus communément, étoient la promenade à pied, et la conversation avec sa famille, et quelques amis choisis. Il avoit du goût pour la musique, mais pour cette musique mâle qui élève l'ame. Le chant de nos hymnes sacrées avoit pour ses oreilles une harmonie que n'eurent jamais les accens profanes de la volupté. Quelquefois, seul dans son cabinet ou avec la Dauphine, il faisoit, du chant d'un psaume, le délassement innocent d'une séance à l'étude qui l'avoit fatigué ; et c'est ce que traitèrent souvent de petitesse certaines gens, qui eussent jugé sans doute qu'il eût été plus grand et plus digne d'un prince de chanter un ariette.

Nous verrons ailleurs ce qu'il pensoit des spectacles. Au milieu des fêtes les plus bruyantes, où le devoir le conduisoit quelquefois, contre son inclination, après s'être prêté, autant qu'il le falloit, à ce qui étoit de convenance ou d'usage, son attrait le portoit à rejoindre les princesses ses sœurs : et souvent, tandis qu'une joie profane transportoit les esprits, et enivroit les cœurs, il s'entretenoit avec elles des plaisirs bien plus doux que procure la vertu, et du vide inquiétant que ces pompeuses vanités laissent toujours dans un cœur qui s'y livre. En un certain jour de fête, où il avoit dansé avec la princesse Henriette sa sœur, quelqu'un lui faisoit compliment sur la manière aisée et gracieuse dont il savoit cadencer ses pas : un homme, au caractère duquel il convenoit peu de louer la danse, s'avisa de se joindre au flatteur: c'étoit bien mal lui faire sa cour; aussi paya-t-il le compliment d'une ironie bien propre à faire sentir le peu de cas qu'il en faisoit : « Oui, oui, » dit-il en plaisantant, une danse faite avec dé- » licatesse, et selon les règles de l'art, a son mé- » rite; mais pour rendre la cérémonie plus ma- » jestueuse encore, il faudroit que quand un » Dauphin danse, ce fût un évêque qui jouât du » violon. »

Quelques-uns des panégyristes de ce prince lui donnent pour la chasse un attrait qu'il n'eut jamais, afin de donner par là plus de prix au sacrifice qu'il fit de cet amusement; mais celui qui réunit tant de vertus réelles, n'a pas besoin qu'on lui en prête d'imaginaires : il prenoit de temps en temps cet exercice, moins par goût que par raison de santé, et par complaisance pour le roi qui l'aimoit beaucoup. Un accident le détermina à y renoncer pour jamais : au mois d'août de l'année 1755, il lui arriva ce qu'il appela toujours depuis, et ce qui est véritablement pour un cœur sensible le plus grand des malheurs, celui de tuer un homme. En revenant d'une chasse qu'il avoit faite aux environs de Versailles, où il étoit resté avec la Dauphine pendant le voyage de la cour à Com-

piègne, il voulut décharger son fusil : le coup porta dans l'épaule gauche d'un de ses écuyers , nommé Chambord , qu'un corps intermédiaire l'empêchoit d'apercevoir. C'est encore sans fondement qu'on a écrit que cet officier s'étoit exposé imprudemment : l'accident arriva sans sa faute , et sans celle du Dauphin. Aux cris lamentables qu'il poussa , le prince soupçonnant le malheur , jette son fusil, et court vers l'endroit où il avoit dirigé son coup : quel spectacle ! Il aperçoit un homme renversé par terre , et qui se rouloit dans la poussière : il s'approche de plus près , il reconnoît Chambord qu'il aimoit. A la vue de son corps ensanglanté , il eut le cœur percé de douleur ; il se précipita sur lui , et le conjura , en l'arrosant d'un torrent de larmes , de vouloir bien lui pardonner. L'écuyer , touché de l'état où il voyoit le Dauphin , lui dit ce qu'il put pour le consoler lui-même. Le prince aussitôt le fit conduire à Versailles pour être remis entre les mains des plus habiles chirurgiens. Pour lui, la douleur dans le cœur , le visage abattu , l'esprit tout occupé de son malheur, il s'avança jusqu'au château, tête nue, les cheveux en désordre , et sans s'apercevoir qu'il fût encore en veste. Son accablement étoit si profond qu'on n'osoit pas même entreprendre de l'en distraire. Quelqu'un de sa suite , croyant qu'un tel excès de désolation ne pouvoit venir que de la persuasion où il étoit que son écuyer étoit blessé à mort , lui dit pour le consoler, qu'il pourroit bien guérir de sa blessure : « Eh quoi ! lui répondit-il, faudra-t-
» il donc que j'aie tué un homme pour être dans
» la douleur ? »

Quelque extrême que fût son affliction , il s
vit encore obligé de la dissimuler , et d'en cacher

soigneusement la cause à la Dauphine, alors enceinte du comte de Provence; il prit un verre de liqueur, qu'il crut propre à ranimer les traits de son visage : il composa de son mieux tout son extérieur, avant de se rendre, selon sa coutume, à l'appartement de la princesse. Une douleur profonde se déguise difficilement à une épouse : elle ne le vit pas plutôt, qu'elle lui demanda quelle étoit la cause de sa tristesse ; et elle le pressa tellement, qu'il ne lui fut pas possible de lui en faire un secret. Elle s'empressa aussitôt de lui suggérer les motifs les plus capables de le tranquilliser; mais la seule chose qui le soulagea en ce moment, ce fut de n'avoir plus à se faire violence pour dissimuler sa douleur : il s'y abandonna sans réserve, et jusqu'à donner sujet de craindre pour sa santé. L'officier ne mourut qu'au bout de sept jours. Le Dauphin, pendant tout ce temps, ne pensa qu'à lui, ne s'occupa que de lui. Non content d'avoir donné les ordres les plus précis pour qu'il fût traité avec toutes sortes de soins, il voulut encore s'en assurer par plusieurs visites qu'il lui fit, quoique sa vue seule, comme il l'avouoit lui - même, lui perçât le cœur. Sa mort lui porta un nouveau coup plus sensible encore. « Hélas ! s'écria-t-il, quand » on lui en apprit la nouvelle, il est donc vrai que » j'ai tué un homme : ô Dieu ! quel malheur ! » Cette affligeante pensée ne le quittoit ni le jour ni la nuit : rien n'étoit capable de l'en distraire. Il étoit tellement pénétré du sentiment de sa douleur, que quelquefois il le communiquoit à ceux mêmes qui essayoient d'en modérer l'excès. Un jour qu'on lui représentoit qu'il ne devoit pas s'imputer un malheur dont il n'étoit que la cause innocente :

« Vous direz tout ce que vous voudrez, reprit-il,

» mais ce pauvre homme est toujours mort , et
» mort d'un coup qui est parti de ma main; non ,
» je ne me le pardonnerai jamais. » Et dans une
autre occasion : « Oui , dit-il , je vois encore l'en-
» droit où s'est passée cette scène affreuse , j'en-
» tends encore les cris de ce pauvre malheureux ,
» et il me semble voir à chaque instant , qu'il me
» tend ses bras ensanglantés , et me dit : Quel mal
» vous ai-je fait pour m'ôter la vie ? Il me semble
» voir sa femme , éplorée , qui me demande : Pour-
» quoi me faites-vous veuve ? et ses enfans qui me
» crient : Pourquoi nous rendez-vous orphelins ?
» Ces pensées importunes me suivent partout ; et
» l'usage de ma réflexion ne sert qu'à me con-
» vaincre de plus en plus que ce ne sont point des
» chimères. »

On ne sauroit se rappeler sans attendrissement
la part que la cour prit à cet accident ; et combien
elle s'y montra sensible. Accoutumé que l'on est ,
dans ce siècle inquiet , aux déclamations séditieuses
de ces méchans citoyens , qui ne respectent pas
plus le trône que l'autel , on seroit tenté de croire
que la sensibilité ne sauroit siéger dans le cœur
des rois et des souverains , et que ne voyant jamais
les objets qu'en grand , ils comptent les hommes
par bataillons plutôt que par tête : et voici que
deux villes , Versailles et Compiègne , sont dans le
deuil ; un Dauphin et une Dauphine dans la douleur ; un roi, une reine et toute leur famille dans
l'inquiétude et les alarmes , un royaume entier
dans une sorte d'agitation ; et cela , parce qu'un
particulier a été blessé par une main innocente.

Louis XV n'eut pas plutôt appris l'accident qui
étoit arrivé à son fils , qu'il partit de Compiègne
pour se rendre auprès de lui. Rien ne fit plus de

plaisir au Dauphin , que la promesse que lui fit le roi de lui accorder tout ce qu'il lui demanderoit pour la famille de Chambord. Dès que cet officier fut mort, il le pria de faire une pension à sa veuve. Il n'est point de faveurs et de bienfaits que lui-même ne lui prodiguât. Il lui déclara qu'il vouloit être son protecteur et celui de ses enfans. Voici comme il lui écrivit : « Vos intérêts, madame, sont
» devenus les miens, je ne les envisagerai jamais
» sous un autre point de vue. Vous me verrez tou-
» jours aller au-devant de tout ce que vous pour-
» rez souhaiter , et pour vous , et pour l'enfant
» que vous allez mettre au monde. Vos demandes
» seront toujours accomplies ; et je serois bien
» fâché que vous vous adressassiez , pour l'exé-
» cution, à un autre qu'à moi. Sur qui pourriez-
» vous compter avec plus d'assurance ? Après
» l'horrible malheur, dont je n'ose me retracer
» l'idée, mon unique consolation sera de contri-
» buer, s'il est possible, à la vôtre, et d'adoucir,
» autant qu'il dépendra de moi, la douleur que je
» ressens comme vous. »

Jamais le souvenir de ce fâcheux accident ne s'effaça de sa mémoire ; et, comme s'il eût été coupable, il s'en punit, en s'interdisant l'exercice de la chasse pour le reste de sa vie : il se le reprochoit encore au lit de la mort.

LIVRE QUATRIÈME.

Si le Dauphin, à un esprit orné de tant de connoissances et un cœur si bienfaisant, eût joint une ame moins vertueuse et moins chrétienne, il n'en eût été que plus grand aux yeux de ces prétendus philosophes, assez déréglés pour croire qu'on peut se soustraire à l'opprobre du vice par le mépris de la vertu; mais ce prince fut toujours persuadé qu'on ne pouvoit être grand d'une véritable et solide grandeur, que par la fidélité aux devoirs de cette triple justice qu'on se doit à soi-même, et qu'on doit également aux hommes et à Dieu. Et c'est d'après la conviction de ce principe, que lui-même établit dans ses écrits, qu'il travailla constamment à réunir aux qualités propres du prince et de l'homme, toutes les vertus qui forment le parfait chrétien.

L'enfance est l'âge des défauts. La sienne n'en fut point exempte ; et il eut tous ceux qu'on peut regarder dans un enfant comme les suites naturelles d'un caractère bouillant et impétueux : mais jamais les fautes dans lesquelles il tomboit, ne furent de nature à inquiéter sur sa religion. Lors même qu'en certains momens d'humeur, où s'abandonnant à ses petits chagrins, il affectoit de ne craindre personne, la crainte de Dieu le contenoit et le faisoit rentrer en lui-même. Si quelquefois témoignoit de la répugnance, ce n'étoit jamais pour ses devoirs de chrétien ; toujours il s'en acquittoit religieusement et avec goût. Parmi les officiers attachés à sa personne, ceux en qui il reconnoissoit plus de piété, étoient ceux qu'il aimoit davantage. On étoit sûr de l'intéresser et de lui faire plaisir en lui lisant ou en lui racontant un trait édifiant ; et toujours il témoignoit un vif désir d'imiter les exemples de vertu qu'on lui proposoit. On se rappelle que fort jeune encore, il dit à l'évêque de Mirepoix, que saint Louis étoit de tous les rois ses aïeux, celui auquel il aimeroit le mieux ressembler. Il le prit en effet pour modèle ; et la suite de cet ouvrage nous fera reconnoître de plus en plus sa fidélité à retracer ses vertus.

Jamais prince ne fut plus instruit de sa religion que ne l'étoit le Dauphin. Il l'avoit étudiée comme chrétien pendant son éducation : il l'étudia dans la suite en prince destiné à en être un jour le protecteur et l'appui. Il savoit rapprocher méthodiquement toutes les preuves qui en démontrent la divinité. Il disoit en quel temps une erreur s'étoit élevée, dans quel concile elle avoit été condamnée. L'évêque de Verdun, dans un entretien qu'il avoit avec lui sur la religion, lui parloit du danger qu'il y a pour des fidèles peu instruits d'entrer en dispute avec les partisans de l'erreur. « Non, » lui dit le prince, ils ne doivent pas entrer en » discussion avec des gens qui peuvent être plus » subtils qu'eux : mais il me semble que le paysan » le plus simple peut confondre le plus savant hé- » résiarque, et mettre de son côté tous les gens de » bon sens, en opposant à ses vains raisonnemens » ce seul mot de saint Augustin : *Vous n'étiez pas* » *hier.* »

. Les productions de la nouvelle philosophie, si funestes à tant d'esprits, superficiellement instruits de leur religion, ne firent jamais sur lui qu'une impression d'horreur : nous avons vu ailleurs ce qu'il en pensoit. Les subtilités les plus captieuses des impies n'avoient pas même de quoi l'étonner :

on l'a vu analyser en peu de jours leurs systèmes les plus compliqués, en découvrir tout le poison, et y opposer le véritable antidote. Souvent, le livre en main, il réfutoit leurs sophismes, à la première lecture, et sans aucune préparation. Un jour qu'il parcouroit, avec l'abbé de Saint-Cyr, une brochure contre la religion, la Dauphine entra dans son cabinet : « Approchez, lui dit-il, nous faisons » une lecture édifiante, vous en profiterez. » La princesse, qui ne s'aperçut pas qu'il plaisantoit, le pria de continuer ; il n'eut pas plutôt lu la première phrase, qu'elle se récria, et lui dit que s'il vouloit poursuivre, elle alloit lui tirer sa révérence. « Vous avez raison, lui dit le Dauphin, en » riant, il ne faut pas scandaliser les foibles, » et il ferma le livre. Quand la princesse fut sortie, il le reprit et tomba sur un endroit qui avoit quelque chose de séduisant. L'abbé de Saint-Cyr, faisant alors allusion à ce qu'il venoit de dire à la Dauphine, lui dit, « Voilà un sophisme qui pour- » roit en scandaliser d'autres que des foibles : je » ne me souviens pas de l'avoir jamais entendu » proposer. — Comment, M. le docteur, lui dit » le Dauphin, parce que cette vieille chicane de » Celse est habillée à la française, vous ne la re- » connoissez pas ? » Il lui cita en même temps l'auteur ecclésiastique qui l'avoit réfutée. La première fois que l'évêque de Senlis (1) entendit ce prince raisonner sur les matières de religion, il en fut surpris jusqu'à l'admiration : et il dit de lui qu'il la savoit autant en docteur qu'en prince. « Vous pouvez vous flatter, m'écrit ce prélat, que » si vous faites connoître M. le Dauphin tel qu'il » a été, vous aurez offert aux grands de la terre

____

(1) M. de Roquelaure.

» un des plus parfaits modèles qu'ils puissent imi-
» ter. Soit que l'on considère l'étendue de ses
» connoissances , soit qu'on envisage la perfec-
» tion de ses vertus , on peut bien lui appliquer
» ce que dit Horace : *Quandò ullum invenient*
» *parem ?* »

Il est aisé de juger, par ce que nous venons de
dire, combien il étoit éloigné du sentiment que lui
prête un de ses panégyristes , qui le fait bénir le
ciel d'être né dans le siècle éclairé de la philosophie.
« Il eût parlé bien plus juste (c'est une réflexion de
» la Dauphine ,) en disant qu'il gémissoit de vi-
» vre dans un siècle qui abusoit si criminellement
» de ses lumières. » Cette princesse assura qu'elle
n'avoit point reconnu le Dauphin au portrait qu'en
a tracé le même auteur ; et , entre une infinité de
reproches, elle lui en fit trois principaux : le premier, de ce qu'il semble rougir des vertus dont son
héros se tenoit le plus honoré : en effet , comme si
le patriotisme n'avoit rien de commun avec la
religion , l'écrivain, à la faveur de la qualité qu'il
se donne d'orateur de la patrie , se dispense de
parler des vertus chrétiennes du Dauphin ; il n'en
dit pas un mot. Il annonce seulement qu'il parlera
de l'esprit de religion qui l'animoit ; et au lieu de
tenir parole, il se contente de jeter au hasard quelques définitions arbitraires , qui semblent insinuer
que l'esprit de religion n'est autre chose, pour un
prince , que l'art de faire entrer la religion dans
son plan de gouvernement , comme un frein propre à contenir les peuples dans le devoir , par la
crainte des châtimens ou des remords qui suivent
le crime : vues intéressées d'un politique qui fait
servir indifféremment le sacré et le profane à sa
propre utilité : les vues du Dauphin étoient bien

plus droites, plus nobles et plus dignes d'un bon prince. Envisageant la religion comme l'unique moyen de conduire l'homme au souverain bonheur, il veut qu'un roi s'applique à la faire fleurir dans ses états ; mais qu'il le fasse de bonne foi, et avec le cœur d'un père, plutôt qu'avec les yeux d'un politique. « Le monarque, dit-il, doit s'appliquer dans ses états, comme un père dans sa famille, à entretenir et augmenter dans ses sujets le respect et l'amour pour la religion. »

La Dauphine ne put passer à l'orateur de s'être étudié à rapprocher le Dauphin de cette classe d'hommes, pour laquelle il eut toute sa vie le plus grand éloignement, en le représentant comme tout occupé *à développer en lui* ce qu'il appelle *le germe de l'esprit philosophique qui suit la chaîne des événemens, à rapprocher des systèmes, à presser des abus, à saisir de grands résultats, à jeter un coup d'œil sur le chaos des lois, à faire sortir du milieu des choses et des résistances la plus grande somme de bonheur ;* en un mot, en ne faisant valoir dans ce prince que les vertus sociales ; *sa raison, sa bienfaisance, son humanité,* selon lui, *la première des vertus.*

La princesse trouva encore fort mauvais qu'il eût disposé de l'amitié du Dauphin en faveur de l'auteur de *l'Esprit des lois,* et qu'il eût supposé entr'eux des conférences qui n'eurent jamais lieu. Ce prince, il est vrai, conféroit volontiers avec les savans, et il en voyoit souvent ; mais jamais ceux dont les sentimens ou la conduite étoient décriés, ou même équivoques. Son inclination particulière, autant que la crainte de paroître les honorer aux yeux des peuples, lui interdisoit toute espèce de commerce avec eux. Quant à ses relations avec le président de Montesquieu, ce qu'il y.a de vrai , au rapport de la Dauphine, c'est qu'aussitôt qu'il vit paroître son traité *sur les Lois,* il voulut le lire, et il s'en occupa sérieusement ; il en fit même des extraits Mais le jugement qu'il porta de cet ouvrage est : « Qu'il renfermoit plusieurs vérités » utiles semées parmi beaucoup d'erreurs dange-» reuses. » Il ne vit qu'une fois l'auteur, à la solli-citation de ses protecteurs ; et, au sortir de l'au-dience qu'il lui donna , il le caractérisa fort ingé-nieusement, en disant : « Je trouve que M. de » Montesquieu raisonne en philosophe , mais en • philosophe trop physicien. »

La conduite de ce prince étoit en tout conforme à ses lumières et à sa foi. Ses actions extérieures pouvoient être regardées comme une censure du vice et un encouragement à la vertu. Sans s'écar-ter jamais des règles de la politesse , ni des égards dus à la naissance , au caractère ou aux emplois , il savoit se montrer indifférent envers ceux qui l'étoient pour la religion. Il étoit rare qu'il fit un compliment désagréable , même à un homme no-toirement décrié sur l'article de la religion ou des mœurs ; mais pour peu qu'on le connût , on s'a-percevoit aisément à son ton , à son air , à ses expressions ménagées , qu'il n'avoit pour lui que de l'éloignement et du mépris. Toujours il donnoit à l'extérieur des marques de considération aux ministres de la religion ; mais il étoit encore aisé de distinguer quand elles s'adressoient à la per-sonne, ou seulement au caractère.

En refusant au vice jusqu'aux moindres appa-rences de son estime, il la réservoit toute pour la vertu. Souvent on le vit, dans ses audiences pu-

bliques, distinguer par l'accueil le plus honorable
un homme vertueux qu'il apercevoit dans la foule.
Il étoit satisfait quand il pouvoit être de quelque
utilité à la religion. Il la protégeoit de tout son
pouvoir, non pas seulement en politique, et parce
qu'elle est le seul lien capable d'attacher sincèrement les peuples à l'autorité légitime, mais parce
qu'il la regardoit comme l'unique voie qui con-
duise l'homme au souverain bonheur ; et l'on peut
dire qu'il l'honora et la servit beaucoup plus utilement encore par la pratique exacte des devoirs
qu'elle impose, que par le crédit que lui donnoit
son rang. Rien ne fera mieux connoître combien
la piété de ce prince étoit sincère et éclairée, que
ses propres écrits. Il est vrai que dans la morale
chrétienne comme dans la foi, personne ne peut
faire de nouvelles découvertes. On ne peut dire
sur cette matière que ce qu'ont dit de Jésus-Christ
et ses apôtres, et ce qu'une infinité d'auteurs ont
répété : aussi prétends-je bien moins faire un mérite au Dauphin d'avoir écrit les plus belles maximes de piété, que de les avoir gravées profondément dans son cœur ; il ne les avoit insérées dans
ses écrits que par le désir de se les rendre plus
familières, et d'en faire jusqu'à sa mort la règle
invariable de sa conduite. Je ne crains point de
proposer l'extrait que je vais en faire dans la suite
de ce livre, comme une excellent abrégé de morale.

« La pratique de la religion chrétienne, écrit
» ce prince, consiste dans l'exercice de toutes les
» vertus. Dieu, qui est le maître de l'homme,
» demande l'homme tout entier ; et l'homme,
» pour être entièrement à Dieu, doit être vertueux
» dans tous les instans et dans toutes les occasions.
» Parmi les vertus chrétiennes, il y en a plusieurs

» qui plaisent au monde, et méritent son estime ;
» telles sont la prudence, la générosité, le désin-
» téressement ; mais on ne doit pas se contenter
» de celles-là, qui ne peuvent que flatter l'amour-
» propre, on doit s'attacher plus particulièrement
» à celles qui sont opposées à l'esprit du monde :
» telles sont la patience, le pardon des injures, la
» fuite des pompes et des divertissemens du siècle.
» Une ame généreuse aime à souffrir pour l'inté-
» rêt de sa patrie, pour celui même de la religion.
» Les calomnies de ses envieux, les préventions
» de la multitude ne sauroient l'ébranler ; elle
» résiste aux traits de la jalousie, et son amour-
» propre se nourrit de la qualité d'illustre-mal-
» heureux ; une telle vertu n'appartient point au
» christianisme. »

Voici comment il s'exprime sur la piété. « Rien
» de plus ordinaire que de s'en former de fausses
» idées ; les mondains cherchent à la décrier, en
» représentant ceux qui la pratiquent comme
» gens tristes et insociables, qui inspirent à tout
» le monde leur humeur mélancolique. Mais la
» vraie dévotion, loin de nuire à la société, est
» seule capable d'y maintenir le bon ordre. Elle
» sait varier ses effets selon la diversité des états,
» parce que le Dieu qu'elle doit honorer, est
» l'auteur de toutes les conditions. Ainsi, pour
» remplir les devoirs d'évêque, de prince, de ma-
» gistrat ou d'artisan, il faut suivre les voies di-
» verses que ces états mêmes indiquent, et s'ap-
» pliquer à se perfectionner dans son état et selon
» son état. Il est des vertus qui sont de toutes les
» conditions : personne ne peut être dispensé
» d'aimer Dieu plus que toutes choses, d'être
» chaste, tempérant, doux, humain, charitable,

» modeste, désintéressé ; mais il en est d'autres
» qui sont propres aux différens états : le grand
» zèle, par exemple, pour venger les droits de la
» Divinité, ne doit être exercé que par les per-
» sonnes assez élevées et assez puissantes pour
» imposer au vice : un évêque ne feroit point son
» salut dans la solitude, un solitaire dans les tra-
» vaux de l'apostolat : un artisan s'éloigneroit de
» la dévotion en restant toute la journée à l'église,
» ainsi qu'une personne mariée en pratiquant la
» pauvreté réelle d'un capucin. On peut juger de
» là combien est condamnable l'opinion de ceux
» qui s'imaginent que la piété est incompatible
» avec les conditions relevées, l'état du mariage
» ou la profession des armes ; quand elle est bien
» réglée, elle se ménage le temps de vaquer et aux
» exercices spirituels et aux devoirs de l'état. »

La foi du Dauphin étoit aussi humble qu'elle
étoit vive et éclairée. Il croyoit, avec toutes les
lumières d'un savant et toute la simplicité d'un
enfant. L'Eglise seule étoit l'interprète de sa foi,
et les décisions faisoient la règle de sa conduite.
En se faisant un devoir, comme prince, de la
protéger de tout son crédit, il s'en faisoit un,
comme chrétien, de la recommander à celui qui
a promis de la faire triompher de toutes les puissances de l'enfer. Je trouve dans ses écrits la prière
suivante : « O Jésus ! protecteur et chef de votre
» Eglise, souvenez-vous de la promesse que vous
» lui avez faite de ne l'abandonner jamais ; soyez
» toujours sa lumière et sa force ; étendez son em-
» pire, multipliez ses enfans, et conduisez-les au
» séjour de l'éternité. »

Les maux de la religion, qu'il regardoit comme
les plus grands maux de l'état, étoient aussi ceux

qui portoient l'atteinte la plus douloureuse à son cœur. Au récit qu'on lui faisoit des progrès du libertinage et des excès de l'impiété, on l'a souvent vu, contre son naturel, ami de la gaîté, s'abandonner à une tristesse profonde que rien ne pouvoit dissiper, que l'espérance qu'on s'efforçoit de lui faire concevoir d'un avenir plus consolant.

Sa piété rappeloit tout à Dieu, et ne lui montroit, dans les avantages et les distinctions de la grandeur, que les motifs d'une plus humble et plus vive reconnoissance : « Le monde, écrivoit-» il, subsiste depuis bien des siècles, et moi, » qu'étois-je, il y a peu d'années, et où étois-je ? » Je n'étois nulle part, j'étois le néant. C'est de » ce néant que Dieu m'a fait sortir, pour me faire » ce que je suis, non qu'il ait besoin de moi, » mais parce qu'il est bon. Il m'a rangé dans la » première classe des êtres ; il m'a donné l'enten-» dement pour le connoître, la mémoire pour me » souvenir de lui, la volonté pour l'aimer, l'ima-» gination pour me peindre ses bienfaits, les » yeux pour contempler ses ouvrages, la langue » pour le louer, et ainsi des autres facultés. Tous » les maux dont je suis exempt...., l'aisance dans » laquelle je vis, la portion d'esprit que je dois » reconnoître en moi, sans vaine complaisance, » et les moyens de la cultiver, que de motifs qui » exigent de ma part la plus vive reconnoissance ! » Mais que dire des biens de la grâce que je trouve » au sein de l'Eglise ? des sacremens auxquels j'ai » tant de fois participé ? de ces vives lumières, de » ces inspirations touchantes, de cette voix du » remords qui parle à ma conscience ? et tout » cela n'est pas encore la félicité qui m'est pro-» mise dans le sein de mon Dieu ; bénissez-le

» donc, ô vous qui le contemplez déjà face à
» face : je le bénirai avec la même ardeur, dans
» l'espérance du même bonheur. »

Cet esprit de foi qui animoit le Dauphin, le
portoit à nourrir sa piété, par le souvenir habituel
de la présence de Dieu. Voici ce qu'il écrit sur
cette matière : « Dieu est en tout et partout, il
» remplit par son immensité toutes les parties de
» l'univers ; il agit immédiatement dans toutes ;
» il voit tout ce qui s'y passe, et aucun lieu du
» monde ne sauroit, par son éloignement ou son
» obscurité, nous dérober à ses regards. Du haut
» du Ciel, il a sous les yeux toutes les nations. Il
» passe en revue tous les habitans de la terre ; et
» les rois, environnés de toutes leurs armées, ne
» sauroient lui échapper et se soustraire à sa vue.
» Nos yeux, il est vrai, ne l'aperçoivent pas ; nos
» sens ne découvrent pas sa présence ; mais la
» raison et la foi nous font assez connoître que
» c'est en lui que nous vivons, que nous agis-
» sons, que nous existons ; et que s'il est présent
» dans le lieu où l'on se trouve, il est bien parti-
» culièrement encore au fond du cœur et de l'es-
» prit, qu'il vivifie par sa présence. Cette vérité
» est assez connue ; mais l'esprit préoccupé par
» les objets sensibles, y fait peu d'attention. »

L'assistance au saint sacrifice étoit de tous les
exercices de la religion le plus consolant pour sa
piété ; il s'en acquitta tous les jours de sa vie avec
la plus exacte fidélité. Il falloit, pour qu'il n'as-
sistât point à la messe, qu'il fût malade à garder
le lit. Pendant sa dernière maladie, ne pouvant se
résoudre à être privé plus long-temps des grâces
attachées à l'assistance au saint sacrifice, il fit
élever un autel dans sa chambre, et jusqu'au

dernier jour de sa vie il y entendit la messe, comme lorsqu'il étoit en santé, avec une attention et un recueillement qui excitoient à la piété. Un jour de la Purification, où il se trouvoit incommodé, il entendit une messe basse le matin, et passa ensuite dans son cabinet d'étude; un officier attaché à sa personne s'étoit proposé d'aller à la messe, quand le prince sortiroit; le Dauphin lui demanda, vers midi, s'il avoit entendu la messe. L'officier lui avoua qu'il avoit compté sur sa sortie pour y aller, mais qu'il n'étoit plus temps d'y penser; qu'il n'y avoit plus dans Versailles que la messe des cordons bleus, qui alloit se dire à la chapelle du château, dont la porte étoit fermée aux particuliers : « Comment, lui dit le Dauphin, » vous manqueriez la messe pour mon service? » J'en serois au désespoir : l'entrée dans la cha- » pelle est une affaire de protection; n'y eût - il » plus qu'une seule place, elle appartient à celui » qui n'a point été à la messe, et je vous la ferai » donner. » Il fit appeler en même temps le garde du corps qui étoit en faction à la porte de son appartement ; il lui ordonna d'aller de sa part introduire l'officier dans la chapelle, ce qui fut exécuté.

« La messe, écrit ce prince, est de tous les ac- » tes de la religion le plus sacré, le plus agréable » à Dieu, celui qui lui rend le plus de gloire, et » qui procure aux hommes le plus de grâces; mais » pour y participer réellement, et de manière à » en recueillir les fruits, il faut que l'esprit et le » cœur soient présens comme le corps, et unique- » ment occupés du grand mystère qui se célèbre » L'excellence du culte que nous rendons au Sei- » gneur, dit-il ailleurs, consiste dans l'offrande

» de cette victime sans tache que nous avons le
» bonheur de lui présenter. C'est en elle que nous
» trouvons de quoi effacer nos péchés, de quoi
» payer à Dieu avec usure, tous ses bienfaits, de
» quoi nous attirer toutes ses grâces , de quoi en-
» fin honorer dignement sa majesté suprême. »

Le Dauphin ne paroissoit point dans une église ,
qu'il n'y édifiât par son recueillement et par les
sentimens de foi qu'aunonçoit tout son extérieur.
Ayant une voix forte et sonore, que l'art avoit encore perfectionnée , il ne l'employoit jamais plus
volontiers qu'à chanter les louanges du Seigneur ;
et souvent pendant les divins offices , s'associant
au chœur des fidèles , il contribuoit plus que personne à donner à nos divins cantiques le sentiment
et l'harmonie. Tout ce qui avoit quelque rapport
à la religion , et pouvoit servir à en relever la
gloire , l'intéressoit toujours infiniment : nous le
voyons poser la première pierre de l'abbaye de
Panthemont , assister à la consécration de celle
de Choisy , se rendre à Saint-Cyr pour le sacre de
l'archevêque de Tours. Il ne vient jamais à Paris ,
seul ou avec la Dauphine , qu'il n'entre dans quelque église à Notre-Dame , à Sainte-Geneviève , à
Saint-Sulpice, etc. S'il va à l'abbaye d'Ourschamp,
à Saint-Denis , au Mont-Valérien , il y assiste au
salut : dans d'autres endroits il donne d'autres
marques de sa piété. Il passoit un jour sur les boulevards de Paris, du côté de Saint-Laurent, accompagné de la Dauphine et des princesses ses
sœurs : il aperçut de loin une procession du Saint
Sacrement : aussitôt il fit arrêter son carrosse, et
charmé de trouver l'occasion de détourner vers
Dieu les hommages que rendoit à sa personne le
peuple assemblé sur son passage, il s'avance à

pied vers la procession , qu'il suivit jusqu'au lieu de la station. Là, au milieu de la foule , dont sa piété seule le distinguoit , il se mît à genoux (1) à côté d'un carreau qu'on lui avoit présenté. Le bon peuple , celui qui suit encore les processions , ne put voir sans attendrissement la manière édifiante dont il fit son acte d'adoration. Tout le temps qu'il resta à genoux , on vit autour de lui des gens qui essuyoient les larmes que faisoit couler la joie de voir tant de piété dans l'héritier de la couronne ; et ce prince , humblement prosterné devant son Dieu , paroissoit plus grand aux yeux de la multitude qu'il n'eût paru dans le plus beau jour de triomphe.

Ces marques extérieures de piété n'étoient , dans le Dauphin , que l'effet de la disposition de son cœur. Toute sa vie , quoique partagée entre les différens devoirs que lui imposoit son rang , n'étoit , par son union habituelle avec Dieu , qu'une sorte de prière non interrompue. Il est beau de l'entendre parler lui-même : « La prière , dit-il , » est une rosée céleste qui fait produire à l'ame » de bons fruits , et qui éteint en elle le feu des » passions. La plus courte , récitée lentement , en » pénétrant bien le sens des paroles , et y joignant » le sentiment du cœur , vaut mieux que la plus » longue récitée avec précipitation. Tout rappelle

(1) En 1766 , Louis XV étant venu tenir un lit de justice à Paris, le peuple , à qui l'appareil de cette cérémonie impose toujours , le suivoit au sortir du palais , en gardant un silence respectueux. Ce prince, en traversant le Pont - Neuf, s'aperçut qu'on portoit les sacremens à un malade : il fit arrêter son carrosse , descendit, se mit à genoux sur le pavé, qui, ce jour-là , étoit tout couvert de boue. A cet acte de religion du monarque , ce ne fut plus de toutes parts que cris confus, qu'acclamations réitérées de *vive le Roi*

» à Dieu une ame qui vit de la foi , tout lui ap-
» prend à prier. Les embarras du siècle, les de-
» voirs de l'état ne sauroient mettre obstacle à
» cette sorte de prière. Au milieu de l'affaire la
» plus sérieuse, le cœur peut s'élever vers Dieu,
» implorer ses lumières , lui offrir son travail , et
» lui témoigner son amour. Ce n'est pas là détour-
» ner son attention , c'est l'exciter par un motif
» plus noble et plus puissant. Rien de plus utile
» que l'habitude de contempler Dieu dans ses ou-
» vrages , de reconnoître sa providence dans les
» événemens , de l'associer, pour ainsi dire, à
» toutes nos entreprises. Sans cela le repos n'est
» qu'oisiveté , le travail qu'embarras. »

Les prières consacrées par l'usage de l'Église ,
étoient celles qu'il adoptoit de préférence. A l'exemple de saint Louis, il récitoit habituellement l'office du diocèse de Paris ; et cet exercice avoit
pour lui tant d'attraits, qu'il ne l'interrompit que
dans les derniers jours de sa maladie. Quelqu'un
lui représentoit alors que sa poitrine pourroit en
souffrir : « Non, répondit-il, ayant renoncé à
» toute autre occupation , celle de réciter quel-
» ques prières à différentes heures du jour , ne
» sauroit me fatiguer. — Un jour , écrit la Dau-
» phine, je lui représentai, en lui donnant ses li-
» vres , que dans l'état où il étoit, il ne devoit
» pas dire son office, parce que cela le feroit tous-
» ser : il voulut cependant essayer; mais la toux
» devint si forte qu'il fut obligé d'en rester à com-
» plies ; car il voulut achever vêpres qu'il avoit
» commencées. »

Peu satisfait de payer lui-même à Dieu le tribut
de prières que lui offrent ses ministres, il employa
les momens de son loisir à procurer aux person-

nes les plus occupées, le moyen de s'unir aux priè-res communes de l'Église. Il distribua lui-même, en leur faveur, un office qui, sans être aussi long que celui de l'Église, en a cependant l'esprit et la forme. Cet ouvrage fut imprimé à Sens en 1763, par les soins du cardinal de Luynes. « Monsieur le Dauphin, m'écrit ce prélat, exigea de moi, que » je le fisse imprimer sous mes yeux, et paroître » en mon nom. J'eus beaucoup de peine à m'y » prêter : mais l'ordre fut absolu. Il n'y a de moi » que le mandement qui se trouve à la tête de » l'ouvrage. »

Outre les différentes prières qu'il récitoit tous les jours, il avoit encore un temps marqué pour méditer les vérités du salut. « La science du salut, » dit-il, mérite et exige au moins autant d'étude » que les autres sur lesquelles l'esprit de l'homme » s'exerce. » Voici ce qu'il écrivoit à un homme de lettres qu'il estimoit pour ses talens et sa pié-té : « Vous savez que je me suis emparé de votre » plume, et que j'en dispose comme si je la te-» nois. J'ai encore un ouvrage à vous demander; ce » sont des méditations pour tous les jours de l'an-» née, partagées en deux points, courtes et plei-» nes de choses qui, au nombre de trois cent » soixante-six, ne forment qu'un volume in-12. » Il me les faut courtes, puisque c'est pour mé-» diter, et pleines de choses, sans aucunes phra-» ses, pour avoir de quoi méditer; quand je parle » de la méditation, je la distingue fort de l'orai-» son. Un prince ne peut guère être un homme » d'oraison, mais il peut et il doit méditer ses » devoirs, et voilà ce que je veux. Que la loi de » Dieu soit renfermée en entier dans l'ouvrage, » point d'idées mystiques; des préceptes de la

» morale évangélique. Quand vous en aurez fait
» trois ou quatre, vous me les enverrez pour voir
» si c'est ce que je veux. » La vertu est bien solide et bien éclairée dans un prince , quand elle
lui suggère ces sentimens. Cependant , comme si
les assiduités d'un grand de la terre auprès du roi
des Cieux étoient plus dignes de lui que celles
d'un courtisan auprès du monarque , certaines
gens , aux yeux desquels un prince est toujours
trop religieux , faisoient un reproche au Dauphin
de donner trop de temps à Dieu. On ne peut dis-
convenir , il est vrai , qu'à n'envisager sa conduite que du côté de la religion , on seroit tenté de
croire qu'il s'en occupoit uniquement : mais on
ne doit le juger que sur l'ensemble de sa vie.
Quoique jamais prince n'ait donné plus de temps
à Dieu, jamais prince n'en donna plus à l'étude
de ses devoirs, à l'éducation de ses enfans, à sa
famille, à ses amis et à tous ceux qui vouloient
s'adresser à lui. On trouve bien du temps , quand
on sait comme lui en ménager tous les instans ·
le temps qu'il donnoit à ses exercices de piété ,
n'étoit encore qu'une partie de celui qu'il déro-
boit au sommeil , aux jeux, aux spectacles , et à
tous ces amusemens frivoles dont les grands se
font quelquefois des devoirs d'état.

La manière dont ce prince veut qu'on traite les
affaires, annonce bien qu'en mettant celle du salut au premier rang, il ne prétend pas qu'on né-
glige les autres. « Les affaires, dit-il , pour être
» bien traitées, demandent du soin , de l'applica-
» tion et de la suite. Mais si l'on y mêle trop d'em-
» pressement, de l'agitation et du souci , au lieu
» de les avancer on les recule. Donnons à chaque
» chose le temps nécessaire ; la précipitation pro-

» duit souvent les mêmes effets que la lenteur ,
» et elle est elle-même produite par la paresse.
» Dieu nous a confié le soin de nos affaires ; il
» veut que nous les conduisions nous-mêmes, que
» nous nous en occupions , que nous les suivions
» avec attention, mais sans perdre jamais de vue
» l'affaire principale, celle du salut, à laquelle
» toutes les autres sont subordonnées, et doivent
» nécessairement se rapporter. Procurons le suc-
» cès de nos affaires par toutes sortes de moyens
» justes et honnêtes ; mais traitons-les avec cette
» tranquillité et cette sorte de détachement que
» des chrétiens doivent avoir pour tout ce qui ap-
» partient à la terre. Surtout ne perdons jamais
» de vue celui à qui nous devons rapporter notre
» travail ; recourons à lui dans nos difficultés ,
» implorons ses lumières dans nos doutes, bénis-
» sons-le dans nos succès, offrons-lui nos revers. »
La parole de Dieu , les lectures de piété, l'exemple des saints, la conversation avec les gens de
bien, sont , selon le Dauphin, autant de moyens
de salut, que nous devons rendre efficaces par le
bon usage. « La parole de Dieu, dit-il, doit être
» écoutée avec une sainte avidité, beaucoup d'at-
» tention , et un grand respect. Si nous voulons
» que Dieu nous écoute, lorsque nous le prions ,
» écoutons-le nous-mêmes quand il nous instruit.
» Écoutons la parole de Dieu, et non les discours
» de l'homme ; détournons notre esprit d'une élo-
» quence humaine, pour ne l'appliquer qu'aux
» vérités éternelles. Si la parole de Dieu n'a pas
» servi à notre sanctification, elle déposera un
» jour pour notre condamnation. Les entretiens
» avec les gens de bien , et les lectures de piété
» peuvent produire les mêmes effets que les ser-

» mons. Nous trouvons, dans la vie des saints,
» de quoi admirer et imiter. Sans sortir de notre
» état, nous pouvons pratiquer quelque chose de
» la fermeté des martyrs, du zèle des pontifes,
» de la pureté des vierges. »

Plein de confiance dans les mérites et la protection de saint Louis, son aïeul, et depuis long-temps son modèle, il ne laissoit passer aucun jour sans lui adresser cette prière : « Dieu éternel,
» qui, depuis l'établissement de cette monarchie,
» lui donnez des marques d'une protection toute
» spéciale, accordez aux mérites et aux vœux de
» saint Louis, que ses descendans, que votre ser-
» viteur, et tout votre peuple, soient les imita-
» teurs des vertus qu'il a pratiquées, afin que,
» conservant la paix au dedans et au dehors,
» nous soupirions uniquement après la joie de ce
» royaume, où les rois et les peuples ne recon-
» noissant plus que vous seul pour pasteur et pour
» père, seront unis entr'eux par les liens d'un
» amour éternel. »

Il avoit une dévotion particulière à la sainte Vierge. « Adressons-nous à elle avec la confiance
» la plus tendre, dit-il dans ses écrits, songeons aux
» titres qu'elle a auprès de Dieu, admirons sa
» sainteté, efforçons-nous d'imiter ses vertus. »
Un jour qu'on parloit en sa présence du vœu de Louis XIII : « Ce prince, dit-il, entendoit bien les
» intérêts de la nation, quand il l'engageoit, par
» son exemple, à s'appuyer d'une si puissante
» protection. »

La Dauphine ayant été quelque temps en péril, après la naissance du comte de Provence, il fit vœu, pour le rétablissement de sa santé, d'aller à Notre-Dame de Chartres. La princesse étant guérie, voulut l'accompagner dans ce voyage de dévotion : et dans un siècle où l'esprit d'incrédulité s'efforce de jeter un vernis de petitesse sur tout ce qui tient à la religion, on voyoit ces deux vertueux époux, à l'exemple de nos plus grands princes, se faire honneur de la simplicité de leur foi, et de ces pratiques respectables que la piété de nos pères a consacrées, et qui font encore l'édification publique.

Les sacremens étant les sources des grâces les plus fécondes, le Dauphin se proposa d'en faire toute sa vie un saint et fréquent usage. Il ne laissa jamais passer un mois sans s'approcher du tribunal de la pénitence, et ordinairement il le faisoit plus souvent. Il se disposoit à ce sacrement par la recherche exacte des moindres fautes. Ne jugeant pas que les formules d'examen de conscience proposées au commun des fidèles, pussent convenir à un Dauphin, il en composa une, analogue aux différens devoirs qu'il avoit à remplir. La dissolution des jésuites en France l'ayant privé de son confesseur, avant de faire un nouveau choix, il voulut consulter l'archevêque de Paris, qu'il regardoit comme son père spirituel : tant il est vrai que les personnes les plus éclairées dans les voies du salut, sont celles qui se défient le plus de leurs propres lumières. Ce qu'écrit ce prince, annonce bien en effet qu'il eût été plus en état que personne de fixer ce choix par lui-même. « Saint Louis, » dit-il, entre les avis qu'il donne à son fils, lui » conseille de s'abandonner à la conduite d'un » guide sûr et fidèle. Les qualités qu'on doit cher- » cher dans celui à qui on veut remettre le soin » de son ame, sont surtout la charité, la science » et la prudence. Si l'une de ces trois qualités lui

» manque, l'ame est en danger de se perdre.
» Quand on a trouvé cet homme, on doit le regar-
» der comme l'envoyé de Dieu , avoir en lui une
» confiance filiale ; et , afin que la conscience soit
» tranquille , lui déclarer avec droiture , simplici-
» té et clarté, non-seulement ses fautes, mais ses
» sentimens , ses bonnes et ses mauvaises incli-
» nations , ses peines et ses inquiétudes. Le pé-
» ché n'est honteux que lorsqu'on s'y abandonne ;
» mais la contrition par laquelle on le déteste ,
» et la confession dans laquelle on s'en accuse ,
» lui font perdre sa difformité : il devient la ma-
» tière d'un sacrifice qui doit être consolant pour
» nous, puisqu'il est infiniment agréable à Dieu. »

Tant de beaux sentimens, et une vie si chrétienne , étoient dans ce prince le fruit de son union
fréquente avec le Dieu qui fait les saints. Il communioit fréquemment. On ne sauroit communier
trop souvent , quand on s'applique avec autant
de soin que lui à ne le faire que saintement. Quoique toute sa conduite ne fût qu'une sorte de préparation à cette grande action , il s'en occupoit
cependant trois jours avant d'une manière plus
particulière. Ne trouvant pas dans les différens ouvrages qui traitent de la communion, de quoi satisfaire sa piété , il communiqua ses vues au Père
Griffet , et l'engagea à en composer un qui pût
servir pour la préparation à la communion , et
pour l'action de grâces après. C'est le livre qui
a pour titre : *Exercice de piété pour la communion* , le meilleur que nous ayons en ce genre.
« L'eucharistie, dit-il à ce religieux , dans une
» lettre qu'il lui écrit à ce sujet, est un sacrement
» qui demande une si grande préparation , et qui
» mérite tant de reconnoissance , après qu'on l'a

reçu, qu'il me paroît convenable de s'en occu-
» per une semaine entière, dont les trois premiers
» jours seront employés à la préparation, et les
» quatre autres à la reconnoissance. Vous pour-
» riez faire, pour chacun de ces jours, des ré-
» flexions et des prières convenables au sujet. Je
» voudrois, pour le quatrième jour, des prières
» que je puisse dire pendant la messe de com-
» munion, et qui soient particulières à cette ac-
» tion, et d'autres prières encore, pour la messe
» d'action de grâces que j'entends après la com-
» munion. Je vous demande en grâce, mon ré-
» vérend Père, de vous mettre au plutôt à cet ou-
» vrage, et d'y travailler avec la ferveur que ne
» peut manquer de vous inspirer le désir que vous
» avez du salut des ames. Il sera très-utile pour
» le mien, d'autant plus que je n'en connois au-
» cun qui soit dans ce goût-là; en tout cas vous
» le feriez mieux qu'un autre. »

Voici ce qu'il avoit écrit lui-même sur l'eucharistie, d'après l'heureuse expérience qu'il en avoit
faite : « Ce sacrement éclaire l'ame sur ses de-
» voirs : il la dégoûte des plaisirs des sens, il lui
» en découvre le néant, il lui en fait sentir le
» danger, et lui donne la force de résister à leurs
» amorces. Il la soutient contre la séduction des
» mauvais exemples et contre elle-même; aussi
» Jésus-Christ, au jour de son jugement, n'aura-
» t-il pas de reproche plus terrible à faire aux ré-
» prouvés, que de n'avoir pas voulu profiter d'un
» moyen de salut si puissant. Pour en profiter,
» deux choses sont également nécessaires, com-
» munier dignement, et communier souvent.
» C'est en communiant souvent, qu'on appren-
» dra à communier plus dignement. Ceux qui

» n'ont pas beaucoup d'affaires , doivent profiter
» de leur loisir pour communier souvent : ceux
» qui sont chargés d'affaires les plus importantes ,
» doivent aussi communier souvent , afin d'être
» en état d'en soutenir le poids. » On voit ici que
les ouvrages de saint François de Sales n'étoient
pas inconnus à ce prince.

On a remarqué que depuis qu'il fit sa première
communion, jusqu'à sa mort, il ne s'étoit jamais
écoulé deux mois sans qu'il se fût approché des
sacremens. Ni l'embarras des affaires , ni la dissipation des voyages , ni le tumulte des armes , ne
l'empêchèrent jamais d'être fidèle au plan de vie
qu'il s'étoit tracé. A Compiègne , comme à Fontainebleau ; à la tête de nos armées, comme à
Versailles ; partout il montroit la même fidélité à
fréquenter les sacremens. Sans respect humain ,
comme sans ostentation , il ne cherchoit que Dieu
pour témoin de sa piété ; mais il n'eût pas rougi
d'une action vertueuse , en présence d'une armée
entière qui l'eût désapprouvée. « Je me souviens ,
» écrit le duc de la Vauguyon , qu'à mon retour
» de l'armée, un homme bien recommandable
» par ses talens et ses vertus , M. le chancelier
» d'Aguesseau , touché jusqu'aux larmes de la
» piété de M. le Dauphin, me disoit un jour : ah !
» monsieur, qu'il est beau de voir un prince de
» cet âge ne pas rougir de Jésus - Christ , et se
» conduire par ses maximes jusqu'au milieu du
» tumulte des armes ! »

Dans une visite qu'il fit pendant un voyage de
Compiègne, aux chartreux de Mont-Renaud, près
de Noyon , ces religieux ne purent l'entendre ,
sans étonnement , parler au milieu d'eux le langage de la piété, avec autant d'aisance et d'onction

que l'eût fait un d'entr'eux. Il dit, entr'autres choses, à ces pieux solitaires : « Rien ici ne vous » empêche de faire un fréquent usage de la com- » munion ; vous devez être heureux : car mes » plus beaux jours sont ceux où j'ai le bonheur » de communier, » faisant ainsi, sans y penser, l'éloge de sa foi et de sa piété.

Sa vertu fut toujours au-dessus des décourage- mens et des vicissitudes qu'éprouvent les ames vul- gaires. Ni la séduction des exemples , ni les dé- goûts , ni les difficultés , ni les fautes mêmes , quand il lui en échappoit , n'étoient capables d'ébranler sa fidélité au service de Dieu. « S'il arrive , dit ce » prince, qu'en accomplissant les devoirs de la » piété , on soit tourné en ridicule par les insen- » sés, on doit s'en réjouir, à l'exemple de David, » qui se voyant blâmé de s'être livré aux saints » transports de sa joie, en dansant devant l'arche » du Seigneur, témoigna qu'il se tiendroit toujours » honoré de pareilles railleries. Malheur, dit-il » ailleurs, à celui qui voyant qu'il est encore su- » jet à beaucoup d'imperfections, se laisse aller » au découragement et à la tentation d'abandon- » ner le service de Dieu ! Ce n'est pas être vaincu » que d'être tenté, on n'est vaincu que par le seul » découragement : et pour être vainqueur, il suffit » de vouloir toujours combattre. »

Il est aisé d'imaginer ce qu'un prince si reli- gieux pensoit du monde ; c'est-à-dire, selon l'idée que la religion attache à ce terme, de cette mul- titude d'hommes , qui vivent au milieu de nous dans l'oubli du salut, et suivant des maximes tout opposées à celles qu'ils font profession de croire ; voici le tableau que j'en trouve dans ses écrits : « Le monde offre à mes yeux un spectacle formé

» par les passions les plus séduisantes. J'y vois les
» succès de l'intrigue, les triomphes de la ven-
» geance, l'éclat des richesses, les amorces des
» plaisirs, les charmes de la volupté, le faste du
» luxe, les honneurs de l'orgueil et de l'ambi-
» tion ; mais prenant en main le flambeau de la
» foi, pour reconnoître de plus près ce spectacle
» enchanteur, l'illusion se dissipe, et je ne vois
» plus que des inclinations honteuses, des pas-
» sions avilissantes, l'ordre renversé, la gloire dé-
» robée à Dieu, des idoles de chair adorées, la
» substance du pauvre consumée par les superflui-
» tés du riche, des haines immortelles, des hon-
» neurs usurpés, des biens mal acquis, et le prince
» des ténèbres triomphant avec empire de ce grand
» nombre d'ames asservies à ses lois. Dans le monde
» on n'entend débiter que des maximes opposées à
» celles de l'Évangile : on ne voit que des exem-
» ples d'autant plus dangereux, qu'ils sont facile-
» ment approuvés par la corruption du cœur. Si
» l'on ne prend soin de se prémunir contre ces
» principes et de se fortifier contre ces exemples,
» il est impossible qu'enfin la vérité ne s'obscur-
» cisse, et que les bons sentimens ne s'altèrent. »
Ce qu'il écrit sur les divertissemens du monde
n'est ni moins solide, ni moins lumineux. « Une
» ame généreuse, dit-il, qui s'attache au service
» de Dieu, ne sauroit se résoudre, de propos dé-
» libéré, à lui déplaire dans les choses même les plus
» légères. C'est d'après ce principe qu'on doit por-
» ter son jugement sur ce qu'on appelle amuse-
» mens et usages du monde. On demande quel
» mal il y a de fréquenter les assemblées du grand
» monde, les bals et les spectacles, châtiés et épu-
» rés de tout ce qui pourroit y blesser la pudeur

» Mais, pour peu qu'on ait étudié le cœur humain,
» on doit savoir que ses désirs sont insatiables ; et
» il est aisé de sentir que l'élégance de la parure,
» les jeux, les danses et les spectacles, choses in-
» différentes de leur nature, deviennent aisément
» dangereuses par le vice de la nôtre ; et d'ailleurs,
» accoutumer le cœur à s'attacher à des choses
» aussi frivoles que le sont toujours les pompes et
» les vanités du siècle, c'est le détourner de ce
» qui doit faire son occupation principale ; et qui-
» conque désire sincèrement de plaire à Dieu,
» doit renoncer à toutes ces vanités, et surtout
» éviter avec le plus grand soin d'y mettre aucune
» affection. » Voici un trait que je trouve dans
les écrits de la Dauphine, et qui, quoique peu important en lui-même, peut servir cependant à
manifester de plus en plus les dispositions de ce
prince : « Les derniers jours de sa vie, dit la prin-
» cesse, il étoit quelquefois agité par des rêves in-
» quiétans. Dans un de ces momens qui tiennent
» comme le milieu entre le sommeil et l'état de
» veille, tout-à-coup on l'entendit s'écrier : *Ah !*
» *mon Dieu, je vous demande pardon.* — M.
» Collet lui demanda de quoi ? — *C'est,* lui répon-
» dit-il, *que je viens de la comédie.* — M. Collet
» lui dit de se rassurer, qu'il n'y avoit point été.
» — *Oh ! je vous assure,* reprit-il, *que j'en viens,*
» *et j'en suis bien fâché.* — M. Collet dit qu'il se
» tranquillisât, parce que s'il y avoit été, il l'y
» avoit suivi, puisqu'il ne l'avoit point quitté.
» — Monsieur le Dauphin s'étant parfaitement
» éveillé, lui dit : *Je t'ai donc rêvé ; je le croyois*
» *véritablement, et j'en étois désolé.* »

Sa conduite simple et modeste, le soin même
qu'il prenoit de cacher ses talens, ses vertus, et

tout ce qui eût pu lui attirer l'estime publique,
annoncent combien son cœur étoit éloigné du vice
de l'orgueil. « Souvent, dit-il, les princes se re-
» gardent comme des dieux parce qu'ils se ressen-
tent à peine des misères humaines ; » et, dans
un autre endroit : « L'illustration des aïeux, la
» faveur des grands, celle même de la multitude,
» sont des avantages d'opinion. La magnificence
» dont se repaît la vanité de tant d'hommes, n'est
› que le fruit des richesses, avantage purement
» extérieur, et qu'on ne sauroit, sans extrava-
» gance, considérer comme inhérent à la personne
» qui le possède. Les grâces extérieures, la beauté
» de la figure, celles mêmes de l'esprit, sont des
» dons de la Providence purement gratuits. La
» science même', acquise par le travail, perd son
» mérite, et n'est plus que pédanterie, quand on
» s'étudie à la faire valoir. Les titres et les hon-
» neurs, dans lesquels on voit qu'un homme place
» sa vanité, le dégradent au lieu de l'élever : on
» sent qu'il n'étoit pas né pour en jouir. L'homme
» modeste ne cherchant d'autre gloire que celle
» qui est attachée à la solide vertu, ne daigne pas
» même fixer ses regards sur ces distinctions fri-
» voles. »

« La vaine gloire et la réputation sont choses
» fort différentes : on doit fuir la vaine gloire, et
» conserver sa réputation. On ne doit cependant
» pas porter cet amour de la réputation jusqu'aux
» excès de la délicatesse ; car la réputation n'est
» que comme une enseigne qui indique où ré-
» side la vertu. Ainsi, le plus sûr moyen d'assu-
» rer notre réputation, c'est de nous attacher à la
» vertu. »

Quoique la vie de ce prince offr le plus heureux

assemblage de toutes les vertus chrétiennes, il y en avoit quelques-unes cependant pour lesquelles il sembloit avoir une estime de préférence : telle est cette belle vertu qui rapproche l'homme de la nature de l'ange, et qui caractérise une ame forte et élevée au-dessus des sens : il n'étoit pas encore en âge de connoître le prix de la pureté, qu'il paroissoit touché de ses charmes ; elle fut comme sa vertu favorite, celle de son enfance, celle de sa jeunesse, celle de toute sa vie. Dans l'âge où la passion contraire attaque l'homme avec le plus de violence et de succès, il sut toujours lui résister et la maîtriser. Ni l'enjouement de son esprit, ni les invitations les plus séduisantes, ni les exemples les plus impérieux, ne furent jamais pour lui des amorces de volupté : ce qui eût été précipice pour le commun des jeunes gens, n'étoit pas même danger pour lui. Une aimable retenue s'annonçoit dans tout son extérieur, et l'on eût dit que la pudeur le conduisoit elle-même comme par la main, à travers les écueils d'une cour voluptueuse ; rien ne fut capable d'entamer sa vertu. « La chasteté,
» dit ce prince dans ses écrits, est une vertu pro-
» pre au christianisme, et dont les philosophes
» païens les plus éclairés paroissent n'avoir eu pres-
» que aucune connoissance ; mais Dieu en donne
» dans les Livres saints une si haute idée ; il atta-
» che à sa pratique de si grands priviléges ; il en-
» seigne si soigneusement les moyens d'y parvenir,
» qu'il n'est point d'efforts que nous ne devions
» faire pour la conserver, et pour éviter scrupu-
» leusement tout ce qui pourroit y porter la plus
» légère atteinte : la moindre tache ternit son éclat.
» La chasteté conjugale n'exige pas moins de pré-
» caution que la chasteté parfaite. »

Il regardoit le vice contraire à cette vertu comme également capable de dégrader et d'avilir le prince , l'homme et le chrétien. « Je n'ai jamais » compris, disoit-il , comment des écrivains cyniques ont pu porter l'audace jusqu'à qualifier de » passion des grandes ames , celle qui traîne partout avec elle la honte et l'infamie ; qui porte l'amertume et la division dans le sein des familles ; » et qui n'offre de toutes parts au milieu de la société , que des hommes dont elle abrutit la raison , des chrétiens dont elle éteint la foi , des Salomons qu'elle aveugle , et sur le salut desquels elle laisse à peine à la postérité la plus effrayante incertitude. »

Nous avons vu ailleurs comment ce prince se conduisoit dans son domestique avec la Dauphine. La conduite qu'il gardoit avec elle en public, annonçoit les mêmes sentimens ; et il étoit aisé de reconnoître à son ton , son langage et ses manières , cette tendresse sincère et cordiale , que n'imite jamais bien celle qui n'est que de cérémonie. Souvent, lorsqu'il prenoit avec elle le délassement de la promenade , il la conduisoit sous le bras avec cet air d'aisance et de simplicité qui , pour n'être plus d'usage parmi la plupart des grands , n'en plaisoit pas moins au peuple , qui faisoit à cette occasion les réflexions les plus attendrissantes sur les charmes d'une union si parfaite. Jusque dans nos temples, où ces vertueux époux se trouvoient souvent ensemble , les sentimens de piété, dont tous deux paroissoient également pénétrés , faisoient juger de leur tendresse mutuelle. C'est le propre du vice de suspecter la sincérité de la vertu : un cœur déréglé aime à se persuader, sur les plus légères apparences , qu'un homme vertueux n'a au-dessus de lui que l'art de savoir feindre ; et souvent, par une interprétation maligne, il sait lui faire un crime de l'action la plus louable ; mais les yeux les plus soupçonneux eurent beau envisager le Dauphin sous tous les points de vue, étudier ses inclinations, suivre ses démarches, jamais ils n'aperçurent dans sa conduite rien que de louable et d'honnête, et une horreur souveraine, je ne dirai pas de toute passion illégitime, mais de ce qui eût eu l'ombre de la galanterie. Il étoit tellement réservé avec les personnes de différent sexe, que jamais il ne se permit un mot, un geste, un sourire qui pût autoriser, dans le censeur le plus malin, le plus léger soupçon.

Ce qui le soutenoit et l'affermissoit dans toutes ces vertus, c'est qu'il avoit toujours présentes à l'esprit les grandes vérités de la foi, et surtout sa fin dernière : « A la mort, dit-il dans ses écrits, le
» monde finira pour moi, tous les objets qui m'attachent me seront enlevés : tous les plaisirs et
» leurs fausses joies ne me paroîtront plus que des
» fantômes trompeurs. Mon corps, cadavre hideux, deviendra la pâture des vers ; mais quelle
» sera la destinée de mon ame ? La perdre pour
» l'éternité, seroit le plus grand des malheurs ;
» point d'efforts donc, point de sacrifices qui doivent me coûter pour l'éviter. » Cette pensée salutaire de la mort lui devint plus familière encore les trois dernières années de sa vie, lorsqu'il eut ressenti les premières attaques de la maladie dont il mourut. Quoiqu'il ne changeât rien à son genre de vie, et qu'il conservât toujours sa gaité ordinaire, il semble qu'il avoit un secret pressentiment du terme où aboutiroit son indisposition ; et comme s'il eût voulu préparer la résignation de la Dau-

phine, en lui faisant connoître la sienne, un jour qu'il s'entretenoit avec elle de ce qui fixe principalement l'attention des peuples dans la vie des princes : « Il y a surtout, lui dit-il, deux époques
» dans leur vie qui frappent les esprits : leur nais-
» sance et leur mort. Ma naissance a dû naturel-
» lement faire plus de sensation que celle de mon
» fils ; et peut-être que dans peu vous serez témoin
» de l'impression que fera ma mort. — Le jour,
» dit la Dauphine, que mourut M. d'Aurillac,
» premier président du grand conseil, le roi dit qu'il
» auroit été bien à souhaiter qu'il eût eu une demi-
» heure de plus pour se reconnoître. — C'est bien
» peu, dit M. le Dauphin, qu'une demi - heure
» pour se préparer à la mort. — Le roi dit que cela
» pouvoit suffire, et moins encore, si on savoit
» bien en profiter. — Oui, sans doute, répliqua
» M. le Dauphin : mais rien n'est si rare qu'un
» bon *peccavi*, et il vaut mieux faire ses prépa-
» ratifs d'avance. »

Quand on embrasse comme ce prince, jusqu'aux conseils de perfection, on est bien éloigné de se permettre l'infraction des préceptes : toute sa vie il observa, avec la plus religieuse exactitude, les jeûnes et les abstinences ordonnés par l'Eglise. Il gémissoit de l'aveuglement de ces chrétiens qui, reconnoissant encore l'Eglise pour leur mère, ne se font point scrupule de se soustraire à ses préceptes, quand un médecin commode a trouvé dans leur délicatesse des raisons suffisantes de dispenses. Dans les dernières années de sa vie, lorsque sa santé commençoit à s'altérer, et que le jeûne le fatiguoit davantage, sur les représentations réitérées qu'on lui fit de ménager avec plus de soin une santé si précieuse à l'état, il se permit, pour

tout adoucissement pendant le carême, de prolonger son sommeil d'une demi-heure ; et il ne cessa
d'être fidèle à la loi, que lorsque ses médecins lui
déclarèrent positivement qu'il ne pouvoit l'observer sans porter un préjudice notable à sa santé ;
et alors même il se condamnoit encore à des privations certains jours de la semaine. L'évêque de
Verdun lui disoit un jour qu'il avoit tort de ne pas
suivre fidèlement les avis de ses médecins : « C'est,
» répondit-il en riant, que j'ai quelquefois remar-
» qué que les ordonnances de l'Eglise valoient au-
» tant, pour la santé, que celles de la faculté. »

En philosophe chrétien, il élevoit souvent son
ame à Dieu, et l'invitoit à la reconnoissance, par
le spectacle de la nature et la considération des
différens bienfaits que la main du Créateur, attentive à nos besoins, nous dispense avec tant de lar-
gesse. Ses sentimens sur cette matière sont si beaux
et si touchans, qu'ils ne peuvent être rendus que
par lui-même. Ses pensées, toujours nobles, semblent acquérir ici un nouveau degré d'élévation
par la grandeur du sujet. Mais ce qui annonce, outre la piété, la force et la fécondité d'esprit de ce
prince, c'est que ce qui suit lui coûta à peine quelques instans de réflexion : je tiens cette particularité du secrétaire même qui écrivit sous sa dictée.

« Quelle idée, Seigneur, nous donne de votre
» puissance ce vaste univers ! Vous seul l'avez fait
» sortir du néant : un seul acte de votre volonté
» fit en un instant ce que tout notre esprit ne sau-
» roit même comprendre. Il ne vous en coûta pas
» davantage pour donner la première existence à
» ce monde visible, qu'il ne vous en coûte au-
» jourd'hui pour le conserver : une sagesse infinie
» dirige en vous un pouvoir sans bornes.

» Cette sagesse vous désigna le moment prévu
» de toute éternité, où la matière devoit prendre
» son commencement ; alors elle fut créée, et re-
» çut de vous toutes les propriétés qu'il vous plut
» de lui communiquer.

» Dans un aussi grand ouvrage que celui de la
» création, votre propre gloire fut le seul motif di-
» gne de vous faire agir : qu'il soit aussi, ô Dieu
» souverainement parfait, le seul qui règle nos
» pensées, qui anime nos volontés, qui dirige nos
» actions.

» Que les biens sensibles qui nous environnent,
» nous rappellent sans cesse ceux qui nous atten-
» dent dans le Ciel. La terre n'est qu'un passage,
» c'est un lieu d'épreuves. Il n'est point d'autre
» lieu de repos pour nous, Seigneur, que celui que
» vous nous réservez dans votre gloire.

» Que de prodiges de puissance et de sagesse
» sont renfermés dans le globe que vous nous avez
» donné pour demeure ! Partout on y reconnoît
» une main bienfaisante, occupée à pourvoir à nos
» besoins, et qui multiplie tous les jours en notre
» faveur les richesses de sa libéralité.

» La terre ouvre son sein sous nos pieds, pour
» fournir à notre nourriture. L'émail des prairies,
» le cristal des eaux, la variété des plantes, offrent
» à nos regards un spectacle enchanteur. Quelle
» abondance de biens de toute espèce la providence
» du Seigneur nous procure ! Serions-nous assez
» insensés pour méconnoître celui même de qui
» nous tenons tout ce qui sert à nos usages ?
» La terre est au Seigneur avec tout ce qu'elle
» renferme : il y commande en maître aux élémens
» insensibles. Mortels, admirez donc ce que peut
» votre Dieu. Il dit : *Que la lumière soit faite*,

» et la lumière est faite. Appliquez les yeux de vo-
» tre esprit à ce qui frappe ceux de votre corps.
» Quelle autre leçon seroit nécessaire pour vous
» apprendre à reconnoître sa puissance et à lui ren-
» dre vos hommages ?

» Vos ouvrages, Seigneur, sont aussi incompré-
» hensibles que votre essence. Par quelles secrè-
» tes lois dirigez-vous la nature ? Que de mystères
» renfermés dans ses plus communes opérations !
» Les reptiles de la terre et les insectes de l'air ne
» nous découvrent pas moins votre puissance, que
» les monstres marins ou ceux qui habitent les
» forêts. Dans tous les animaux répandus sur la
» surface de la terre, je découvre votre immensité,
» et la merveilleuse diversité que vous savez mettre
» dans vos ouvrages.

» Le soleil brille d'un éclat que nos yeux ne
» peuvent soutenir. Ses feux, sans se perdre, se
» communiquent à toute la nature et la vivifient.
» Image et instrument de votre puissance, Sei-
» gneur, cet astre nous peint vos grandeurs, et
» nous transmet les bienfaits de votre providence
» paternelle

» Les cieux annoncent la gloire de Dieu, et le
» firmament publie qu'il est son ouvrage. Eh ! quel
» autre que le Tout-Puissant auroit pu suspendre
» sur nos têtes cette multitude de globes lumineux,
» assigner à chacun leur place, le cercle qu'ils doi-
» vent décrire, et l'ordre immuable qu'ils doivent
» suivre ?

» Oui, Seigneur, la vue du ciel matériel nous
» élève jusqu'à celui que vous habitez : notre es-
» prit s'élance à travers ces espaces immenses pour
» pénétrer jusqu'à votre sanctuaire. Ah ! heureux
» l'instant où il nous sera donné de vous voir sans

» nuages, de vous contempler sans cesse, de vous
» aimer sans partage !

» O vous, la lumière de nos ames, dissipez les
» ténèbres qui les enveloppent, découvrez-nous la
» grandeur de votre Être, la sainteté de vos lois,
» l'immensité de vos récompenses ; et qu'unique-
» ment occupés de ces objets, nous ne soyons
» plus distraits et arrêtés par l'éclat des vanités du
» siècle.

» Votre trône, ô Roi des rois, est environné
» d'une foule d'esprits bienheureux, occupés à
» contempler vos perfections. Quand nous sera-
» t-il donné d'être admis parmi eux, et de mêler
» nos voix à leurs sacrés cantiques ? O séjour for-
» tuné, où les anges et les élus s'enivrent sans
» cesse d'un torrent de délices ! Bonheur parfait !
» Félicité inaltérable ! Vous nous permettez d'y as-
» pirer, Seigneur, et vos lois saintes n'ont pour but
» que de nous y conduire.

» Sans quitter la demeure inaccessible de votre
» gloire, vous rapprochez les cieux de la terre :
» vous permettez qu'on vous y élève des temples,
» et vous les remplissez de votre présence, afin que
» nous puissions vous y présenter nos vœux, et y
» recevoir l'abondance de vos grâces.

» N'envions donc plus aux esprits célestes la pré-
» sence du Tout-Puissant : nous jouissons du mê-
» me bonheur. Dieu réside parmi nous sous les
» voiles eucharistiques : environnons sans cesse
» son autel, et présentons-lui, avec un cœur pur,
» l'encens de nos louanges et de nos prières.

» Vous avez daigné, Seigneur, nous prescrire
» les règles de notre conduite. Nous avons entendu
» votre voix, qui nous a dicté les lois que nous
» devons suivre · lois saintes et immuables, qui

» en assurant notre félicité sur la terre, nous con-
» duisent encore à un bonheur éternel dans le
» Ciel.

» Non content d'avoir instruit l'homme par la
» publication de la loi ancienne et nouvelle, vous
» daignez encore lui parler en secret par vos inspi-
» rations et par votre grâce. Il ouvre ses lèvres pour
» prier : une voix intérieure répond à ses deman-
» des et l'instruit sur ses devoirs.

» Quelles pensées avois-je, ô mon Dieu, lors-
» que je ne pensois point à vous ? De quoi m'oc-
» cupois-je quand je vous oubliois ? Quelles étoient
» mes affections insensées, lorsque je ne vous ai-
» mois pas ? Créé pour le vrai, je me repaissois
» de la vanité ; je me soumettois au service d'un
» monde qui n'est créé lui-même que pour vous
» servir : vous serez désormais, Seigneur, les dé-
» lices de mon cœur et l'unique objet de mes af-
» fections.

» Vous n'avez besoin, Seigneur, pour votre
» gloire, ni d'adorations, ni de louanges : vous ne
» les exigez de notre part, qu'afin d'avoir à nous
» récompenser de la fidélité avec laquelle nous
» nous en acquittons. Serions-nous assez insensés
» pour vous refuser un tribut, qui, par vos bon-
» tés tourne à notre propre avantage ?

» C'est à votre ressemblance, Seigneur, que
» vous avez créé l'homme : quelle sublime desti-
» née ! Il doit donc participer à l'élévation de vos
» vues, à la droiture de vos jugemens, à la per-
» fection de vos actions, il doit être saint, parce
» que vous l'êtes vous-même. »

Sous quelque point de vue qu'on envisage le
Dauphin, on ne sauroit le méconnoître : prince,
homme ou chrétien, partout il est semblable à lui-

même ; et nous verrons bientôt que , soutenant constamment son caractère et sa vertu , il vit approcher sa dernière heure sans trouble et sans foiblesse, et parut tel au lit de la mort qu'il avoit toujours été pendant sa vie. Plusieurs même ont cru qu'il s'étoit montré supérieur à lui-même dans sa dernière maladie ; mais s'il parut plus grand alors , c'est qu'il fut mieux aperç

LIVRE CINQUIÈME.

Le Dauphin étoit âgé de trente-six ans, et les rares qualités de son esprit, jointes à une vertu consommée, faisoient concevoir les plus flatteuses espérances, quand on commença à s'apercevoir du dépérissement de sa santé. Il perdit sensiblement son embonpoint : la fraîcheur de son teint se flétrissoit, et la pâleur effaçoit peu à peu les plus belles couleurs de son visage. On vit avec étonnement un tempérament aussi vigoureux que l'étoit celui de ce prince, se consumer par la langueur : on en chercha la cause, et chacun fit ses conjectures. Plusieurs crurent que les maux de la religion avoient porté un coup mortel à son cœur. D'autres prétendirent qu'il s'étoit échauffé la poitrine, en donnant trop de temps au travail, et trop peu au sommeil et aux autres délassemens. Peut-être ces différentes causes réunies ont-elles concouru au même effet. Quoi qu'il en soit, deux ans s'étant écoulés depuis qu'il avoit ressenti les premières atteintes de sa maladie, il se trouva dans un état d'épuisement qui l'accabloit. Toute espèce de nourriture lui devint insipide, il ne conservoit plus de goût que pour le café. Il lui prit un jour envie de manger du raisin ; il s'en trouva fort bien, et continua. Les médecins lui en permirent l'usage aussi fréquent qu'il le voulut ; il en faisoit presque son unique nourriture. L'appétit lui revint ; et peu à peu il se remit à une nourriture ordinaire. On espéroit que la nature reprendroit enfin le dessus : l'espérance fut de courte durée.

Pendant le voyage de Compiègne, il se fatigua considérablement à exercer les troupes du camp que le roi avoit ordonné devant cette place. Il ne se contentoit pas d'être spectateur des opérations, il les dirigeoit lui-même. Rien ne se faisoit que par ses ordres ; et il se trouvoit partout pour les donner. Tous les jours, pendant les matinées les plus fraîches, on le voyoit, dès le lever du soleil, ranger lui-même les troupes en ordre de bataille, et commander les évolutions. Comme ces exercices lui plaisoient, et qu'il en soutenoit volontiers la fatigue, on les jugeoit plus utiles que nuisibles à sa santé. Un gros rhume qui lui survint au retour d'une promenade qu'il fit, par un temps humide, vers l'abbaye de Royal-Lieu, porta une atteinte mortelle à sa poitrine, déjà fort affoiblie. Cependant le retour de la cour à Versailles, étant fixé à quelques jours de là, la crainte de lui occasioner un dérangement, l'engagea à prendre les moyens les plus prompts pour se défaire de son rhume : il garda la chambre, et prit toute sorte de palliatifs. Il vouloit paroître guéri pour le jour de son départ, il le parut. Mais à peine fut-il arrivé à Versailles, que le mal s'aigrit sensiblement : il lui survint un crachement de sang accompagné d'accidens fâcheux. Une saignée le soulagea. Quelques jours après, il parut convalescent, quoiqu'il conservât toujours une toux sèche. Par le même motif de complaisance, qui lui avoit fait craindre d'apporter quelque retard au retour de Compiègne, il témoigna au roi que le séjour de Fontainebleau lui plairoit beaucoup, et qu'il désireroit que le voyage se fît comme de coutume. Il s'y rendit avec la cour le 4 octobre. Les premiers jours après son arrivée, on crut apercevoir un mieux sensible. A la maigreur

extrême de son visage, succéda une bouffissure qu'on prit pour embonpoint. Il se trouvoit bien de l'exercice qu'il prenoit : on conçut des espérances. Voici comment la Dauphine en écrivoit au roi Stanislas. « Je ne puis encore être parfaitement tran-
» quille sur l'état de M. le Dauphin ; mais je re-
» garde les complimens que votre majesté veut
» bien me faire, comme le présage le plus heureux
» de son entier rétablissement. La fièvre est di-
» minuée , les crachats sont moins abondans et
» de meilleure qualité : voilà ce qui soutient mes
» espérances ; mais mon unique confiance est en
» Dieu : c'est de lui seul que j'attends la conser-
» vation de M. le Dauphin ; aussi suis-je très-obli-
» gée à votre majesté de toutes les prières qu'elle
» a fait faire, et auxquelles elle a voulu assister elle-
» même. »

Cependant le mal faisoit sourdement des progrès; et au moment où l'on s'y attendoit le moins , tous les accidens qui s'étoient déjà annoncés , reparurent avec des caractères plus effrayans. La toux devint plus violente, la fièvre plus forte, le sommeil plus agité ; et bientôt des expectorations purulentes indiquèrent la formation de l'abcès à la poitrine. De la cour, l'alarme se répandit jusqu'aux extrémités de la France. Tout ce qu'il y avoit d'ames vertueuses dans le monde et dans le cloître s'empressèrent de demander à Dieu , par les vœux les plus ardens, la conservation d'une tête si précieuse à la religion et à l'état. Bientôt après , le danger paroissant de jour en jour plus pressant, on ordonna des prières publiques dans toute l'étendue du royaume; et ce fut là comme le signal d'une désolation générale , qui ne peut être comparée qu'à celle qu'occasiona la maladie de Louis XV à

Metz. L'affliction de tous les gens de bien étoit si sincère et si vive, qu'elle se communiqua à tous les cœurs, et entraîna les plus indifférens : les étrangers mêmes partageoient la douleur des Français. Le Dauphin, comme nous l'avons vu, s'étoit étudié à cacher ses rares qualités, et il y avoit réussi. La France, jusqu'alors, n'avoit connu qu'imparfaitement le trésor qu'elle possédoit en sa personne, mais après avoir passé toute sa vie dans son cabinet, il fut obligé, si je puis ainsi parler, d'être malade en public. Toutes les personnes de la cour se faisoient un devoir de leur assiduité à lui faire leurs visites, et lui de sa complaisance à les recevoir. Paroles, actions, sentimens, tout ce qu'il faisoit, tout ce qu'il disoit étoit recueilli et rendu public, tout intéressoit jusqu'à l'attendrissement. On aperçut alors le fond de son cœur : son mérite ne fut plus un problème. On rendit partout hommage à ses grandes qualités ; on se reprochoit de ne l'avoir pas connu plutôt : tant il est vrai que les droits de la vertu sont des droits inaliénables, qu'on peut lui contester pour un temps, mais qu'elle recouvre tôt ou tard.

Les prières publiques que l'on fit alors, ne furent point, comme on le voit quelquefois, des prières de cérémonie ; elles étoient commandées par le cœur, beaucoup plus que par les ordonnances des évêques ; et l'on vit, en cette occasion, la différence que le peuple met entre un prince et un prince. Chacun envisageant la perte du Dauphin comme un malheur personnel, vouloit sincèrement l'éloigner, et en prenoit les moyens qu'il jugeoit devoir être le plus efficaces. Nous fûmes alors témoins de ce qu'on voit à peine dans ces calamités où tous ont à craindre pour la vie :

toutes les fêtes étoient suspendues ; un triste silence régnoit dans ces lieux mêmes de divertissemens, qui retentissent habituellement de cris de joie. En plusieurs endroits le zèle des ecclésiastiques suffisoit à peine à la piété des fidèles qui, pour adresser à Dieu des vœux plus efficaces, vouloient se mettre en état de grâce, et se réconcilier avec lui. On ne cessa de prier pendant deux mois entiers ; et la ferveur sembloit redoubler avec le danger. La capitale se distingua parmi les autres villes du royaume : pendant les prières de quarante heures, toutes les églises des paroisses et des communautés étoient remplies de monde ; on y entroit respectueusement, on prioit, souvent on pleuroit, et on se retiroit en silence.

Pendant ces jours de deuil et d'affliction, il n'étoit pas rare de voir des gens de tout sexe et de toute condition prosternés au milieu de la place de Sainte-Geneviève, dont l'église étoit toute remplie de monde. Les pauvres habitans des campagnes, plus sensibles encore et plus religieux que ceux des villes, profitoient des jours où il leur étoit permis de suspendre leurs travaux, pour s'acquitter envers le Dauphin, et demander au Ciel avec plus d'instances la conservation d'un prince dont ils avoient toujours ouï dire qu'il ne pensoit qu'à les rendre heureux. Ils arrivoient par troupes dans la capitale, et se rendoient aux tombeaux des saints, protecteurs de la France. Dans la saison la plus rigoureuse, on les voyoit le long des rues et sur les places publiques, se délasser, en mangeant un morceau de pain bis, de la fatigue d'un voyage de plusieurs lieues.

La famille royale, de son côté, réunissoit tous les genres de bonnes œuvres, pour fléchir le Ciel et détourner le coup qui menaçoit la France ; mais il étoit inévitable, le mal étoit sans remède : et les médecins déclarèrent que tous les secours de leur art devenant désormais inutiles, il n'y avoit qu'un prodige qui pût opérer la guérison du Dauphin. Cette nouvelle, qui se répandit bientôt parmi le peuple, au lieu de ralentir son ardeur dans la prière, ne fit que l'enflammer davantage ; et puisqu'il falloit que Dieu fît un miracle, on crut que c'étoit la circonstance où l'intérêt de sa gloire autorisoit à le solliciter de sa bonté, et à l'espérer sans présomption.

Les différens corps de l'état, et toutes les communautés ajoutèrent aux prières publiques, des prières particulières et d'abondantes aumônes. Les pauvres n'étant plus distraits par les inquiétudes de la misère, n'étoient occupés, comme le reste du peuple, qu'à offrir des vœux pour la cause commune. Les troupes, qui n'avoient pas oublié la campagne de 1745, et qui se rappeloient surtout les bontés dont le Dauphin les avoient comblées tout récemment au camp de Compiègne, prirent la plus grande part à la douleur publique, et l'on remarqua que, dans toutes les villes de guerre, elles donnèrent des preuves éclatantes de leur affection envers ce prince. Ce que fit en cette occasion le régiment des dragons-dauphin, me paroît digne d'être transmis à la postérité : il s'imposa un jeûne solennel ; et pendant qu'il dura, les églises étoient remplies de ces braves guerriers qui, prosternés aux pieds des autels, conjuroient le Dieu des armées, avec toute la ferveur de leur zèle, de leur accorder une vie pour laquelle ils eussent voulu verser tout leur sang. Les officiers de ce régiment répandirent de grandes aumônes dans la ville où ils étoient en garnison ; et le pauvre soldat, moins riche, mais aussi généreux que son officier, trouva de quoi exercer sa charité dans la modicité même de sa paie, dont une partie, par le jeûne qu'il s'étoit imposé, cessoit de lui être nécessaire pour sa subsistance.

Tant de prières et de bonnes œuvres ne pouvoient être sans effet : si le Ciel ne nous accorda pas la conservation du Dauphin, il nous accorda du moins de le faire revivre dans un fils héritier de son amour pour la religion et pour les peuples ; et il lui accorda à lui-même la grâce d'une bonne mort, qu'il désiroit uniquement. Un jour qu'on lui parloit des prières qu'on faisoit pour lui : « J'en » ressens les effets, répondit-il, car Dieu me fait » des grâces bien spéciales ; et toute ma crainte, » c'est de n'en pas assez profiter. »

Tandis que la France entière étoit dans le deuil et l'affliction au sujet de sa maladie, lui-même, possédant toujours son ame en paix, voyoit approcher le moment de sa dissolution avec tous les sentimens de résignation et de confiance, qu'une vie passée dans la vertu inspire aux plus grands saints Pour donner une juste idée de ses dispositions dans ces derniers momens, je crois ne pouvoir mieux faire, que de copier le récit qu'en fait la Dauphine. Ce morceau, le plus précieux peut-être de tout l'ouvrage, ne respire que le sentiment et la vérité. Les détails les moins intéressans y intéressent, par là même qu'ils sont ceux d'une épouse qui ne pensoit à écrire que pour elle-même.

« Le jour, dit la princesse, que les médecins vi-» rent un danger pressant, La Breuille, suivant » l'ordre qu'il en avoit reçu de M. le Dauphin

» l'en avertit. Quoiqu'il fût très-éloigné de cette
» pensée, il en reçut la nouvelle avec une fer-
» meté et une tranquillité que la religion seule
» peut donner. Peu de temps après qu'il l'eut
» apprise, la reine descendit chez lui; je la sui-
» vis avec mes enfans. La reine me voyant les
» yeux rouges, et ne se doutant pas du danger où
» étoit M. le Dauphin, me dit que j'avois une
» fluxion sur les yeux; M. le Dauphin me fixa
» dans ce moment; et se doutant bien de ce qui
» pouvoit m'avoir rougi les yeux, il me demanda
» si cette fluxion m'avoit prise en m'éveillant, ou
» depuis. Je lui répondis que j'avois eu mal aux
» yeux depuis le matin. Il me fit une seconde
» question, par laquelle je compris bien qu'il me
» demandoit si j'avois pleuré : je fis semblant de
» ne pas entendre. Il en resta là, et continua de
» parler à la reine avec sa tranquillité ordinaire.
» L'après-midi, il envoya chercher M. de Muy,
» et lui fit beaucoup de questions sur une maladie
» de poitrine qu'il avoit eue : il reçut ensuite la
» visite de la reine. Dès qu'elle fut sortie : *Où
» croyez-vous, me dit-il, que soit M. Collet ?
» car je veux me confesser cette après-midi :
» ç'a toujours été mon projet. Envoyez-le cher-
» cher.* J'allai chercher M. Collet, qui étoit chez
» moi, et je redescendis. Il me dit de lui appor-
» ter ses livres pour se préparer, me fit rester au-
» près de son lit, et fit sa préparation avec la plus
» grande tranquillité. Quand il fut prêt, il me dit
» de faire entrer son confesseur. Sa confession finie
il m'envoya chercher, et me dit : *Je comptois
faire mes dévotions dimanche; mais M. Collet
m'a dit tout à la franquette, qu'il valoit
mieux que je communiasse en viatique.* En-

» suite il me demanda ce que j'avois fait toute la
» matinée : je lui répondis que je n'avois pas fait
» grand'chose. Il me dit : *Vous vous êtes au
» moins lavé les yeux :* il vouloit dire que j'avois
» pleuré. Je lui avouai que cela étoit vrai ; et,
» dans ce moment même, ne pouvant contenir
» mes larmes, elles coulèrent de nouveau ; il le
» vit, et me dit en souriant : *Allons donc, cou-
» rage, courage.*

» Il envoya ensuite chercher Adélaïde ; et quand
» elle fut arrivée, il lui répéta ce qu'il m'avoit dit
» sur sa communion : puis, s'adressant à tous
» deux, il nous dit : *Je ne puis vous exprimer,
» mes sœurs, combien je suis aise de partir le
» premier : Je suis fâché de vous quitter, mais
» je suis bien aise de ne pas rester après vous.*
» Cela nous fit pleurer. Il s'attendrit lui-même,
» et nous dit : *Ah ! finissez donc, vous me faites
» de la peine ;* et tout de suite il nous conta que
» M. Collet lui avoit dit qu'il feroit bien de rece-
» voir ses sacremens : qu'il espéroit que le bon
» Dieu exauceroit les vœux qu'on faisoit pour lui ;
» mais que s'il en disposoit autrement..... *Oh !*
» nous dit-il, *quand il en a été là, il n'a pu
» achever, tant il pleuroit ; et je lui ai dit qu'il
» faisoit l'enfant.*

» Il nous dit ensuite qu'il espéroit recevoir ses
» sacremens le jeudi, pourvu que le roi ne chas-
» sât point, parce qu'il ne vouloit pas le déranger.
» Quand le roi vint chez lui, il fit la conversation
» à l'ordinaire ; mais il le questionna beaucoup
» sur les jours de la semaine où il chasseroit ; et
» il fut fort aise d'apprendre qu'il ne sortiroit pas
» le jeudi. Après que le roi fut sorti, il me de-
» manda ses livres de prière, comme il avoit

» toujours fait pendant sa maladie. En me les ren-
» dant, il me demanda si j'avois son crucifix,
» qu'il me donnoit à porter dans tous ses voyages :
» je lui dis qu'oui, et je lui ajoutai qu'il avoit des
» indulgences *in articulo mortis : Ah ! tant*
» *mieux*, s'écria-t-il, *il me sera bien utile.*

» Le soir, il envoya chercher le cardinal de
» Luynes : il lui dit qu'ayant résolu de recevoir
» ses sacremens, il le prioit de lui dire l'usage de
» son diocèse pour l'extrême-onction. Le cardi-
» nal, troublé par cette demande, à laquelle il
» ne s'attendoit pas, répondit qu'il craignoit de
» se tromper ; qu'il le chercheroit dans le Rituel.
» *Ah ! je vous en prie*, lui dit M. le Dauphin,
» *envoyez-le-moi par écrit dès ce soir*. Le car-
» dinal m'apporta le soir l'extrait du Rituel, que
» je remis à M. le Dauphin, qui me l'avoit déjà
» demandé plusieurs fois dans la soirée. Il le lut
» avec attention, et me le remit en me disant :
» *Gardez-le jusqu'à demain matin, car il fau-*
» *dra le montrer à M. Collet :* ce qu'il disoit,
» parce que le Rituel de Sens ordonne qu'on ne
» donnera l'extrême-onction aux malades, que
» dans un danger éminent. Quoique son état lui
» parût dangereux, il ne le croyoit pas si pressant
» qu'il l'étoit, et il vouloit suivre la règle en tout.

» Le lendemain, vers les huit heures, il me
» dit de faire venir son confesseur, qu'il envoya
» au cardinal, pour s'arranger sur l'extrême-
» onction. Il me fit appeler pendant ce temps-là,
» me demanda son crucifix, et me désigna la
» place où il vouloit qu'il fût attaché à son lit.
» Son confesseur revint ; je sortis. Environ une
» demi-heure après, il me fit appeler, et me dit
» avec un air riant et tranquille : *Je ne comptois*

» *recevoir le bon Dieu que demain, mais M.*
» *Collet veut que ce soit ce matin.* Il m'ordonna
» en même temps de lui apporter les livres dont
» il avoit besoin, et qu'il me nomma. Ensuite il
» me dit : *Où serez-vous pendant que je re-*
» *cevrai mes derniers sacremens ? Il faut*
» *que vous restiez en haut, chez vous.* Je lui
» demandai la permission de me tenir dans un
» cabinet derrière sa chambre. *Eh bien, à la*
» *bonne heure*, me dit-il. Il donna lui-même ses
» ordres pour l'arrangement de sa chambre,
» pour recevoir le bon Dieu. Il reçut ses sacre-
» mens à onze heures et demie. Je ne rapporte
» pas toute l'édification qu'il a donnée en les re-
» cevant. Ceux qui en ont été témoins, peuvent
» en rendre un compte plus exact que moi, qui
» n'y étois pas.

» Après la messe, qu'il entendit tout de suite,
» il me fit appeler. Le roi étant dans ce moment
» auprès de son lit, il me fit seulement un geste
» qui exprimoit toute sa joie ; et je n'oublierai
» jamais l'air de contentement, de joie, de béati-
» tude qui brilloit dans ses yeux, et qui étoit ré-
» pandu sur son visage. Le roi s'étant un peu
» éloigné, il me tendit la main, en me disant :
» *Je suis ravi de joie; je n'aurois jamais cru*
» *que recevoir ses derniers sacremens, effrayât*
» *si peu, et donnât tant de consolation; vous*
» *ne sauriez l'imaginer !* Mesdames vinrent un
» moment après, lorsque le roi étoit encore au-
» près de son lit : en les voyant, il se mit la main
» sur la poitrine, pour leur faire connoître la
» douceur des consolations qu'il ressentoit. Il fut
» très-gai avec le roi et la reine ; mais de temps
» en temps il jetoit les yeux sur son crucifix, qui

» étoit sur son lit; et il le regardoit avec une joie
» et un contentement qui éclatoient malgré lui.

» Quand il vit que le roi alloit sortir, il pria la
» reine de se retirer un moment, et parla au roi
» en particulier. Après son dîner, il m'ordonna
» de lui apporter son écritoire avec du grand pa-
» pier, et d'aller chez moi jusqu'à ce qu'il m'en-
» voyât chercher. La reine vint après son dîner,
» il n'avoit pas fini d'écrire, il la pria d'attendre.
» Quand il eut achevé, il nous rappela, la reine
» et moi, et nous parut fort content. Il avoua
» pourtant qu'il étoit fatigué, et il se mit sur le
» côté. La reine, qui crut qu'il alloit dormir,
» prit un livre et moi aussi. Au bout d'un petit
» moment, il se retourna, et dit : *Ah ! vous*
» *lisez ? j'aimerois mieux que vous fissiez la*
» *conversation.* Il y prit part lui-même, et ré-
» péta à la reine combien il avoit éprouvé de con-
» solation en recevant les sacremens. La reine lui
» en témoigna sa joie; mais elle ajouta qu'elle
» étoit remplie d'espérance pour sa guérison : il
» se retourna avec vivacité, et lui dit : *Ah !*
» *maman, je vous en prie, gardez cette espé-*
» *rance pour vous; car pour moi, je ne désire*
» *point du tout de guérir.* Il dit après cela à la
» reine : *Vous devez être étonnée de ce que je ne*
» *vous ai point parlé ce matin de mes sacre-*
» *mens; mais je ne savois pas encore que je*
» *dusse les recevoir aujourd'hui. Il est assez*
» *plaisant que tout le monde en fût averti,*
» *excepté moi.*

» Quand la reine fut sortie, il envoya chercher
» Adélaïde. En arrivant, elle lui dit : J'ai quitté
» pour vous bonne compagnie; car j'avois chez
moi le roi et madame la comtesse de Toulouse

» — *Voyez*, dit-il en riant, *les égards que l'on*
» *a pour les pauvres mourans ; leur moment*
» *est bien brillant, c'est dommage qu'il ne soit*
» *pas plus long.* Il fut très-gai toute la journée,
» et l'on voyoit sa joie redoubler toutes les fois
» qu'il regardoit son crucifix. Après le salut, il
» fit venir ses enfans, et les reçut à l'ordinaire,
» sans leur parler de son état. Se trouvant seul
» avec Adélaïde et moi, il nous dit qu'il eût voulu
» ne pas recevoir l'extrême-onction, parce qu'il
» n'étoit pas dans le danger pressant que le Rituel
» exigeoit ; mais que son confesseur lui avoit re-
» présenté qu'il feroit bien de la recevoir, tant
» pour l'édification, que, parce qu'en la recevant
» avec toute sa présence d'esprit, il en retireroit
» plus de fruits ; et que d'ailleurs il éviteroit par
» là un second spectacle à la famille. Il ajouta
» qu'il avoit répondu à son confesseur qu'il eût
» donc à s'arranger là-dessus avec le cardinal de
Luynes. Il nous dit ensuite qu'il avoit été tou-
» ché de l'état de M. le prince de Condé, qui
» avoit fondu en larmes pendant toute la céré--
» monie.

» Le jeudi matin, il me demanda comment
» j'allois, et me dit : *Je crois que vous avez plus*
» *de force et de courage aujourd'hui ; ainsi je*
» *vais vous confier ce que j'ai dit hier au roi,*
» *quand j'ai prié la reine de se retirer : je lui*
» *ai demandé qu'il vous laissât maîtresse ab-*
» *solue de l'éducation de vos enfans, si je ve-*
» *nois à mourir.* Je fondis en larmes, et me jetai
» sur sa main, sans m'apercevoir que le roi en-
» troit, et se trouvoit derrière moi. Il le vit, et
» me dit : *Prenez donc garde, voilà le roi.* L'a-
» près-midi il raconta ce qu'il m'avoit dit à Adé-

» laïde, et lui ajouta : *J'ai bien mal pris mon*
» *temps ; car le roi est entré dans ce moment,*
» *et la pauvre créature a été obligée de ren-*
» *foncer ses larmes.* Il nous dit aussi que si le
» bon Dieu lui prêtoit vie, il espéroit recevoir en-
» core une fois ses sacremens au bout de l'inter-
» valle des dix jours prescrits par le Rituel ; et il
» compta que le dixième jour seroit le samedi. Il
» dit aussi au roi, en lui demandant s'il seroit né-
» cessaire qu'il y vînt, parce qu'il voudroit bien
» épargner cette peine à tout le monde, et il en
» chercha les moyens.

» Quelques jours après, je le priai de s'unir
» d'intention aux prières qu'on faisoit pour obte-
» nir sa guérison. *Non*, me répondit-il, *M. Col-*
» *let me l'a défendu.* Je lui dis que je ne croyois
» pas cela ; il se mit à rire et me dit : *Il est vrai*
» *qu'il ne me l'a pas défendu ; mais il ne me*
» *l'a pas conseillé, parce que cela me trou-*
» *bleroit et m'agiteroit.* La reine lui dit aussi un
» jour la même chose que moi, et elle ajouta qu'il
» y étoit obligé, parce que sa vie étoit utile et né-
» cessaire à la religion. *Ah ! maman*, lui répon-
» dit-il, *les vues de la Providence sont bien dif-*
» *férentes de celles des hommes.* Il ne pouvoit pas
» croire qu'il fût bon à rien, ni qu'il fût aussi
» aimé des peuples qu'il l'étoit. Quand il sut qu'on
» continuoit les prières de quarante heures au
» delà du temps ordinaire, il en parut mécontent,
» *parce que*, disoit-il, *selon les règles de l'Eglise,*
» *ces prières ne doivent durer que trois jours.*

» Il étoit continuellement occupé de la pensée
» de recevoir le bon Dieu une seconde fois, il en
» parloit souvent ; et au bout de huit jours, il
» demanda à La Breuille s'il n'étoit pas encore

» dans un assez grand danger pour communier en
» viatique. La Breuille lui dit qu'il n'étoit pas
» dans le danger pressant où il avoit été huit jours
» auparavant ; mais que tant qu'il y auroit de la
» fièvre avec crachement de pus, il y auroit du
» danger. *Cela me suffit*, dit M. le Dauphin, *car*
» *tant qu'il y a du danger, on peut recevoir ses*
» *sacremens de dix jours en dix jours.* Cepen-
» dant ne voulant pas s'en rapporter à lui-même,
» il m'ordonna d'envoyer chercher son confesseur,
» de lui dire ce que La Breuille avoit dit de son
» état, et de lui demander si cela ne suffisoit pas
» pour qu'il fût permis de communier encore en
» viatique. Il fut charmé d'apprendre que M. Col-
» let avoit jugé comme lui. Il le vit le lendemain,
» et fixa sa communion au dimanche 24. La veille,
» il nous dit, à Adélaïde, et à moi, qu'il désire-
» roit beaucoup que nous y fussions présentes, et
» il ajouta : *Comme je suis mieux, cela ne vous*
» *fera pas la même impression que la première*
» *fois* Il reçut la communion après sa messe, en
» particulier, n'y ayant dans sa chambre que les
» personnes nécessaires.

» Un jour que les médecins le trouvèrent mieux
» et même au delà de leurs espérances, ils lui té-
» moignèrent leur satisfaction de son état. Après
» qu'ils furent sortis : *Voyez*, me dit-il , *ce que*
» *c'est que l'attachement à la vie ; quand j'ai*
» *su le danger où je me trouvois , je n'en ai*
» *été nullement affecté, et je sens bien que si*
» *les mêmes accidens revenoient, cela ne m'af-*
» *fligeroit pas d'avantage ; cependant ce petit*
» *mieux me fait plaisir.* Il comptoit cela pour
» un grand attachement à la vie.

» Malgré l'état de foiblesse où il étoit, il n'a

» jamais manqué de faire ses prières et ses lectures
» ordinaires, et même sa méditation. Il ne réci-
» toit plus le grand office, mais il en disoit un plus
» court. Il lisoit surtout avec plaisir *le Testament*
» *spirituel, et les saints désirs de la mort*, du
» P. Lallemant. Il demanda un jour à la reine,
» si elle connoissoit ce livre : la reine lui ayant
» répondu que non : *Ah ! c'est un bien bon li-*
» *vre;* lui dit-il, *et qu'il faut lire en santé.* Un
» jour, en faisant sa prière, il me dit tout-à-coup:
» *Oh ! voilà une paraphrase du psaume trente-*
» *septième* (1), *que je n'ai pas le courage de*
» *lire, parce que je n'éprouve rien de ce qui y*
» *est dit.*

» Dans le temps qu'il paroissoit être mieux, et
» qu'il le croyoit véritablement, il ne vouloit pas
» qu'on s'en réjouît trop, et surtout qu'on le crût
» hors de danger, afin de s'entretenir dans les
» heureuses dispositions où Dieu l'avoit mis. Il
» nous dit un jour, en nous parlant du temps où
» il avoit reçu ses sacremens : *Je n'avois pas la*
» *moindre frayeur : il n'y eut qu'un moment*
» *où j'ai eu grande peur du purgatoire, car,*
» *me suis-je dit à moi-même, je souffre bien*
» *ici, et cependant ces douleurs ne sont rien ,*
» *comparées à un instant passé dans le purga-*
» *toire : cette réflexion m'a effrayé.* Une autre
» fois, en nous parlant de la consolation qu'il
» avoit ressentie en recevant ses sacremens, il
» nous dit qu'il craignoit que ce ne fût une illu-
» sion du démon, parce qu'il étoit trop grand pé-
» cheur, pour mériter tant de grâces.

(1) Le Prophète exprime dans ce psaume les sentimens d'une
ame que la vue de ses iniquités jette dans le trouble et l'agitation.

» Il a été pendant toute sa maladie d'une atten-
» tion et d'une bonté extrêmes pour tout le mon-
» de ; il n'étoit occupé que des autres , il s'oublioit
» lui-même. Les moindres services qu'on lui ren-
» doit étoient payés de mille marques de bonté.
» Un jour , après avoir passé une nuit affreuse ,
» il dit au premier médecin de la reine , qui avoit
» veillé : *Ah ! mon pauvre La Sône , je suis*
» *désolé de la mauvaise nuit que je vous ai fait*
» *passer : allez vous coucher , car vous devez*
» *être bien fatigué.* S'apercevant que La Breuille
» avoit l'air triste de ce qu'il avoit passé une mau-
» vaise nuit : *Votre visage*, lui dit-il, *ressemble*
» *toujours à mes nuits ; cela n'est pas bien : un*
» *médecin ne doit pas s'affecter ainsi pour son*
» *malade.* L'évêque de Verdun lui disoit un jour
» qu'il ne le voyoit jamais s'impatienter : *Eh !*
» *contre qui voulez-vous que je m'impatiente,*
» lui dit M. le Dauphin ? *Mes médecins sont d'une*
» *assiduité étonnante, les grands officiers ont*
» *pour moi toutes les attentions possibles : si*
» *j'ai besoin d'eux, je les trouve, et ils se re-*
» *tirent dès qu'ils prévoient qu'ils pourroient*
» *m'importuner :* c'est ainsi qu'il savoit rendre
» justice à chacun.

» Au milieu de ses souffrances, il avoit conser-
» vé toute sa gaîté naturelle ; ou pour mieux dire
» il l'avoit reprise depuis qu'il avoit reçu ses sa-
» cremens. Dans les commencemens de sa mala-
» die, il lisoit des livres de différentes sciences :
» quand il s'est aperçu que ces lectures le fati-
» guoient , il en a cherché d'autres, qui pussent
» l'amuser sans le fatiguer. C'est à l'abbé de Mos-
» tuéjouls qu'il s'étoit adressé pour lui en choi-
» sir ; et n'étant plus en état de lire , même ces

» sortes de livres , il lui dit un jour : *L'abbé, si je*
» *vous demande encore des livres, ne me donnez*
» *plus que l'A , B , C , et le catéchisme , car ce*
» *sont les seuls que je sois en état de lire.* Il voyoit
» tous les soirs les premiers gentilshommes de la
» chambre, les grands officiers et ses menins; il
» s'entretenoit avec eux sur toutes sortes de ma-
» tières avec gaîté. Le matin, après sa messe, il
» faisoit entrer tout le monde, même les ambassa-
» deurs , et il parloit à chacun. Il demandoit par-
» don aux ambassadeurs du dérangement qu'il leur
» occasionoit , en les faisant rester à Fontaine-
» bleau. On sortoit toujours de chez lui enchanté
» de ses bontés, et désolé de ce qu'il se fatiguoit
» pour parler à tout le monde. Un jour l'ambassa-
» deur de l'empereur s'écria en sortant de chez lui:
» *Ah ! que de courage et de vertu !* on ne pouvoit
» se lasser d'admirer l'un et l'autre. Le maréchal
» de Richelieu dit un jour tout haut : *Non, il n'y*
» *a que la religion qui puisse inspirer tant de*
» *courage.* Il étoit logé plus agréablement à Fon-
» tainebleau qu'à Versailles , parce que de son lit
» il pouvoit voir tout ce qui se passoit dans la cour,
» et cela l'amusoit. *Je suis pourtant mieux ici*
» *que je ne serois à Versailles, me dit-il un jour;*
» *il n'y a que pour vous que je suis fâché d'y*
» *être, car votre escalier doit bien vous fatiguer.*
   » Le roi parlant un jour d'un prince d'Angle-
» terre qui se mouroit, et une de mesdames ayant
» lu dans l'almanach l'article des princes morts :
» *Vraiment, dit-il, j'ai pensé être là dernière-*
» *ment; on auroit mis : Louis Dauphin , mort*
» *à Fontainebleau le vingt-cinq novembre.*
» Une autre fois , comme le roi nous annonçoit
» que nous porterions bientôt le deuil d'un autre

» prince ou princesse : *Je crois*, dit M. le Dau-
» phin, *que dans les autres cours on parle bien*
» *aussi de mon deuil*

» Un soir, après le salut, je me trouvai toute
» seule avec lui ; craignant qu'il ne s'ennuyât, je
» m'approchai de son lit, et lui dis : Ne voulez-
» vous pas que j'appelle La Sône pour venir cau-
» ser, car je crains que vous ne vous ennuyiez ?
» *Non, mon cœur*, me dit-il, *puis-je m'en-*
» *nuyer quand je t'ai ?* Pénétrée de ces paroles,
» je fus un moment sans pouvoir répondre ; il
» crut que je n'avois pas entendu, et me dit du
» ton le plus doux et le plus tendre : *Avez-vous*
» *entendu ce que je vous ai dit ?* Hélas ! mon
» cœur, lui répondis-je, je voudrois bien vous
» être de quelque ressource. *Oh ! me dit-il, vous*
» *ne sauriez croire de quelle ressource vous*
» *m'êtes.* C'est ainsi que sa charité lui faisoit re-
» garder comme une ressource les petits soins que
» ma tendresse s'efforçoit de lui rendre.

» Le lundi deux décembre, il se plaignit d'un
» peu d'hémorroïdes. Le mal augmenta ; il se
» forma une tumeur qui grossissoit de jour en
» jour, et le faisoit beaucoup souffrir. Il ne vou-
» loit pas cependant en convenir, disant toujours
» qu'il n'avoit pas de douleur, mais seulement de
» la gêne de ne pouvoir se tenir ni sur le dos, ni
» sur le côté gauche, ce qui lui fatiguoit le côté
» droit ; mais en dormant il crioit, et quelquefois
» même lorsqu'il étoit éveillé, il lui échappoit de
» petites plaintes. Mais quand on lui disoit : Vous
» souffrez beaucoup : *Non*, répondoit-il, *pas*
» *beaucoup.* Vraiment, lui dis-je un jour, le
» bon Dieu veut que vous souffriez de toutes les
» parties de votre corps, car il n'y en a aucune

» qui ne soit affectée : — *Oh ! pour ma tête*, me
» dit-il, *je l'ai très-bonne pour végéter, car*
» *c'est tout ce que je fais.* Un soir qu'il souffroit
» beaucoup, Adélaïde lui dit qu'elle ne pouvoit
» pas revenir de sa patience, elle qui l'avoit quel-
» quefois vu jeter les hauts cris pour les moindres
» petits maux ; il ne lui répondit que ces mots :
» *C'est que ceci vient de Dieu, et que c'est pour*
» *Dieu.*

» Ne pouvant rester couché sur le côté gauche,
» il étoit obligé de tourner le dos au roi : il lui en
» fit ses excuses en riant. La nuit du douze au
» treize, ayant dormi fort tard , il n'eut pas le
» temps de faire ses prières, il me dit l'après-dî-
» née : *Je n'ai non plus prié Dieu aujourd'hui*
» *qu'un Juif.*—Hélas , lui répondis-je , vos souf-
» frances sont de bonnes prières : — *Oui* , me
» dit-il , *si j'en faisois bon usage.* Il regrettoit
» tant d'avoir manqué ses prières, qu'il répéta le
» même propos à la reine après dîner, et le soir
» à Adélaïde. Adélaïde lui ayant dit la même cho-
» se que moi sur ses souffrances , et ayant reçu la
» même réponse, elle lui ajouta qu'elle n'étoit pas
» en peine de l'usage qu'il en faisoit : *Oh !* lui
» dit-il, *le diable est bien méchant, il rôde*
» *partout.*

» Toute la journée du treize, il fut dans des
» douleurs continuelles, sans pourtant se plaindre;
» mais il ne pouvoit pas rester un instant dans la
» même situation. La reine lui ayant dit qu'elle
» vouloit aller le lendemain à Notre-Dame de Bon
» Secours, il lui recommanda de bien prier pour
» obtenir de Dieu l'adoucissement des douleurs
» aiguës qu'il ressentoit. Il avoit grand désir que
» les chirurgiens ouvrissent son abcès ; mais il se

» soumit aux raisons qu'ils lui donnèrent, pour
» n'en rien faire. Enfin, le soir du treize, on l'ou-
» vrit d'un coup de lancette ; il n'en sentit d'autre
» soulagement que de pouvoir se mettre sur son
» séant : il en fut très-content.

» Le lendemain, dès qu'il vit la reine, il lui
» dit : *Maman, vos vœux sont exaucés, je suis*
» *soulagé, ma tumeur est percée.* La reine lui
» ayant dit que cela ne l'empêcheroit pas d'aller
» à Bon-Secours ; qu'elle avoit bien d'autres grâ-
» ces à demander pour lui ; il lui répondit : *Mais*
» *je ne vous avois demandé de prier que pour*
» *le soulagement des douleurs que j'endurois.*
» Le soir, quoiqu'il eût beaucoup d'oppression,
» de froid et un grand redoublement de fièvre, il
» ne se plaignit pas ; seulement, avant de s'en-
» dormir, il dit à La Breuille : *Qu'est-ce donc*
» *que cette gentillesse qui m'est revenue aujour-*
» *d'hui ? Je sens de l'oppression.* Quoiqu'il fût
» très-mal, il ne s'en doutoit pas ; et, dans la
» journée du dimanche, il s'occupa beaucoup
» de ses pâques, me fit lire des canons du bré-
» viaire, et parcourut lui-même les autres, pour
» voir s'il n'y étoit rien dit sur les pâques des ma-
» lades. Il vit son confesseur le soir, et lui en
» parla aussi. Il avoit projeté de faire ses dévo-
» tions la nuit de Noël ; il m'en parloit souvent ;
» il faisoit ses arrangemens pour ses messes ; et
» il avoit nommé l'abbé de Tallerand pour les
» dire. Il s'étoit aussi occupé de l'ornement de la
» chapelle, pour la messe de minuit ; et il avoit
» envoyé chercher exprès un garçon du garde-
» meuble, pour lui donner ses ordres là-dessus.
» Il dit en riant à M. Collet, qu'il avoit un re-
» proche à lui faire, de ne l'avoir pas averti la

» nuit précédente , qu'on disoit la messe , et qu'il
» devoit communier. Il nous avoit aussi conté qu'il
» avoit fait ce rêve, et qu'il s'étoit trouvé fort em-
» barrassé , devant communier à cette messe ,
» et n'ayant pas encore été à confesse. Le soir ,
» quand on se retira , il demanda , comme il fai-
» soit souvent , qui de la faculté passeroit la nuit.
» On lui dit que ce seroit l'apothicaire , mais que
» son médecin coucheroit dans le cabinet. Son
» bon cœur lui fit dire d'abord : *Mais pourquoi
» donc cela ? Si La Breuille et La Sône pas-
» sent toutes les nuits, ils n'y résisteront pas.*
» On l'assura que cela ne les fatigueroit pas.

» Cependant cette précaution de faire rester un
» médecin , lui fit comprendre qu'on avoit de l'in-
» quiétude ; il appela Adélaïde , et lui dit : *Com-
» ment me trouvez-vous ce soir ?* Mais, pas trop
» mal, lui répondit-elle. *Depuis quelques jours ,
» lui ajouta-t-il , je ne suis pas content de mon
» état.*

» Le lendemain , dès six heures du matin , il
» envoya chercher son confesseur , et lui demanda
» ce qu'on pensoit de sa situation. M. Collet lui
» avoua qu'on craignoit beaucoup pour lui. Il lui
» fit un petit reproche de ne lui en avoir rien dit
» dans la conversation qu'il avoit eue avec lui la
» veille , et il s'arrangea aussitôt pour recevoir le
» bon Dieu. Quand M. Collet fut sorti , il appela
» son médecin , et lui ordonna de lui dire la vérité
» sur son état , parce qu'il étoit essentiel qu'il le
» sût : La Breuille ne lui dissimula pas ses crain-
» tes. Il lui demanda s'il étoit en aussi grand dan-
» ger que lorsqu'il avoit reçu ses sacremens pour
» la première fois. Ayant su que le danger étoit
» plus pressant encore · *J'espérois pourtant ,* dit-

» il, *faire mes dévotions à Noël : dites-moi si je*
» *puis encore vivre quinze jours.* Le médecin,
» saisi d'une pareille question, ne put pas y ré-
» pondre sur-le-champ. M. le Dauphin se retourna
» de son côté, et voyant son trouble, il le prit par
» la main ; et avec un visage riant et serein : *Vous*
» *êtes ému,* lui dit-il ; *rassurez-vous ; vous sa-*
» *vez bien que je ne crains pas la mort.* Enfin,
» La Breuille lui dit qu'il ne pouvoit lui répondre
» de rien. *Cela me suffit,* dit M. le Dauphin : il
» lui demanda si je savois son état, et sur ce qu'il
» lui répondit que la famille en étoit instruite, il
» m'envoya chercher. Je le trouvai assoupi : on
» vint lui apporter un bouillon ; je m'approchai ;
» il me vit et me souhaita le bonjour ; ensuite il
» me dit : *Pourquoi donc ne m'avez-vous pas*
» *averti que j'étois plus mal ?* Je lui répondis que
» je n'avois pas cru que ce fût à moi à le lui dire.
» *Eh ! à qui donc ?* reprit-il. Je lui dis que je
» croyois que c'étoit à son confesseur et à son mé-
» decin. Il me demanda comment il recevroit le
» bon Dieu, si ce seroit en cérémonie, ou pen-
» dant sa messe. Il m'ajouta que M. Collet lui
» avoit conseillé de le recevoir à la messe. Je lui
» dis que M. Collet étant de cet avis, ce seroit
» bien de s'y conformer. Un moment après, il me
» dit : *Cette fois-ci, je ne vous dirai pas d'y*
» *rester : cela vous seroit trop sensible.* Je lui
» dis que malgré l'état où il se trouvoit, je ne dé-
» sespérois pas encore, parce que je n'avois point
» mis ma confiance dans le secours des hommes,
» mais en Dieu. Il me répondit : *C'est toujours*
» *bien fait.* Je le priai de s'unir aux prières qu'on
» faisoit pour lui, et de prier surtout la sainte
» Vierge, saint François Xavier et saint Louis : il

» ajouta, *et mon bon ange gardien*. Il parla en-
» suite d'Adélaïde ; je lui demandai s'il vouloit
» qu'elle vînt ; il me dit qu'oui. Quand elle fut
» arrivée, il lui dit à peu près les mêmes choses
» qu'à moi, sur son état et sur ses sacremens. Quel-
» ques momens après, il nous appela et nous dit :
» *J'ai quelque chose à vous dire à toutes deux ;*
» *ou si vous aimez mieux*, me dit-il, *que je ne*
» *parle qu'à Adélaïde :* je lui dis que s'il avoit
» quelque chose à m'ordonner, j'étois prête à l'é-
» couter ; il me dit : *Non, dans le fond, ce n'est*
» *qu'à Adélaïde que j'ai à parler.* Je me retirai :
» et il dit à Adélaïde qu'il avoit ordonné à son pre-
» mier valet de chambre de lui porter toutes ses
» tabatières après sa mort, et qu'il la prioit de les
» donner à ses menins ; mais qu'elle eût l'atten-
» tion de n'en pas donner à trois, qui ne prenoient
» point de tabac, et il les lui nomma.

» La reine vint à son ordinaire : il lui dit qu'il
» ne feroit pas comme la première fois ; qu'il l'a-
» vertissoit qu'il recevroit le bon Dieu ce jour-là.
» Il reçut le roi avec la même tranquillité. A dix
» heures et demie, il me dit qu'il étoit temps de
» faire entrer son confesseur, puisqu'il devoit com-
» munier à onze heures et demie ; je le dis au roi
» et à la reine, qui se retirèrent. Quand M. Collet
» fut arrivé, M. le Dauphin me dit de monter chez
» moi, et de revenir un peu avant la demie, pour
» lui arranger ses oreillers. Je descendis à l'heure
» qu'il m'avoit marquée ; il me demanda ses livres
» pour la communion, et me dit : *Ce n'est que*
» *pour les trois quarts ; ainsi, restez là avec*
» *M. Collet.* Il fit ses prières. Je regardai ses mains,
» et vis avec surprise qu'il ne trembloit pas du tout,
» et qu'il tenoit son livre très-ferme. Quand il eut

» fait ses prières, il me dit de l'arranger ; et se
» tournant vers M. Collet, il lui dit en riant : *Elle*
» *m'aide beaucoup ;* puis il demanda où j'irois
» pendant la cérémonie. Je lui dis que je ferois
» comme la première fois, et me tiendrois dans
» le cabinet ; *Allons,* me dit-il, *adieu.* Quand sa
» messe de communion et sa messe d'action de
» grâces furent dites, il me fit appeler, et me dit :
» *Eh bien, comment vous en va ?* Il dîna en-
» suite, et reçut la visite des princes. Il appela M.
» le duc d'Orléans, et lui dit en souriant : *je dois*
» *vous ennuyer ; car de temps en temps je vous*
» *régale d'une petite agonie.* Il lui parla ensuite
» d'autre chose, et adressa la parole aux autres
» princes, l'un après l'autre. A trois heures, il
» demanda à La Breuille s'il n'alloit pas dîner. Sur
» ce qu'il lui répondit qu'il ne dîneroit pas, il lui dit
» avec un air de bonté : *Mes dévotions vous ôtent*
» *toujours l'appétit, et vous donnent un visage*
» *de l'autre monde.*

» Il demanda quelque temps après à Adélaïde,
» si le roi avoit donné ses étrennes à la reine ; et
» il dit qu'il seroit curieux de voir toutes les nô-
» tres. Adélaïde se doutant qu'il avoit envie d'a-
» voir les siennes, le dit au roi, qui la chargea de
» le lui demander : elle le fit après le salut. Il lui
» dit qu'il les recevroit volontiers : le roi lui donna
» une tabatière. Il la fit admirer à la reine, l'ad-
» mira lui-même, et en parut très-content. Le
» soir il nous dit : *Savez-vous pourquoi j'ai eu*
» *envie d'avoir ma tabatière ? c'est que j'en*
» *aurai une de plus à donner.*

» Le mardi s'apercevant que ses mains trem-
» bloient, il me demanda pourquoi. Vers les huit
» heures du soir, il lui prit un étouffement terri-

» ble, avec une foiblesse considérable ; il fut quel-
» que temps sans pouvoir parler. Quand il le put,
» il dit qu'il étoit bien foible , et demanda en
» même temps son confesseur. Sur ce qu'on lui
» dit que M. l'archevêque étoit chez moi, il dit
» qu'il seroit bien aise de le voir : il le reçut à son
» ordinaire , et lui parla beaucoup , quoiqu'il
» étouffât.

» Le mercredi matin , il m'appela et me de-
» manda si j'aimois une de ses tabatières , qu'il
» me désigna : je lui répondis que je l'aimois as-
» sez : *C'est*, me dit-il, *que je veux vous en don-*
» *ner deux ; celle où est votre portrait, et telle*
» *autre que vous aimerez le mieux.* Je ne pus
» m'empêcher de lui demander celle qu'il aimoit
» le mieux lui-même. Il me répondit qu'en vérité
» il n'en savoit rien. M. l'archevêque revint chez
» lui , et lui donna sa bénédiction. M. le Dauphin
» fit la conversation avec lui, et lui demanda ce que
» c'étoit que les processions dont on lui avoit parlé
» la veille : M. l'archevêque lui dit que c'étoit la
» grande procession de Sainte-Geneviève , qu'on
» avoit faite pour lui. *Comment*, reprit-il, *c'est*
» *pour moi ? je ne m'en doutois pas.* M. l'arche-
» vêque lui ayant parlé de la ferveur avec laquelle
» tout le monde prioit pour lui : *J'espère*, répon-
» dit-il , *que ces prières serviront au salut de*
» *mon ame : mais pour celui de mon corps, je*
» *ne le désire pas.*

» Il n'aimoit pas qu'Adélaïde et moi nous nous
» éloignassions de son lit. Les derniers jours , nous
» allions quelquefois près de la cheminée, ne pou-
» vant résister à la peine qu'il nous faisoit : il nous
» appela et nous dit : *Pourquoi vous en allez-*
» *vous toujours ? est-ce que vous ne pouvez pas*

» *vous tenir auprès de moi ?* Depuis plusieurs
» jours il rêvoit souvent. Sa principale occupation,
» dans ses rêves, étoit la messe de minuit ; il en
» parloit toujours, il croyoit y être. Au milieu de
» ses rêves, la voix de M. Collet le faisoit sur-le-
» champ revenir à lui. Vers les cinq heures, il me
» demanda si nous irions bientôt au salut. Je lui
» dis que ce ne seroit qu'à six heures ; que s'il le
» vouloit, nous nous rendrions plutôt à la chapel-
» le. Il me dit que non. Dans cet intervalle , de-
» puis cinq jusqu'à six, il appela plusieurs fois son
» confesseur, lui parla bas, et l'envoya parler à
» son médecin. À six heures, je lui dis que nous
» allions au salut ; il me dit : *C'est bien fait.* En
» rentrant dans la chambre , je fus étonnée de n'y
» voir aucun médecin. On me dit qu'il avoit ren-
» voyé tout le monde, et qu'il étoit resté seul avec
» M. Collet. Je crus qu'il avoit voulu se confesser
» encore une fois. Je m'approchai de son lit avec
» mesdames : il nous reçut très-bien, et nous parla
» avec sa tranquillité ordinaire , ainsi qu'au roi et
» à la reine. Mais j'appris le soir, que pendant no-
» tre absence , il s'étoit fait dire les prières des
» agonisans.

» Tandis que la reine étoit assise auprès de son
» lit , il m'appela , et me dit tout bas : *Je crois*
» *pourtant que je passerai encore cette nuit.* Cons-
» ternée et troublée de ce propos, je lui dis : Ah
» j'espère que cela sera encore long. *Non,* me dit
» il, *cela n'ira pas bien loin.* Pénétrée de dou-
» leur , je me retirai ; il appela Adélaïde, et lui
» dit la même chose. Comme elle parloit assez haut
» pour être entendue de la reine, il lui dit : *Paix*
» *donc, parlez plus bas.* Il se faisoit tâter le pouls
» à tout moment et demandoit comme on le trou-

» voit. Cependant il avoit toujours de la gaîté dans
» l'esprit, et plaisantoit encore : quelqu'un ayant
» poussé une table assez rudement, il contrefit le
» bruit, et demanda à Louise si ce n'étoit pas du
» tonnerre, parce qu'elle en a peur. Comme il avoit
» beaucoup de peine à cracher et à se moucher,
» il disoit qu'il en avoit oublié la manière, qu'il
» auroit bien besoin de la rapprendre.

» Dans la nuit il me demanda : on lui dit que
» j'étois montée chez moi pour me reposer quelques
» heures, parce que je m'étois blessée à la jambe.
» A sept heures du matin, il me demanda encore :
» M. de la Sône lui dit qu'il alloit monter pour me
» donner de ses nouvelles. Il vint en effet : je me
» levai tout de suite. Je ne fus pas plutôt levée,
» que son premier valet de chambre vint me dire
» qu'il me prioit de lui envoyer le tabac que la
» reine lui avoit fait accommoder la veille : je des-
» cendis sur-le-champ. Dès qu'il m'aperçut, il me
» dit : *Quoi! c'est toi-même ?* Je lui dis que je
» lui apportois le tabac qu'il m'avoit demandé. Il
» me prit la main, et me dit en me la serrant :
» *Eh! bonjour, mon petit cœur ; je suis bien*
» *aise de te voir! je te croyois perdue. Il y a*
» *un moment qu'on m'avoit dit que tu ne des-*
» *cendrois que ce soir. Que je t'aime!* Il me serra
» encore la main, et je baisai la sienne, hélas !
» pour la dernière fois. N'ayant plus le courage
» de rester auprès de son lit, j'allai me mettre au
» fond de la chambre : il m'appeloit à chaque ins-
» tant. Louise vint : il avoit un bras hors de son
» manteau de lit, je lui proposai de le remettre.
» Il se tint sur son séant assez long-temps, sans
» s'appuyer , pendant que Louise arrangeoit

» l'autre bras, je ne fis que le soutenir très-légè-
» rement.

» Un moment après, il dit : *Que tout le monde
» sorte, excepté M. Collet :* il étoit allé dire la
» messe. Je dis à M. l'archevêque de s'approcher
» de son lit, en attendant M. Collet. Dès qu'il
» l'aperçut, il lui dit : *Ah ! bon jour, Monsei-
» gneur :* c'est ainsi qu'il l'appeloit toujours ; et il
» se mit à faire la conversation avec lui. M. Collet
» vint : nous passâmes dans le cabinet. Après qu'il
» lui eut parlé, il nous fit rappeler. Son médecin
» lui proposa de prendre une potion qu'on lui avoit
» préparée : il l'accepta. En la prenant, *Ah !* dit-
» il, *que cela est fort, est-ce du Lilium ?* On lui
» dit que non. Un moment après, il appela le mé-
» decin, et lui dit : *Votre drogue a pensé me
» donner un battement de cœur.* Il demanda
» ensuite, en riant, à la reine, si elle aimoit les
» momies d'Egypte. La reine lui ayant répondu
» que non : *C'est,* lui dit-il, *que bientôt vous
» en aurez une : car les drogues chaudes qu'on
» me donne me dessèchent.* La reine lui dit que
» quand il se porteroit bien, il auroit bientôt re-
» couvré son embonpoint : *Ah ! oui,* lui dit-il,
» avec un sourire qui marquoit assez qu'il n'y
» comptoit pas ; il m'appela ensuite, et me dit :
» *Arrangez-moi mes oreillers, et tâchez de me
» trouver une situation qui me mette la poitrine
» un peu à l'aise pour respirer.* Je l'arrangeai de
» mon mieux, et lui demandai s'il se trouvoit
» plus commodément. Il me dit : *Oui, du moins
» pour le moment.* Il s'assoupit, et se réveilla,
» en disant à M. Collet : *N'est-on pas à l'éléva-
» tion ?* M Collet lui dit qu'on ne disoit pas la
» messe Il demanda à la reine si elle venoit de

» matines ? On lui dit que ce n'étoit pas la nuit
» de Noël. Il dit qu'il l'avoit cru ; et son agita-
» tion continuant, il commença à chanter un
» Noël. Son confesseur lui dit de ne pas chanter,
» parce que cela lui fatigueroit la poitrine : *Vous*
» *avez raison*, dit-il, et il se tut. Un moment
» après, il se mit sur son séant, et se laissa en-
» suite tomber, en disant : *Ah ! reposons-nous*
» *pour un moment.* Je fus si effrayé de l'état où
» je le voyois, que je crus qu'il alloit avoir une
» foiblesse, et j'appelai La Breuille. Il s'aperçut
» de ma frayeur, et me demanda pourquoi j'ap-
» pelois le médecin ? Je lui répondis que je croyois
» qu'il se trouvoit mal. Il me dit en riant : *Oh !*
» *non, pas encore ;* puis se souvenant qu'on lui
» avoit dit que je m'étois blessée à la jambe, il
» me dit : *N'êtes-vous pas bien fatiguée ? Com-*
» *ment va votre jambe ?* Je lui dis que ce n'étoit
» rien. Il dit à son médecin que, pour s'être mis
» un moment sur le côté gauche, il sentoit une
» douleur au cœur : il se remit à droite ; mais la
» douleur continuant toujours, il m'appela, et
» me dit de lui soutenir le bras gauche. Je le
» soutins jusqu'à ce qu'il se trouvât mieux. C'est
» le dernier instant où j'ai eu le bonheur de le voir,
» car quoique je sois restée quelque temps dans
» sa chambre, je n'ai plus osé approcher de son
» lit. Je l'entendois seulement se plaindre de sa
» douleur au côté gauche, qui avoit beaucoup
» augmenté. »

Ici finit la relation de la Dauphine, qui ne voulut écrire que ce qu'elle avoit vu : elle est conti-
nuée par l'évêque de Verdun, qui est resté auprès
du prince jusqu'à son dernier soupir. Son confesseur et quelques autres personnes ont aussi recueilli

plusieurs particularités de sa maladie, que nous avons été obligés d'omettre, pour ne pas interrompre le récit de la Dauphine.

Au moment où son premier médecin, fidèle à l'ordre qu'il lui en avoit donné, l'avertit du danger de son état, sans s'émouvoir, et sans paroître inquiet, il lui dit avec bonté : « La Breuille, je » reconnois ici que vous êtes un honnête homme : » je vous ai toujours aimé, et je vois que vous » méritez mon estime : eh bien ! je vous ordonne » de m'avertir avec la même franchise, quand » vous vous apercevrez que le danger sera plus » pressant. » Sur ces entrefaites, la reine entra avec la Dauphine et les jeunes princes. « Je vous » prie, leur dit-il, en regardant son médecin, de » lui accorder votre amitié ; c'est le plus honnête » homme du monde. » Il se prêta ensuite à la conversation avec la plus grande tranquillité, et sans laisser même soupçonner son danger à la reine, qui l'ignoroit encore.

La première chose qu'il fit, dès qu'il fut libre, fut de faire appeler son confesseur. Il lui fit part de l'ouverture que lui avoit faite son médecin, et lui ajouta : « Par la grâce de Dieu, je ne me sens » nulle attache à la vie. Je désirerois bien avoir » une meilleure ame ; mais je me confie en la mi- » séricorde infinie de Dieu. » Il lui dit ensuite qu'il seroit bien aise de se confesser, et il le fit avec autant de tranquillité, que s'il eût joui de sa plus parfaite santé. Il ne comptoit recevoir ses sacremens qu'à quelques jours de là ; mais le lendemain sur les huit heures du matin, son confesseur lui ayant proposé de les recevoir le jour même : « Je ne demande pas mieux, lui répondit-il ; » mais j'aurai bien peu de temps pour me dispo-

» ser à une si grande action. » L'administration néanmoins ne devoit se faire que vers midi. Dès ce moment, il se mit en prières. Après y être resté environ une heure, il demanda qu'on lui fît un entretien en forme de méditation, sur les dispositions aux derniers sacremens, et sur les grâces particulières qu'ils produisent dans l'ame.

A onze heures, le roi, la reine, la famille royale, les princes du sang, les grands du royaume, les ambassadeurs des cours étrangères, et tout ce qu'il y avoit de seigneurs à la cour, se rendirent à l'église pour aller chercher le Saint Sacrement. A cette nouvelle toute la ville s'émut : le peuple accourut en foule, et remplit en un instant toutes les cours du château. On n'entendoit de toutes parts que des soupirs et des gémissemens. Quand le malade sut que le Saint Sacrement approchoit, il voulut s'asseoir sur son lit afin de recevoir plus respectueusement son Créateur. Le roi n'ayant pas eu le courage d'entrer dans la chambre, se jeta à genoux à la porte. Le duc d'Orléans et le prince de Condé entrèrent pour tenir la nappe de communion. Pendant la cérémonie, tandis que tout le monde fondoit en larmes, et que plusieurs éclatoient en soupirs, le Dauphin paroissoit aussi tranquille et aussi recueilli que lorsqu'il communioit en santé. Un air de sérénité et de satisfaction répandu sur son visage, annonçoit le calme intérieur de son ame. Le cardinal de la Roche-Aimon, en sa qualité de grand-aumônier de France, fit l'administration. Dans le trouble où l'avoit jeté ce douloureux ministère, il omettoit une des onctions, sans qu'aucun des ministres assistans le lui fît observer. Le Dauphin, le seul qui dans ce moment possédât son ame en paix, s'en aperçut, et l'en avertit avec bonté.

Après qu'il eut été administré, il demanda qu'on lui dît une messe d'action de grâces, qu'il entendit avec son recueillement et sa piété ordinaires. La messe finie, son confesseur s'approcha de son lit : « Je n'eusse jamais cru, lui dit-il, qu'il y eût » tant de consolation à recevoir ses derniers sa- » cremens : Dieu me fait goûter en ce moment une » joie si douce, que jamais je n'ai rien éprouvé » de semblable. » Il vouloit continuer, et l'abbé Collet raconte lui-même que, ravi de l'effusion de cœur avec laquelle il exprimoit sa reconnoissance, il ne se seroit point lassé de l'entendre ; mais pensant qu'il devoit être excédé de fatigue, après avoir passé quatre heures en exercice de piété, il lui représenta qu'il étoit temps qu'il se tranquillisât : « Non, lui répondit-il, je ne me sens nullement » fatigué : Dieu a soutenu mon esprit et mes » forces. » Le confesseur, avant de se retirer, lui dit qu'il le conjuroit de s'unir aux prières qui se faisoient dans tout le royaume, pour obtenir du Ciel ce qui, après le salut de son ame, intéressoit le plus la nation. « Vous entendez sans » doute ma conservation, lui dit le Dauphin en » souriant ? — Ah ! monsieur, reprit le confes- » seur, pourriez-vous en douter ? Vous seul igno- » rez combien vous nous êtes cher et nécessaire. » Le prince se recueillit un instant, et répondit en- suite : « Permettez-moi de m'en tenir à demander » uniquement à Dieu l'accomplissement de sa vo- » lonté sur moi ; ses pensées sont bien différentes » des nôtres. » Il cita en même temps ces paroles de l'Écriture : *Cogitationes meæ non sunt cogitationes vestræ* Touché de ses grands sentimens de résignation, son confesseur lui dit que sa disposition étant en effet la plus parfaite, il ne lui conviendroit pas de chercher à l'affoiblir, et il se retira. Le roi aussitôt s'approcha de son lit et l'embrassa. Le Dauphin s'aperçut qu'il avoit les larmes aux yeux : « Ah ! lui dit-il, votre attendrissement » est la seule chose qui me fasse de la peine en ce » moment : je vous ai toujours été inutile, et je » vous laisse chargé de mes enfans. » Le même jour, dans l'après-midi, il écrivit ses dernières dispositions, et une longue lettre pour le roi. Il en fit un paquet, qu'il scella lui-même de ses armes, et qu'il remit au ministre qui avoit le département de la cour, en le chargeant de le porter au roi aussitôt après sa mort.

Comme on ne doutoit pas que les prières de ce prince ne dussent être agréables à Dieu, on le pressa de prier pour sa propre conservation. La reine alla même jusqu'à lui en faire une sorte d'obligation de conscience, fondée sur ce qu'il étoit d'une grande ressource pour la religion : « Maman, lui répondit-il, ayez confiance : celui » qui a établi sa religion sans moi, saura bien la » soutenir et la faire triompher sans moi. » Touché cependant de l'extrême affliction de la famille royale et de toute la nation, il se fit un jour violence pour s'unir à des vœux qui n'étoient point les siens, et pour demander à Dieu une grâce qu'il ne désiroit point. Mais le lendemain son confesseur s'étant rendu auprès de lui : « Non, lui dit-il, » qu'on n'exige plus de moi désormais que je de- » mande à Dieu ma conservation ; je sens que cette » prière me dessèche l'ame et m'empêche de m'u- » nir à Dieu avec la consolation que j'ai le bon- » heur d'éprouver, lorsque je ne lui demande que

» des grâces de salut. » Comme on lui parloit de l'état florissant où se trouvoit la religion dans un des royaumes de l'Inde, il jeta les yeux sur le crucifix qui étoit attaché au pied de son lit, et témoigna à la personne qui lui parloit, que cette nouvelle lui causoit la joie la plus sensible.

Pendant toute sa maladie, outre le temps qu'il donnoit à ses exercices de piété, seul ou avec la Dauphine, il vouloit que son confesseur l'entretînt régulièrement une demi-heure chaque jour sur les vérités du salut. « Je tâche, lui disoit-il, de bien » me pénétrer de ce que vous me dites, afin de » me le rappeler de temps en temps et d'en faire » le sujet de mes courtes méditations : car dans » l'état où je suis, je ne puis plus en faire de bien » suivies : il m'est presque impossible de lire par » moi-même, et je n'ai jamais pu m'accoutumer » à me faire lire. »

Parmi les différens bienfaits dont il témoignoit à Dieu sa reconnoissance dans les derniers jours de sa vie, il le remercioit surtout de trois choses : de lui avoir donné une épouse vertueuse, de lui accorder le temps de se disposer à la mort par les souffrances d'une longue maladie, qui lui laissoit toute sa connoissance, et enfin d'avoir près de lui dans ces derniers momens un confesseur zélé, une famille et des amis qui ne désiroient pas moins le salut de son ame que la santé de son corps.

La nuit du 15 au 16 décembre ayant été fort orageuse, le lendemain, dès six heures du matin, il fit appeler son confesseur, et lui demanda qu'il lui dît sincèrement ce qu'on pensoit de son état. Le confesseur lui avoua que, quoique l'on ne désespérât pas encore que le Seigneur ne se laissât fléchir par les larmes de toute la nation prosternée aux pieds des autels, les médecins cependant craignoient tout pour les suites. A cela le Dauphin répondit : « Mon unique désir est de com- » munier encore une fois ; aidez-moi donc pour » me disposer à recevoir mon Créateur et mon » Sauveur, qui voudra bien se donner à moi dans » l'excès de sa bonté, et que je verrai bientôt » comme mon souverain juge. Cette réflexion, » ajouta-t-il, est effrayante, mais elle ne diminue » rien de ma vive confiance en sa miséricorde. »

Toute la matinée fut pour lui un temps de préparation à sa communion, qu'il fit à onze heures et demie. Depuis ce moment surtout on n'osoit plus lui parler du rétablissement de sa santé ; l'entretenir de Dieu et de l'éternité, étoit le plus grand plaisir qu'on pût lui faire. Au milieu de ses plus grandes souffrances, il conservoit toute la gaîté qui faisoit le fond de son caractère ; jamais on n'aperçut sur son front le moindre nuage de tristesse, et l'on eût dit que mourir étoit pour lui une action ordinaire de la vie. Peu de temps avant sa mort, la Providence lui ménagea une épreuve qui eût été capable d'accabler une ame moins forte, mais qui ne lui causa pas la moindre émotion : il voyoit de son lit tout ce qui se passoit dans une des cours du château ; il s'aperçut un jour qu'on chargeoit à la hâte une voiture d'office : ce qui lui fit comprendre qu'on ne doutoit plus de sa mort prochaine. Il demanda ce que c'étoit que cette voiture ; et comme on ne croyoit pas qu'il eût distingué les effets dont on venoit de la charger, on lui répondit qu'elle partoit à l'occasion du renouvellement de quartier. Au même instant il vit entrer dans la cour un carrosse, qu'on arrangea avec la même précipitation : « Voilà sans doute, dit-il, le carrosse des officiers qui ont fait mettre leurs meubles sur la voiture qui vient de sortir. » Personne ne sentit l'ironie, et la tranquillité avec laquelle il parloit, fit croire qu'il étoit très-éloigné de soupçonner la vérité. Il en seroit sans doute resté là, et nous auroit laissé ignorer l'épreuve à laquelle l'avoit mis cette imprudence, si son humeur toujours gaie ne l'eût porté, par occasion, à déceler sa pensée. Son médecin entra pour lui présenter un bouillon : il étoit fort copieux ; en le recevant, il regarda ceux qui croyoient lui avoir fait prendre le change, et leur dit en souriant : « S'il faut que je le prenne » tout entier, vous pouvez bien aller dire à ces » gens-là de dételer ; car je les ferois attendre trop » long-temps. »

Le mercredi dix-huit, vers les cinq heures du soir, il dit à son confesseur qu'il désiroit beaucoup qu'on lui récitât les prières des agonisans. Le confesseur lui représenta que ce seroit donner, avant le temps, l'alarme la plus cruelle. « Ne me » refusez pas cette grâce, reprit-il, ces prières » sont si belles ! elles m'inspirent de la dévotion : » ce qui annonce qu'il s'en étoit déjà occupé. Nous avons vu plus haut que, pour ménager la sensibilité de la famille royale, il attendit, pour se les faire réciter, qu'elle fût sortie pour aller au salut. « Il s'y unissoit, dit l'abbé Collet, comme un » homme qui ne soupire qu'après le moment de » sa dissolution ; et il sembloit sortir de lui-même » pour s'élever vers Dieu. »

Les personnes qui restoient habituellement auprès de lui, ne pouvoient lui faire de plus grand plaisir que de l'entretenir de pensées relatives à sa situation : souvent il les en prioit lui-même. Si

» j'étois quelques momens sans lui parler, dit son
» confesseur, il m'appeloit, et me disoit : parlez-
» moi de Dieu, car cela m'est d'une grande con-
» solation. » Le cardinal de Luynes lui disoit qu'il
devoit être dans la ferme confiance que Dieu lui
tiendroit compte du sacrifice qu'il lui demandoit
de sa vie, au milieu de sa carrière. « Ah ! s'écria-
» t-il, si vous saviez combien ce sacrifice me coûte
» peu ! Est-il possible, M. le cardinal, qu'on goûte
» tant de douceurs aux approches de la mort ? »
M. de la Martinière, qui étoit alors auprès de son
lit, rendit, peu de temps après, cette exclamation au roi, qui en fut si pénétré, qu'il ne put retenir ses larmes. Le duc d'Orléans, frappé jusqu'à
l'étonnement de la tranquillité avec laquelle ce
prince envisageoit l'approche de sa dernière heure,
disoit à Louis XV : « Je n'aurois jamais cru, sire,
» qu'aux portes de la mort, on pût conserver
» tant de sérénité, et une paix si profonde ! —
» Cela doit être ainsi, répondit le roi, quand on
» a su, comme mon fils, passer toute sa vie sans
» reproche. »

Le jeudi dix-neuf, il s'aperçut lui-même qu'il
entroit en agonie ; il dit un peu avant l'heure ordinaire : « Je serois bien aise d'entendre la messe. »
Puis en regardant son crucifix, il ajouta : « Que
» j'aie encore cette consolation, ce sera pour la
» dernière fois. » Tout le temps qu'elle dura, il
eut les yeux fixés sur l'autel ; son attention se soutint comme s'il eût été en parfaite santé. Les assistans, placés comme entre deux sacrifices, jetoient les yeux tantôt sur l'autel, tantôt sur le
prince mourant ; et leurs prières étoient des pleurs.

Après la messe, il dit qu'il étoit temps qu'on lui
récitât publiquement les prières des agonisans ;

qu'il falloit avertir le grand aumônier. Quand le prélat fut entré, on se jeta à genoux, chacun de son côté, et tout le monde se mit à pleurer. Le prince, toujours semblable à lui-même, étoit presque le seul qui possédât son ame assez en paix, pour s'unir aux prières qu'on faisoit pour lui. Se sentant distrait par quelque besoin qui l'empêchoit de les suivre avec toute son attention, il les fit interrompre pour un moment. Quand le grand-aumônier en fut arrivé aux paroles les plus redoutables, qu'il ne prononçoit qu'à voix basse et entrecoupée, le Dauphin, les yeux fixés sur son crucifix, reprit lui-même d'un ton de voix ferme et animé : « *Proficiscere anima christiana de hoc » mundo, etc.* » Il répéta avec la même fermeté, les autres prières qui suivent. Quelques instans après, il demanda la Dauphine ; on lui dit qu'il falloit qu'il ajoutât à ses autres sacrifices, celui de ne plus voir cette princesse. Il ne répondit rien ; mais son silence annonçoit sa résignation. Il lui survint au même moment une quinte de toux des plus violentes. Quand elle fut apaisée, pensant combien la Dauphine auroit souffert, si elle eût été présente, il dit, comme s'il lui eût parlé : « Va- » t-en, mon cœur, va-t-en, cela est trop cruel » à entendre. »

Sur les deux heures après midi, on lui récita le *Miserere* au pied de son lit. Il dit ensuite qu'il désiroit qu'on lui rappelât de temps en temps quelques passages des psaumes ou du Nouveau Testament, les plus propres à soutenir sa foi et sa confiance en Dieu. Depuis ce moment, on ne lui récita plus aucune prière suivie. Le grand-aumônier, le cardinal de Luynes, l'évêque de Verdun, et son confesseur, l'entretenoient alternativement, selon qu'il le désiroit : en lui faisant, sur quelques textes de l'Ecriture, des réflexions analogues à sa situation. Quand un passage le touchoit davantage, il se le faisoit répéter deux fois.

A cinq heures, il chargea l'évêque de Verdun de s'informer de l'endroit où étoit la Dauphine, et de s'assurer par lui-même de sa situation. L'évêque lui rapporta que la princesse étoit avec le roi, chez madame Adélaïde, qui avoit pour elle les soins les plus empressés, et qui lui donnoit un lit dans son appartement, pour la nuit suivante. Le prince reprenant la parole, dit : « Elle est bien » affligée ? Peut-elle encore pleurer ? » Et sans attendre la réponse, il dit à son premier médecin, qui étoit aussi celui de la princesse : « La Breuille, » croyez-vous qu'il n'y ait rien à craindre pour » la poitrine de madame la Dauphine ? »

Un moment après, il marqua sa reconnoissance à tous ceux qui avoient été attachés à sa personne : aucun ne fut excepté. Il remercia avec bonté ceux qui l'avoient servi par intérêt, comme ceux qui l'avoient fait par affection, se réservant de faire connoître à ceux-ci, en particulier, qu'il les avoit toujours distingués de la foule des courtisans. Pendant toute sa maladie, il ne lui est pas échappé une plainte, pas une parole d'aigreur contre ceux qui s'étoient efforcés de calomnier, aux yeux des peuples, son mérite et ses vertus. La Dauphine nous apprend seulement qu'un jour qu'on lui parloit de la désolation générale de la nation, il dit avec sa douceur ordinaire : « Hélas ! il y a six mois » que bien des gens me détestoient ; je ne l'avois » pas plus mérité que l'amour qu'on me témoigne » à présent. »

Après qu'il eut parlé à ses officiers et à ses menins, il eut la pensée de faire appeler les jeunes princes ses enfans ; mais faisant attention que l'extrémité de son état pourroit être pour eux un spectacle trop effrayant, il se contenta de faire venir leur gouverneur, qu'il chargea de leur porter ses dernières instructions, que nous avons rappelées ailleurs. Il vouloit y ajouter quelque chose ; mais le duc de la Vauguyon, accablé de douleur, et fondant en larmes, tomba entre les bras des personnes qui étoient auprès de lui, qui le conduisirent aussitôt dans un arrière-cabinet.

Après avoir demandé, pour la seconde fois, des nouvelles de la Dauphine, et de madame Adélaïde : « Et la reine, dit-il, sans doute qu'elle est aussi » bien affligée ? » L'état des autres le touchoit beaucoup plus que l'extrémité où il étoit lui-même réduit. Il s'occupoit, avec toutes sortes de bontés, des personnes que le devoir ou l'amitié retenoient auprès de lui. Il dit à son confesseur qu'il se reprochoit beaucoup de l'avoir empêché de dîner Ayant adressé à l'évêque de Verdun quelques paroles qui annonçoient qu'il conservoit encore sa gaîté, le prélat, à l'occasion de ce qu'il lui disoit, lui répondit que puisqu'il croyoit lire jusque dans le fond de son cœur, il alloit aussi deviner ce qui se passoit dans le sien : et il lui dit que sûrement il étoit bien occupé de madame la Dauphine et de madame Adélaïde. « Ah ! vous avez bien » raison, lui dit le Dauphin, je prie Dieu de les » consoler. »

Sentant que sa fin approchoit, et ne croyant pas pouvoir passer la nuit, il dit le soir au cardinal de Luynes : « Il est temps, M. le cardinal, que vous » me donniez la dernière bénédiction, et l'indul- ꞏ gence *in articulo mortis.* » Il lui en avoit déjà parlé. Sur ce que le cardinal lui représenta qu'il n'étoit point encore à la dernière extrémité, il lui dit : « Vous voudrez donc bien que je vous fasse » éveiller cette nuit. » Le cardinal l'assura qu'il resteroit toujours auprès de lui. Le prince lui témoigna combien il étoit touché de son attachement et de son assiduité. Tout ce qu'il disoit, annonçoit le plus grand désir de se voir réuni à Dieu : son médecin lui ayant tâté le pouls, disoit qu'il avoit encore du ressort et de la force : « Tant pis, » lui répondit-il. » Mais pensant que cette parole pouvoit laisser croire qu'il se lassoit de souffrir, il ajouta : « Quand je dis tant pis, ne croyez pas » que ce soit par découragement ; grâces à Dieu, » je ne m'ennuie pas de mes souffrances ; mais » quand je pense que dans peu je pourrai avoir » le bonheur de voir mon Dieu face à face, et de » le connoître en lui-même, je vous avoue que je » désirerois bien que le moment fût déjà arrivé ! »

Toutes les fois qu'on lui parloit des prières publiques et particulières qui se faisoient pour lui dans toute l'étendue du royaume, il en paroissoit vivement touché. Quelqu'un, pendant cette nuit, lui ayant fait la réflexion, qu'au moment où il parloit, toute la nation, dans la douleur et les larmes, demandoit à Dieu la conservation de sa vie ; après être resté un moment en silence, comme pour recueillir ses forces défaillantes, il leva les yeux et les mains au ciel, et s'écria du ton de voix le plus attendrissant : « Ah ! mon Dieu, je » vous en conjure, protégez à jamais ce royaume, » comblez-le de vos grâces et de vos bénédictions » les plus abondantes. » Ces paroles pénétrèrent tous les assistans, et l'un d'eux lui dit : « Pour » moi, monseigneur je ne désespère pas encore

» que le Seigneur, touché par tant de prières et
» de larmes, ne fasse éclater sa puissance, pour
» vous rendre à nos vœux. » Le prince, l'inter-
rompant, rejeta avec une fermeté héroïque une
pensée qui, selon lui, n'étoit plus celle dont on
devoit l'occuper. Plusieurs fois pendant cette nuit,
il offrit à Dieu le sacrifice de sa vie pour toute la
nation, et spécialement pour le roi et la famille
royale. « Si j'étois assez heureux, dit-il à ceux
» qui étoient autour de son lit, pour entrer dans
» le Ciel au sortir de ce monde, et qu'il plût à
» Dieu d'exaucer mes prières, je vous promets
» que vous en ressentiriez les effets : je n'oublie-
» rois pas ceux qui m'ont été ici-bas les plus
» chers. »

Pénétré de reconnoissance pour la grâce que
Dieu lui faisoit, de lui conserver jusqu'à la fin la
plus parfaite connoissance, il dit, en regardant
son crucifix, qu'il tint presque toujours entre les
mains pendant son agonie : « Vous voulez donc,
» ô mon Dieu, que je mette à profit pour l'éter-
» nité dans laquelle je vais entrer, jusqu'au der-
» nier instant de mon agonie. » Vers minuit, il
pressa le cardinal de Luynes de lui donner la dernière bénédiction et l'indulgence *in articulo mortis.* En certains momens, la chaleur de la fièvre
lui causoit des absences ; mais comme la peine
qu'il avoit alors à parler, l'obligeoit de le faire en
peu de mots, et à voix basse, il est probable que
ce qu'on croyoit destitué de sens, ne l'étoit pas
toujours : c'est ainsi que le cardinal de Luynes
attribuoit au délire ce qu'il lui dit pendant cette
nuit : il lui demanda s'il y avoit des caves de sépulture dans le chœur de son église. Sur la réponse
que lui fit le cardinal, qu'il n'y en avoit qu'une

sous l'autel pour les archevêques : « Il faudra
» donc en faire une, lui dit le Dauphin , car je
» dois faire un voyage à Sens. » On découvrit le
sens de ces paroles, quand à l'ouverture de son
testament , on vit qu'il demandoit à être enterré
dans la métropole de cette ville.

Cependant sa poitrine se remplissoit ; il ne lui
étoit plus possible d'expectorer. Comme on lui disoit qu'il devoit souffrir cruellement , il avoua
qu'il n'avoit jamais tant souffert de sa vie. Quoique les boissons qu'on lui donnoit alors le fatiguas-
sent et ne servissent qu'à prolonger ses souffrances , il s'efforçoit de les prendre , et n'en refusoit
aucune. Ce n'étoit plus dans ces derniers momens
des sentimens de résignation et de confiance qu'il
exprimoit , c'étoit des transports d'amour , et des
désirs enflammés d'être uni à son Dieu. Il ne faisoit tâter le pouls fort souvent ; et il demandoit ,
avec la plus grande tranquillité, s'il alloit bientôt
mourir ; combien d'heures il pourroit encore vivre ; il demanda s'il iroit bien jusqu'à six heures
du matin. Sur ce qu'on lui répondit qu'il pourroit
encore aller plus loin : « Mon Dieu ! s'écria-t-il ,
» serai-je donc encore privé long-temps de la joie
» ineffable de votre vue ? » On lui demanda s'il
désiroit que Dieu abrégeât ses maux : « Non, ré-
» pondit-il, je ne veux que sa volonté ; je ne dois
» pas me lasser , ajouta-t-il , en regardant son cru-
» cifix , de souffrir pour l'amour de notre Sau-
» veur qui a tant souffert pour nous : je ressens des
» douleurs dans la poitrine, mais cela ne doit
» point s'appeler souffrir beaucoup. » Son confesseur lui ayant demandé s'il étoit toujours dans
la disposition de ne vouloir que l'accomplissement
de la volonté de Dieu sur lui , il lui répondit avec

un transport, que ses paroles seules peuvent rendre : « Oui, si j'avois mille vies et mille santés en
» ma disposition, je les sacrifierois à l'instant
» au désir qui me presse de voir mon Dieu et de
» le posséder. Je n'ai jamais rien tant souhaité,
» poursuivit-il, que de le connoître en lui-même ;
» il doit être bien grand, bien admirable dans l'é-
» tendue de ses perfections infinies ! »

Le vendredi, vers les six heures du matin, il perdit tout usage de la parole ; son cœur fut la dernière partie qui succomba. Tout étoit mort en lui, qu'il conservoit encore toute la vivacité du sentiment. Dès qu'on lui parloit de Dieu, il s'efforçoit de faire connoître par quelques foibles signes qu'il en étoit touché. « N'ayant plus de mouve-
» ment que dans les lèvres, dit l'abbé Collet, il
» les remuoit, quand je lui parlois, pour me faire
» comprendre qu'il m'entendoit. » Quand il ne donna plus aucun signe de connoissance, le cardinal de Luynes entreprit de lui dire, pour la dernière fois, les prières des agonisans, qu'il eut beaucoup de peine à achever. Les assistans n'y répondirent que par des larmes et des sanglots. Bientôt après on vit ses yeux s'éteindre insensiblement : il ne paroissoit plus tenir à la vie que par un léger souffle. Aucune agitation violente, aucun mouvement convulsif n'annonça son dernier soupir ; il le rendit paisiblement, et comme s'il se fût endormi d'un doux sommeil après avoir essuyé une agonie de vingt-deux heures. Ce fut le 20 ~~mars~~ *décembre* 1765, à huit heures du matin. Il étoit âgé de trente-six ans trois mois et seize jours.

Le cardinal de Luynes chargé d'annoncer une si triste nouvelle à la Dauphine, dont il étoit premier aumônier, lui dit : « Madame, bénissons le

» Seigneur, nous avons un saint de plus à hono-
» rer dans le Ciel. Non, il n'y a point de religieux
» de la Trappe qui n'enviât la mort que vient de
» faire M. le Dauphin. La foi peut bien nous con-
» soler, et sa résignation héroïque doit être le
» modèle de la nôtre. » Quoique la princesse dût
être assez préparée à ce fâcheux événement, elle
en fut comme accablée.

Il seroit difficile d'exprimer l'extrême conster-
nation où la mort du Dauphin jeta toute la nation.
La douleur fut générale, et aussi vive dans le fond
de nos campagnes qu'elle l'étoit à Fontainebleau
et à Versailles. Louis XV pleura amèrement son
fils unique et l'héritier de sa couronne. La reine,
victime de sa tendresse, ne lui survécut pas long-
temps. Les dames de France, aussi affligées que
la reine et la Dauphine, s'efforçoient, pour les
consoler, de contenir les premiers mouvemens
d'une douleur dont elles conservèrent toujours le
sentiment. Héritiers du cœur de leur père, les
enfans de ce prince sentirent, dans un âge encore
tendre, toute la grandeur de leur perte. Le titre
de *Dauphin*, et les distinctions attachées à ce
nom, au lieu de flatter l'enfance du duc de Berry, ne servirent qu'à perpétuer sa douleur. La
première fois qu'en traversant les appartemens,
il entendit crier devant lui : *Place à M. le Dauphin ;* au souvenir de celui qui portoit ce titre
peu de temps avant, son cœur s'émut ; on vit
couler ses larmes. Le roi Stanislas, à l'ouverture
de la lettre qui lui apprenoit la nouvelle de cette
mort, s'écria en soupirant : « La perte réitérée
» d'une couronne n'est jamais allée jusqu'à mon
» cœur ; celle de mon cher Dauphin l'anéantit. »
Suivant les dernières dispositions de ce prince,

son cœur seulement fut porté à Saint-Denis, et son corps fut conduit à Sens. De plusieurs lieues aux environs, les habitans des campagnes accouroient en foule, et bordoient les chemins par où passoit la pompe funèbre. On eût dit, à voir ces pauvres gens, qu'on faisoit les funérailles de leur père commun : les uns gardoient un silence de tristesse et d'admiration ; d'autres, sans s'être jamais vus, sembloient se connoître, et se racontoient, comme entre amis, ce qu'ils savoient des vertus du prince. Ils répétoient, les larmes aux yeux, ce qu'ils avoient ouï dire : « Il auroit voulu » diminuer nos tailles, et nous rendre heureux. » Oui, disoient-ils encore, c'est Dieu qui nous » a punis, nous ne méritions pas d'avoir jamais » un si bon roi » D'autres enfin tâchoient de se consoler, en se disant dans leur langage naïf (1) : « Il faut espérer que les enfans d'un si brave hom- » me ressembleront à leur père. » On n'enten- doit, tout le long de la route, que des regrets at- tendrissans. Plusieurs accompagnèrent le convoi jusqu'à Sens : les autres, après l'avoir long-temps suivi des yeux, reprenoient tristement le chemin de leurs hameaux. Et c'est ainsi que, depuis Fon- tainebleau jusqu'à Sens, le bon peuple, qui con- noît encore les vraies vertus, rendit l'hommage le plus solennel à celles du Dauphin, et le combla de mille bénédictions.

Il ne paroît pas que ce prince ait été porté par aucune raison particulière à choisir Sens, plutôt

(1) Le convoi s'étant arrêté dans un petit village près de Sens, nommé Saint-Denis, une pauvre femme, en considérant le char qui portoit le corps du Dauphin, se mit à pleurer. « Ne pleure » pas, lui dit son mari, les enfans d'un si brave homme ne seront » pas bâtards, ils ressembleront à leur père. »

que tout autre endroit, pour le lieu de sa sépulture ; et Louis XV disoit un jour à l'archevêque de
Paris : « Si mon fils fût mort à Versailles , il se se-
» roit fait porter chez vous : je lui ai entendu dire
» plus d'une fois qu'il désiroit être enterré dans
» l'église-mère du diocèse. »

Cependant le peuple , un peu revenu du premier accablement de sa douleur , songea à témoigner , en la manière qu'il le pouvoit , son amour
et sa reconnoissance envers ce bon prince. On cé-
lébra ses obsèques dans toute l'étendue du royaume avec un zèle et un empressement dont on ne
se rappelle point d'exemple , même en faveur des
rois. Il y avoit comme un combat de générosité
entre les différens ordres de l'état , à qui surpas-
seroit l'autre en témoignages d'affection. On comptoit pour rien la dépense ; et l'on eût dit qu'après
une si grande perte , on n'avoit plus rien à ménager. Les plus petites paroisses , les communautés
les plus pauvres , les derniers corps de métiers
s'empressèrent , comme les autres , de lui rendre
leurs derniers devoirs. Trop pauvres pour faire l'a-
chat des tentures et des luminaires , ils se les pro-
curoient lorsqu'on s'en étoit servi ailleurs ; et, en
différant de quelques jours leurs cérémonies funèbres , ils s'en acquittoient avec autant de magnificence et d'appareil que les plus riches.

Les universités, les académies, les orateurs et
les poètes célébrèrent à l'envi ses vertus : toute la
France retentit de ses louanges. Entraînés par la
foule , ses calomniateurs chantèrent la palinodie ,
et se firent ses panégyristes : des plumes accoutumées à décrier la vertu , essayèrent de louer le
prince le plus vertueux ; et, par un contraste bien
bizarre , on vit en plus d'un endroit l'éloge du

Dauphin à côté d'une invective contre la religion
M. de Voltaire lui-même donna ce dystique pour
être mis au bas de son portrait.

> Connu par ses vertus, plus que par ses travaux,
> Il sut penser en sage, et mourut en héros.

Il parut une infinité d'oraisons funèbres, dont
un grand nombre fut imprimé : on parla du prince
dans toutes les chaires chrétiennes. Les curés et
les prédicateurs, qui ne faisoient pas un discours
entier à sa louange, ne croyoient pas pouvoir se
dispenser de rappeler au moins son souvenir à leur
auditoire; soit qu'ils exhortassent à la pratique d'une
vertu, ou à la fuite d'un vice, l'exemple du Dauphin faisoit autorité : ils en appeloient à sa conduite; et ce morceau étoit toujours le plus touchant,
et celui qui faisoit le plus d'impression sur les peuples. On vit en plusieurs endroits, des orateurs
qui, en attendrissant les autres, s'attendrirent eux-
mêmes jusqu'à verser des larmes, et pouvoir à peine
terminer leur discours.

Les Français dispersés dans les différentes villes
des royaumes étrangers, y pleurèrent la perte commune de la patrie. Ceux qui se trouvèrent à Cadix,
se distinguèrent par des dépenses considérables,
en aumônes et en décoration pour un superbe catafalque. Comme si la Providence eût voulu que
tous les élémens, ainsi que toutes les nations, ren-
dissent hommage à la mémoire et aux vertus de
ce prince, la pompe funèbre fut annoncée deux
jours avant, par une décharge du canon de treize
vaisseaux français qui se trouvoient à la rade devant cette ville. Les coups se répétèrent ensuite de
minute en minute, excepté en certains temps où
il y avoit des suspensions momentanées, pour pré-

parer des salves générales. L'évêque de Cadix offi-
cia. On partagea entre mille pauvres deux mille
aunes de drap qui avoient servi au catafalque, et
l'on distribua à chacun d'eux un pain et la valeur
de dix sous de France. L'oraison funèbre fut pro-
noncée, en langue espagnole, par un docteur de
l'université d'Ossuna. On me permettra d'en extraire quelques morceaux qui annoncent que le
Dauphin étoit connu chez l'étranger comme parmi
nous.

« La France, dit l'orateur, a perdu un prince
» que sa grande ame, et la supériorité de ses ta-
» lens, dans la fleur de l'âge, lui font doublement
» regretter... Sa piété et son amour pour les peu-
» ples, qui faisoient l'admiration des étrangers,
» deviennent aujourd'hui le sujet des regrets et de
» l'affliction des Français. Hélas ! peuvent-ils dire,
» nous avons perdu celui qui eût été dans nos fas-
» tes un Clovis, un Charlemagne, un Louis, un
» Henri ; et, si je ne respectois les décrets des
» souverains pontifes, j'ajouterois un saint... Quel
» bonheur pour un état d'être gouverné par un
» prince tel que la France se le promettoit dans
» son Dauphin !... Un prince qui connoît le fond
» de ses obligations et de ses devoirs, qui aperçoit
» la duplicité d'Achitophel, et la franchise de Na-
» than ; qui sait repousser les traits de la flatterie,
» et se défendre de la séduction des libertins : un
» prince qui découvre le faux de ces principes pré-
» tendus merveilleux, que les philosophes de ce
» siècle ont coutume de proposer aux souverains,
» comme des moyens d'assurer la félicité des états :
» un prince qui calcule, comme Daniel, ce que
» dépense en infamie un méchant accrédité, qui
» devine les intentions des impies, qui déconcerte

» leur ligue criminelle , et confond leur audace...
» Eglise de Jésus - Christ ! que n'aviez-vous pas
» droit d'espérer d'un prince si religieux ? Et vous
» pasteurs de son troupeau, prêtres du Très-Haut,
» que ne deviez-vous pas attendre de sa piété ?...
» Mais si vous vous rappelez les dernières instruc-
» tions qu'il a données à ses enfans, pourriez-vous
» craindre de ne pas retrouver en eux la même
» protection ? Le Dauphin laisse après lui une suc-
» cession magnifique, qui ne sortira jamais de sa
» maison et de son sang. Il laisse à l'Eglise, à la
» nation, à l'Europe entière la sainteté de sa vie,
» et tout l'éclat de ses vertus, dont la Providence
» prendra soin de perpétuer la mémoire dans la
» postérité.... Allez donc , ame précieuse , allez
» prendre place dans le séjour du repos éternel,
» à côté des Charlemagne et des Louis : acquittez-
» vous envers votre nation des larmes que vous lui
» faites verser... »

Le Dauphin ne fut pas seulement pleuré des
Français et regretté de nos alliés. La mort d'un
prince vertueux est une sorte de calamité universelle : tous les peuples de l'Europe se montrèrent
sensibles à notre perte, sans en excepter ceux que
la diversité de religion , ou des oppositions d'intérêts nationaux eussent dû rendre, ce semble, les
plus indifférens. Partout où ce prince étoit connu,
on l'estimoit et on l'aimoit. Les ennemis mêmes de
la nation ne l'avoient jamais été de sa personne.
Voici ce qu'écrivoit d'Angleterre au duc de Nivernais, qui avoit été notre ambassadeur en cette île,
un homme de lettres (1), à portée de connoître et
d'apprécier les sentimens de ses compatriotes :
« Permettez à un étranger de mêler ses larmes aux

(1) Le docteur Maty

» vôtres et à celles de toute la France. Germani
» cus pleuré des Romains, le fut aussi de ses voi
» sins, des ennemis mêmes de leur empire. Si M
» le Dauphin jette encore les yeux sur la terre,
il n'y voit plus en ce moment que des cœurs
» français. »

LIVRE SIXIÈME.

La vertu et la religion, plus encore que les nœuds sacrés du mariage, unissoient si intimement le Dauphin et la Daupine, qu'on pourroit dire qu'ils ne faisoient qu'un cœur et qu'une ame; et leurs vies ont entr'elles une si étroite liaison, que celle du Dauphin sembleroit n'être pas complète, si l'on n'y joignoit quelque chose de celle de la Dauphine. Nous avons déjà fait voir ce qu'étoit cette princesse au temps de son mariage. Ce que nous avons cité de ses écrits, en laissant apercevoir ses sentimens et ses vertus, n'a pu que faire désirer au lecteur de la connoître plus particulièrement; et je crois qu'il me saura gré de rassembler ici les principaux traits qui la caractérisent.

La Dauphine n'avoit rien de frappant dans son extérieur : elle étoit d'une taille médiocre, et d'une beauté ordinaire. Ses chagrins et ses malheurs avoient beaucoup altéré les traits de son visage, surtout dans les dernières années de sa vie. Elle avoit dans les yeux et dans l'accent de la voix quelque chose de gracieux, qui sembloit annoncer la bonté de son cœur. Elle portoit une chevelure abondante et d'une longueur démesurée. Elle la fit couper à la mort du Dauphin, et répondit à une personne qui lui en demanda la raison : « Je ne l'entretenois que par complaisance pour M. le Dauphin, qui la voyoit avec plaisir. » Le défaut de ces traits rares de la figure, qu'un esprit frivole recherche uniquement dans une épouse, étoit avantageusement compensé dans la princesse, par tout ce qui pouvoit plaire au Dauphin : un esprit judicieux et orné , un bon cœur, une ame élevée et solidement vertueuse.

La manière dont nous avons vu, qu'elle profita de son éducation, et surtout les progrès qu'elle avoit faits dans l'étude des langues , font assez l'éloge de son esprit. On peut se rappeler avec quel succès elle en fit usage à son arrivée en France, pour fixer sur elle toute l'affection du Dauphin , et faire oublier les trophées d'Auguste à la fille de Stanislas. N'ayant de goût que pour le solide et l'utile , elle s'ennuyoit des passe-temps dont s'occupent les esprits frivoles. Amie de la simplicité , ses ajustemens lui paroissoient toujours assez élégans et assez somptueux quand ils plaisoient à son époux. Elle n'avoit que de l'éloignement et du mépris pour cette affectation de parures , qui fait la ressource et toute la grandeur des petites ames.

Entre les qualités de l'esprit qui s'annonçoient dans la princesse, on remarquoit surtout une merveilleuse sagacité à saisir les caractères. Elle étoit fort jeune encore, lorsqu'un soir, en prenant sa récréation avec les princes et princesses ses frères et sœurs, elle leur dit en riant , qu'elle alloit leur donner à chacun leur surnom : et aussitôt elle surnomma Frédéric , père de l'électeur régnant , *le Sage ;* Amélie, depuis reine d'Espagne , *la Prudente ;* Marie-Anne , électrice de Bavière , *la Belle ;* Xavier, comte de Lusace , *le Guerrier ;* et Charles , duc de Courlande , *le Bon.* Des personnes , qui connoissent ces princes et princesses , assurent que s'il s'agissoit aujourd'hui de leur décerner des surnoms, on n'en trouveroit pas qui les caractérisassent plus parfaitement.

Cet esprit de discernement se fit toujours apercevoir dans la conduite de la Dauphine. Jamais elle ne se trompa dans le choix de ceux à qui elle donna sa confiance, ni dans le jugement qu'elle porta sur les personnes qui formoient sa maison. Quand quelqu'un étoit entré à son service, en moins de huit jours elle disoit si c'étoit l'affection ou l'intérêt qui le conduisoit; si c'étoit à sa personne ou à la Dauphine qu'il étoit attaché. Elle n'eut pas plutôt connu la duchesse de Brancas, qu'elle l'estima. « Elle a, disoit-elle, le courage de me servir à ses » dépens, et elle aimeroit mieux s'attirer à elle- » même l'odieux d'une exigence minutieuse, que » de laisser manquer mon service. » Une dame de sa maison se déshonora par une bassesse qui étonna tout le monde : la Dauphine n'en marqua pas la moindre surprise : « Jamais, dit-elle, je n'ai aperçu » dans sa conduite que feinte et duplicité : je la » jugeois capable de faire ce qu'elle a fait; mais » j'ai cru devoir la supporter. » Le discernement et la justesse d'esprit de la princesse se remarquoient également dans sa conversation et dans son style. Elle savoit jeter le plus grand jour sur l'affaire la plus compliquée. Elle possédoit surtout, dans un degré supérieur, le talent rare de dire clairement beaucoup de choses en peu de mots. « En- » tre plusieurs lettres que j'ai de cette princesse, » m'écrit une personne qu'elle honoroit de toute » sa confiance, j'en ai une dans laquelle elle n'em- » ploie que trois lignes, pour répondre avec la jus- » tesse la plus complète sur les matières les plus » diffuses. »

Quoiqu'elle possédât les plus rares connoissances, elle ne cherchoit point à briller par l'esprit : tout ce qu'elle savoit, ne lui paroissoit pas mériter qu'on y fît attention. Le seul usage qu'elle fit de *l'italien*, qu'elle possédoit parfaitement, étoit d'en donner quelquefois des leçons au Dauphin, qui prenoit plaisir à étudier cette langue avec elle; et ce ne fut qu'à la mort de ce prince, qu'on connut qu'elle savoit *le latin*, elle voulut lire alors toutes les pièces latines qui parurent à sa louange; et dans les répétitions qu'elle fit depuis aux jeunes princes, elle embrassa, avec la partie de la religion et l'histoire, dont elle étoit déjà chargée, celle du latin, que le Dauphin s'étoit réservée. On ne pouvoit pas lui faire plus mal sa cour, qu'en rendant justice à son mérite et à ses vertus. Le langage de la vérité, qu'elle exigeoit partout ailleurs, l'offensoit en cette occasion, et lui paroissoit n'être que celui de la flatterie. Et comme il est rare que les grands disent ou fassent rien de louable, sans qu'on leur insinue, plus ou moins adroitement, qu'on s'en est aperçu, il étoit aussi assez ordinaire à la princesse de paroître peu touchée de ce qu'on lui disoit de plus flatteur, et quelquefois même d'en marquer une sorte de mépris. C'est de là, sans doute, que certaines gens, qui connoissoient peu sa vertu, lui ont donné de la hauteur, et ont attribué à orgueil ce qui partoit d'un principe tout opposé; tant il est vrai que les grands n'ont que le choix de leurs censeurs, et qu'il leur est comme impossible de réunir jamais tous les suffrages.

Elle exigeoit de l'exactitude dans son service, et elle témoignoit quelquefois son mécontentement à ceux qui le négligeoient; mais c'étoit uniquement par amour de l'ordre, parce qu'elle ne se croyoit pas maîtresse de dispenser des égards dus à son rang. Et ordinairement une réprimande ne venoit qu'à la suite de plusieurs manquemens; souvent elle étoit suivie d'un bienfait, toujours de quelques paroles de bonté, jamais de ressentiment.

Elle étoit patiente et modérée, par vertu plus que par caractère. Jamais on ne la vit poursuivre la vengeance d'une injure personnelle. Une dame attachée à son service, s'étant appropriée des dentelles et différens effets de prix, imagina, pour éloigner d'elle le soupçon, d'imputer à la princesse de les avoir distraits elle-même en faveur de ses créatures. La Dauphine en fut informée ; et on lui faisoit une sorte de devoir de tirer une vengeance exemplaire d'une si indigne calomnie : elle voulut la dissimuler. Elle porta même plus loin sa charité ; et, dans l'espérance de faire rentrer la dame en elle-même, elle prit à tâche de la traiter depuis avec une extrême bonté. On admira cette conduite, comme un trait héroïque de modération et de vertu. La Providence, à qui elle avoit laissé le soin de la vengeance, la fit éclater peu de temps après : cette dame fut convaincue tout à la fois de calomnie et de larcin. Quand la princesse en apprit la nouvelle, sans applaudir à une confusion si méritée : « Je suis bien aise, dit-elle, que sa perte ne soit pas venue de ma part. »

Elle aimoit la vérité, et ne cherchoit qu'à la connoître. Si elle étoit dans l'erreur, elle remercioit ceux qui la détrompoient. En plusieurs occasions elle récompensa, par des témoignages d'estime et de reconnoissance, ceux qui avoient le courage de lui épargner, en l'éclairant par leurs avis, quelqu'une de ces fautes qui peuvent échapper aux grands et aux personnes en place les mieux intentionnées. « Ne craignez pas, écrit-elle à quel- » qu'un qui avoit mérité sa confiance, de me dé- » plaire, en combattant ma façon de penser ; re- » prenez-moi quand j'ai tort. » Encouragée par cette réponse, la même personne lui représenta

un jour qu'elle avoit fait, sans le savoir, une injustice qui pouvoit décourager un corps entier attaché à son service : « Je vous sais bon gré, lui ré-
» pondit-elle , de m'avoir avertie : je suis persua-
» dée que souvent, faute d'être instruits, nous
» sommes dans le cas de faire des injustices : j'ai
» reconnu que j'étois coupable de celle dont vous
» m'avez avertie , je l'ai réparée. Nous devons de
» la reconnoissance à ceux qui ont le courage de
» nous éclairer ; et nous ne devons pas nous croire
» infaillibles, parce que nous sommes élevés. »
On mérite bien de connoître la vérité, quand on
sait si bien l'accueillir.

Avec un esprit si solide et tant de vertu, au milieu d'une cour brillante, au sein d'une famille
vertueuse, unie à un époux si digne d'elle, on s'i-
magine que la Dauphine vivoit heureuse : toute sa
vie n'a été qu'un enchaînement continuel de chagrins et d'adversités. La Providence, qui vouloit
donner en sa personne l'exemple d'une vertu généreuse et désintéressée, la fit passer par tous les
genres d'épreuves et d'afflictions. Si quelquefois
elle commençoit à ouvrir son cœur à la joie, l'instant d'après la replongeoit plus profondément dans
la douleur. Ses momens de consolation , quand
elle en eut, sembloient ne lui être ménagés que
pour lui faire ressentir plus amèrement les chagrins qui les suivoient. La France, dont elle faisoit le bonheur par ses vertus et par sa fécondité
ne fut pour elle qu'un séjour de tristesse et de larmes ; et l'histoire de ses malheurs a de quoi intéresser tout cœur sensible.

La première de ses peines fut sa stérilité , dont
on sembloit lui faire un crime, comme si elle eût
dû avoir la nature à ses ordres. Le peuple, tou-

jours peuple, toujours inquiet et précipité jusque dans ses vues les plus louables, annonçoit déjà l'extinction entière de la branche régnante des Bourbons. La princesse qui n'ignoroit pas la disposition des esprits, en étoit vivement affligée. Aussi religieuse que la mère de Samuel, elle s'adressa souvent au Seigneur, dans la ferveur de sa prière ; et un jour de la Présentation de la Sainte-Vierge, elle lui fit, d'une manière plus particulière encore, la promesse qu'elle a depuis si bien gardée, d'élever pour lui les enfans dont il la feroit mère. Les momens de la Providence approchoient, mais on ne vouloit pas les attendre : on consulta la médecine, qui, pour ne point paroître en défaut, ordonna que la princesse, qui jouissoit de la plus riche santé, se mettroit dans les remèdes, et se disposeroit à aller prendre incessamment les eaux de Forges. Elle souscrivit à l'ordonnance ; et malgré son extrême répugnance pour un voyage qu'elle regardoit comme une sorte d'exil, elle s'efforça de témoigner à son départ un air de satisfaction et de gaîté qui charma toute la cour. Elle s'assujettit scrupuleusement au régime qu'on lui prescrivit : elle essaya de prendre part aux petites fêtes qu'on lui donna pour charmer l'ennui de son séjour aux eaux ; elle se prêta, de la meilleure grâce du monde, à tout ce qu'on exigea d'elle ; et quoiqu'elle ne mît sa confiance qu'en Dieu seul, on eût dit qu'elle comptoit uniquement sur le secours de la médecine.

Ce ne fut que la quatrième année de son mariage, que la naissance d'une princesse dissipa les alarmes de la France ; et depuis, la nature se montrant plus docile aux lois de son auteur qu'à celles que l'art eût voulu lui prescrire ; chaque année voyoit naître un nouvel appui du trône. Le premier prince qu'elle mit au monde fut nommé duc de Bourgogne; mais à peine eut-elle goûté le plaisir d'être mère d'un fils, qu'elle trembla pour la vie de son époux : le Dauphin fut attaqué d'une petite vérole, qui portoit les caractères de malignité les plus effrayans. Sans cesse attachée au pied de son lit, elle fut en quelque sorte malade avec lui, par ses inquiétudes, ses craintes, ses fatigues, et les dangers auxquels elle s'exposa. Le prince recouvra la santé; mais elle partagea bientôt avec lui la douleur d'une perte commune. La conformité de sentimens avoit formé entr'elle et madame HENRIETTE une union d'intimité : leur tendresse et leur confiance n'avoient point de bornes. La mort rompit les doux nœuds qu'avoit formés la vertu : la princesse mourut en 1752. La Dauphine la pleura long-temps, et sentit toujours le vide qu'elle laissoit dans la petite société qu'elle formoit avec elle, le Dauphin et madame ADÉLAIDE. L'année suivante, il lui naquit un prince qui fut nommé duc d'Aquitaine; mais peu de mois après s'être réjoui de sa naissance, elle pleura sa mort. Cette perte fut réparée par la naissance du DUC DE BERRY, peu de temps après, la mort de Chambord, sur laquelle le Dauphin ne vouloit recevoir aucune consolation, l'affligea par contre-coup; et c'est dans ces mêmes circonstances que Dieu exigea d'elle un sacrifice qui coûta infiniment à son cœur : la princesse ZÉPHIRINE étoit l'aînée de ses enfans, et la seule fille qu'elle eût alors; elle étoit dans sa cinquième année, l'âge où l'enfance commence à avoir plus de charmes; la mort la lui enleva. Dieu la consola de nouveau, par la naissance d'un prince qui fut nommé COMTE

DE PROVENCE ; mais ses larmes coulèrent bientôt après, pour le sujet le plus affligeant. Au moment où l'on s'y attendoit le moins, et sans aucune déclaration de guerre préliminaire, le roi de Prusse entre tout-à-coup dans la Saxe, à la tête d'une puissante armée ; il pille et ravage une partie du pays, met l'autre à contribution. L'électeur son père est fugitif dans ses propres états ; la reine sa mère, avec la plupart de ses enfans, en tombant en la puissance de l'ennemi, tombent dans la plus humiliante et la plus dure captivité. La résistance qu'opposent les Saxons, n'étant pas concertée, ne put garantir l'électorat d'une entière invasion : tout plia, tout gémit sous la loi du vainqueur. Chaque jour étoit l'époque de quelque nouvelle calamité ; et, en fort peu de temps, cette malheureuse contrée se vit entièrement dévastée. « Tous les Saxons que je voyois arriver à la cour, » racontoit elle-même la Dauphine, étoient com- » me ces envoyés de Job, qui venoient m'annoncer » quelque nouveau désastre, auquel ils avoient » échappé. »

Il est plus aisé d'imaginer que d'exprimer l'affliction où étoit alors cette bonne princesse : elle aimoit sa patrie ; elle avoit pour sa famille l'attachement le plus tendre ; et les maux de sa famille et de sa patrie étoient extrêmes, sans que rien pût lui en faire espérer la fin. Dans l'excès de sa douleur, la religion seule fut sa ressource et son soutien. Elle multiplioit ses bonnes œuvres ; elle adressoit à Dieu les prières les plus ferventes ; elle ne laissoit passer aucun jour sans réciter celle (1) que faisoit le saint roi Josaphat, dans une semblable extrémité.

____

(1) 2 *Paralip. chap.* 20.

Mais la religion, en tempérant ses peines, par la résignation, ne lui en ôtoit pas le sentiment. L'éloignement grossissoit encore le mal à ses yeux; et les motifs de consolation qu'on s'empressoit de lui suggérer, ne servoient qu'à le lui rappeler. Elle avouoit à une personne qui avoit part à sa confiance, que souvent, lorsqu'on la croyoit distraite par le travail des mains, elle parcouroit en esprit les provinces de la Saxe; elle accompagnoit le roi son père dans ses marches périlleuses; elle suivoit ceux des princes ses frères qui avoient échappé à la captivité, errans, cherchant un asile dans les cours étrangères : elle souffroit seule les maux de tous. Mais un de ces traits comme l'histoire en offre peu, la tint long-temps dans les plus mortelles alarmes : par ordre du vainqueur, les maisons de Dresde furent couvertes de paille, et les caves remplies de poudre et d'autres matières combustibles, en sorte qu'au premier signal donné, tous les habitans, parmi lesquels étoient la reine avec plusieurs de ses enfans, eussent péri misérablement au milieu des flammes, et sous les ruines de cette capitale.

C'est dans cet état déplorable qu'étoient les affaires de la Saxe, quand il survint à la Dauphine un nouveau surcroît d'affliction. Louis XV, qu'elle aimoit comme son père, et dont elle étoit réciproquement chérie, pensa périr sous ses yeux, de la manière dont nous l'avons rapporté. Peu de temps après, elle mit au monde un prince qui fut nommé COMTE D'ARTOIS. Elle eut en même temps la consolation de voir que les puissances alliées de la Saxe faisoient en sa faveur les préparatifs les plus sérieux. Elle crut toucher enfin au moment qui alloit finir les maux de sa maison; la France le

croyoit aussi ; et jamais armée ne se mit en marche avec plus de confiance que la nôtre. Tout,
en effet, paroissoit concerté pour la réussite de
l'entreprise ; mais ce succès eût interrompu la
suite des malheurs de la Dauphine : nos troupes,
si souvent victorieuses lorsqu'elles n'avoient à soutenir que des intérêts étrangers, furent battues et
défaites en combattant en sa faveur. Cet accident
lui fut d'autant plus sensible, qu'elle y étoit moins
préparée : « Hélas ! dit-elle, en l'apprenant, la
» Providence veut que je sois toujours prête à
» m'affliger plus qu'une autre. » En effet, la déroute d'une armée française qui combattoit pour
les Saxons, étoit pour elle un double sujet d'affliction, qui ne pouvoit que lui en présager de
nouveaux.

Aussitôt après la bataille, le vainqueur, fier d'un
avantage qui surpassoit son attente, fit annoncer
sa victoire par une décharge d'artillerie dans le
palais même de la reine, sa prisonnière. Depuis
ce moment, cette princesse et ceux de ses enfans
qui partagoient sa captivité, eurent à essuyer les
traitemens les plus rigoureux ; on leur ôta tous
leurs officiers, pour leur en substituer d'autres qui
sembloient gagés, moins pour les soulager par leurs
services, que pour aggraver leur infortune par une
inflexible dureté. Ils allèrent jusqu'à leur interdire
habituellement la promenade dans le jardin du
château, et, s'ils la leur accordoient encore, de
temps à autre, c'étoit moins par égard pour leurs
personnes, que dans la crainte qu'ils ne leur échap-
passent par la mort. Des traitemens de cette nature, faits à une mère, sont bien cruels pour le
cœur d'une fille tendre et sensible : la Dauphine
les ressentoit plus vivement que si elle les eût elle

même éprouvés , et cent fois on lui entendit dire :
« Je serois heureuse si je pouvois faire l'échange
» du palais de Versailles pour la prison de ma
» mère ! »

Dans cette extrême désolation , il ne lui échappa
jamais la moindre plainte contre le prince qui en
étoit la cause ; et elle exigeoit la même retenue de
toutes les personnes qui l'approchoient. Une dame
de sa maison , après avoir dit que la conduite du
roi de Prusse , envers la reine de la Pologne , étoit
sans doute dictée par *l'humanité philosophique,*
commençoit en suivant la même ironie , à établir
un parallèle injurieux à ce prince : la Dauphine
l'interrompit avec vivacité , et lui dit : « Souve-
» nez-vous , madame , qu'on doit respecter , dans
» le roi de Prusse , l'image de la majesté de Dieu ,
» comme dans les autres souverains. Si le Sei-
» gneur l'a choisi pour punir l'Allemagne , pour-
» quoi s'élever contre l'instrument de ses ven-
» geances ? tâchons plutôt de désarmer sa justice
» par nos prières. »

Cependant la santé de la reine de Pologne s'al-
téroit de jour en jour , et ne se soutenoit plus que
par l'attente de sa prochaine délivrance ; mais dès
l'instant même où l'insultante allégresse du vainqueur lui apprit combien le terme en étoit encore
éloigné , de l'état d'épuisement où ses chagrins
l'avoient déjà réduite , elle tomba dans une défaillance qui la conduisit en peu de temps au tombeau. La Dauphine étoit encore inconsolable de la
défaite des Français , quand la nouvelle de cette
mort la replongea plus profondément dans la douleur. La tendre affection que lui avoit toujours
témoignée cette respectable mère , les soins qu'elle
avoit pris de son éducation , le souvenir de ses
vertus ,

vertus, joint à l'image de ses malheurs, et surtout la circonstance de sa mort dans la plus dure captivité, tout contribuoit à faire couler les larmes de la princesse avec plus d'abondance et d'amertume.

Peu de temps après la mort de la reine sa mère, la Dauphine mit au monde une princesse, qui fut nommée CLOTILDE; mais dans la même année, elle eut à pleurer la mort de la reine d'Espagne sa sœur, et elle vit mourir la duchesse de Parme dans le palais de Versailles.

La Providence cependant, au milieu de tant de sujets d'affliction, paroissoit attentive à la soutenir toujours par quelque endroit : elle voyoit se développer de jour en jour, dans ses enfans, les plus heureuses inclinations pour le bien. Le plus avancé en âge devançoit aussi les autres dans le chemin de la vertu, et les y attiroit par le charme de ses exemples : cet enfant chéri lui fut enlevé; et sa mort prématurée, en même temps qu'elle l'accabla de douleur, lui imposa encore le triste devoir de consoler le Dauphin qui s'en affligeoit à l'excès.

L'année suivante, un traité de paix rendit Frédéric à ses sujets. Toute la Saxe sembla renaître et oublier ses maux passés, pour se livrer à la joie; mais la Dauphine n'étoit, ce semble, de sa patrie, que quand il falloit s'affliger. Au lieu de se réjouir avec le roi son père, qui recouvroit ses états, elle ne sentit que la douleur de voir deux de ses frères dans l'humiliation : le prince Clément, par la perte de la principauté de Liége, et le prince Charles, par celle du duché de Courlande. Ces disgrâces néanmoins pouvoient passer pour légères aux yeux de la princesse : il lui survint bientôt de plus cruels

sujets d'affliction. Après les inquiétudes et les fatigues d'une guerre sanglante et opiniâtre , le roi
son père respiroit enfin , et commençoit à faire
goûter à ses peuples les douceurs de la paix : la
Dauphine en bénissoit le Ciel ; mais, comme Job ,
elle ne devoit le bénir que pour des pertes : la mort
de ce prince la jeta de nouveau dans le deuil. Frédéric succéda aux états de son père ; c'est celui à
qui la Dauphine , par une estime de préférence ,
avoit donné dès l'enfance le surnom de *Sage*. Ce
prince mourut encore , n'ayant fait , pour parler
ainsi , qu'essayer la couronne , dans un règne de
trois mois.

C'est dans le même temps que l'altération de la
santé du Dauphin lui causa les plus mortelles alarmes. Les médecins néanmoins avoient réussi à les
modérer ; et la naissance d'une princesse , qui fut
nommée ÉLISABETH , lui offrit un nouveau sujet de
consolation. Elle s'efforçoit d'ouvrir son cœur à
l'espérance et d'écarter l'affligeante pensée que
Dieu voulût mettre le comble à ses malheurs par
la perte de ce qui lui restoit de plus cher au monde ;
mais il falloit qu'elle fût tout à la fois fille , sœur ,
mère et épouse infortunée. Les symptômes les plus
sinistres lui présagèrent de nouveau le malheur
qu'elle redoutoit : le Dauphin , après avoir perdu
insensiblement son embonpoint , tomba enfin dans
la maladie longue et cruelle dont il mourut. On
se rappelle que tout le temps qu'il fut malade , elle
ne le quitta point. Toujours à côté de son lit, s'il
se plaignoit, elle l'entendoit ; s'il souffroit, elle le
voyoit ; quand on l'administroit , elle étoit présente ; quand , d'une parole , il faisoit fondre en
larmes les assistans , elle étoit du nombre. Ses bat-
temens de cœur , ses étouffemens , ses défaillan-

ces , rien ne lui échappoit : elle le vit mourir cent fois avant le jour de sa mort. Toujours résignée cependant, toujours soumise aux ordres de la Providence, jusque dans l'excès de son accablement, elle respecta, avec sa religion ordinaire , la main qui lui portoit le coup le plus sensible. L'affliction générale de la cour ; la maladie de la reine , la même que celle du Dauphin ; la mort du roi Stanislas, qui avoit avec ce prince les plus grands traits de ressemblance ; tout , au dehors , contribuoit encore à nourrir le sentiment de sa douleur ; tout sembloit lui redire , à chaque instant , que son époux étoit mort.

Rassasiée de la vie par tant d'adversités , la Dauphine ne désiroit plus qu'une seule chose au monde ; mais elle la désiroit ardemment : c'étoit de pouvoir satisfaire sa tendresse maternelle, et remplir les vœux du Dauphin , en mettant la dernière main à l'éducation de ses enfans ; mais bientôt le dépérissement de sa santé lui annonça qu'elle seroit encore privée de cette consolation.

En voyant une princesse si digne d'un meilleur sort , accablée de tant de malheurs, qui ne croiroit qu'on va voir autour d'elle un empressement général à lui en adoucir le sentiment ? tout le contraire arriva ; elle n'eut pas même la consolation d'être malade en paix. Louis XV, il est vrai , toute la famille royale , et un petit nombre de gens de bien , lui prodiguèrent, jusqu'à son dernier soupir, les soins et les attentions les plus marquées ; mais , du reste , elle ne rencontra partout qu'amertumes et que contradictions. On vit de méprisables courtisans, de ces hommes qui s'insinuent par souplesse dans le palais des rois, et qui s'y maintiennent par intrigues , s'appliquer à la mortifier

et à lui faire sentir, en toute rencontre, qu'elle
avoit perdu son époux. Elle avoit quelques amis,
et ceux seulement qui l'avoient été du Dauphin :
ils lui envièrent jusqu'à ce léger soulagement, en
saisissant toutes les occasions de molester ceux qui
étoient connus pour avoir part à sa confiance.
« Ne vous effrayez point, écrivoit-elle à l'un d'eux,
» des propos que l'on tient sur votre compte : il
» est inconcevable combien M.*** en a essuyé. Il
» suffit que je donne mon amitié et ma confiance
» à quelqu'un, pour qu'il soit exposé à des persé-
» cutions de toute espèce. » La princesse sentit et
souffrit tout cela, sans jamais s'en plaindre, ni en
parler qu'à Dieu seul ; excepté dans une occasion,
où elle regarda comme un devoir de rompre le silence, et de faire connoître au roi un homme en place,
peu digne de sa confiance.

Les amis mêmes de la Dauphine l'affligèrent plus
d'une fois par leur opiniâtreté à croire qu'elle entretenoit sa maladie, en nourrissant volontairement
ses chagrins. Tant de malheurs dont sa vie fut tra-
versée, et la mort du Dauphin surtout, avoient
laissé dans son cœur un fonds de tristesse que rien
ne pouvoit dissiper. Cependant, comme s'il eût
dépendu d'elle de sortir de son accablement, on
lui en faisoit un reproche, on en appeloit sans cesse
à sa religion : on lui députa même un curé de Versailles, qui lui fit une exhortation pressante sur ce
sujet. Elle l'écouta avec bonté, et quand il eut fini :
« Monsieur le curé, lui dit-elle, je suis sensible à
» l'intérêt que vous prenez à ma situation ; mais ce
» que vous me dites, je me le dis moi-même à cha-
» que instant : enseignez-moi donc aussi le moyen
» d'en venir à la pratique, et de me dépouiller d'un
» sentiment qui est en moi malgré moi. » Enfin,

comme s'il eût fallu qu'aucun des instans de sa vie ne fût exempt des épreuves les plus rigoureuses, quoiqu'aux approches de sa dissolution elle se sentît plus pénétrée que jamais de la crainte des jugemens de Dieu, nous remarquerons dans la suite qu'elle vit la mort s'avancer à pas lents ; qu'elle se sentit, pour ainsi dire, entre ses bras ; qu'elle se vit expirer.

Cependant tant de disgrâces, tant de chagrins et d'afflictions, qui auroient dû, ce semble, absorber son ame, ne servirent qu'à épurer et fortifier sa vertu ; et, lorsqu'on eût pu demander comment elle avoit le temps et la force de pleurer ses malheurs, on la voyoit encore satisfaire avec la plus exacte fidélité à ses devoirs de religion et à tous ceux de son rang.

Amie de l'ordre, elle en mettoit dans sa maison, comme dans sa conduite. Elle avoit toutes ses heures fixes pour les différens exercices qui partageoient sa journée. Elle exigeoit que chacun s'acquittât soigneusement de l'office qu'il avoit à remplir ; et elle-même se faisoit un devoir de l'exactitude aux heures qu'elle avoit indiquées pour son service.

Son premier soin, et celui qu'elle regarda toujours comme le plus indispensable et le plus sacré, ce fut de veiller sur l'éducation des princes et princesses ses enfans. Elle l'avoit fait conjointement avec le Dauphin, tant qu'il vécut ; elle le fit seule après sa mort. Elle reprit les répétitions des trois jeunes princes. Le latin comme le français, l'histoire sacrée comme la profane, les devoirs de leur état comme ceux de la religion, tout étoit du ressort de cette savante et vertueuse princesse ; elle vouloit s'assurer par elle-même des progrès qu'ils faisoient dans toutes les parties ; et, malgré son état de langueur et d'épuisement, elle ne cessa de donner ses leçons que la surveille de sa mort.

Elle joignoit à toute la tendresse d'une bonne mère, cette fermeté uniforme qui sait contenir les enfans, et plier au bien leurs inclinations naissantes. En cultivant leur esprit, elle s'attachoit encore plus à former leur cœur. Elle leur recommandoit souvent le respect pour le roi et pour la reine, l'attachement et la confiance pour les dames de France, l'éloignement pour les flatteurs et pour tous les hommes vicieux, la compassion pour les malheureux, l'estime et l'amour des peuples. Elle leur faisoit sentir qu'étant destinés à être un jour en spectacle à la nation, leur conduite particulière influeroit nécessairement sur les mœurs publiques ; et que, comme Dieu leur tiendroit compte de tout le bien auquel leur exemple auroit donné lieu, sa justice aussi leur imputeroit le mal que pourroit occasioner leur inconduite. Mais elle aimoit surtout à leur rappeler les sages leçons que leur avoit données leur père, et les grands exemples de vertu qu'il leur avoit laissés. C'est pour leur instruction, autant que pour sa propre consolation, qu'elle écrivit le détail si touchant de la maladie de ce prince.

Elle portoit jusqu'au scrupule l'attention à éloigner d'eux tous les livres qui auroient pu donner la moindre atteinte à la pureté de leur foi, ou à l'innocence de leurs mœurs. La grande facilité que le jeune comte de Provence annonçoit pour les langues, engagea plusieurs personnes à lui représenter qu'il seroit à propos de l'appliquer à l'étude de *l'anglais* : elle s'y opposa constamment, en disant qu'il n'en étoit pas encore temps ; et comme on

lui en demandoit la raison : « C'est , répondit-elle ,
» que la connoissance de cette langue lui ouvriroit
» trop de livres dangereux à la foi de ses pères ; il
» pourra l'apprendre, comme a fait M. le Dauphin,
» dans un âge plus avancé. »

Cette princesse n'ignorant pas que la religion
donne la plupart des vertus , et que toujours elle
les perfectionne , c'est sur la religion qu'elle insis-
toit davantage. Elle ne croyoit pas que c'en fût assez pour une mère chrétienne , de dire à ses enfans :
« Ayez de la religion , soyez justes , soyez ver-
» tueux : » sentence vague , et toujours vide de sens
pour des enfans ; elle entroit sur cette matière dans
les moindres détails ; elle vouloit savoir s'ils étoient
instruits des principales vérités de la foi , selon la
portée de leur âge , s'ils pénétroient le sens des prières qu'ils récitoient. Elle leur apprenoit ce qu'elle
savoit si bien , comment on sert Dieu en esprit et
en vérité. Elle leur faisoit comprendre que la sublimité de leur rang , au lieu de les dispenser des
saintes pratiques de notre religion , leur imposoit
la double obligation de les respecter eux-mêmes ,
et de les rendre , par leur exemple , respectables
aux yeux des peuples. Elle vouloit que dès l'âge le
plus tendre ils fussent instruits sur les sacremens ;
qu'ils en connussent la source et l'efficace ; qu'ils
apprissent à en respecter la sainteté , et à en désirer l'usage. Elle les instruisit elle-même sur la
manière de se confesser ; et dès qu'elle les crut en
état de le faire avec quelque fruit, elle leur fit désirer d'avoir pour confesseur celui à qui elle avoit elle-
même donné sa confiance.

Mais comptant moins, pour le succès d'une éducation si précieuse à ses yeux , sur ses soins et sa
vigilance, que sur les bénédictions du Ciel, elle les

sollicitoit par les vœux les plus ardens. Elle offroit à Dieu ses prières, ses aumônes, ses communions, et une infinité de bonnes œuvres, pour lui demander qu'il fît de ses enfans des princes selon son cœur ; et si nous les voyons aujourd'hui faire la gloire de la religion , et le bonheur des peuples , c'est à la piété de cette religieuse princesse , comme aux exemples de son vertueux époux, que nous en sommes redevables.

Après avoir satisfait à ce qu'elle devoit à sa famille , elle regardoit comme un de ses principaux devoirs de veiller sur les officiers qui composoient sa maison ; elle étendoit ses soins jusqu'aux derniers d'entr'eux ; elle les connoissoit tous , et tous savoient qu'il falloit, pour mériter ses bontés , joindre à l'exactitude dans le service , la réputation d'une conduite irréprochable. Elle vouloit surtout voir régner parmi eux la bonne intelligence et la subordination. Ayant appris que deux personnes , dont l'une étoit dans sa maison , avoient fait parler d'elles par une scène domestique , elle prit la peine d'examiner elle-même l'affaire ; et sur ce qu'elle jugea que le tort étoit du côté de la personne attachée à son service , elle lui enjoignit de faire ses excuses à l'autre , de rentrer dans son devoir et d'éviter à l'avenir de pareils éclats par sa prudence , et même, s'il le falloit, par sa patience , sous peine d'encourir sa disgrâce. L'union et la concorde succédèrent à la division, et subsistèrent tant que vécut la Dauphine.

Toujours disposée à croire le bien , personne n'étoit plus réservé qu'elle à prononcer sur un rapport désavantageux. Si la calomnie la surprit quelquefois, ce ne fut que lorsqu'elle avoit été concertée entre plusieurs ; et, dans ce cas même, elle démasqua plus d'une fois l'artifice. Quand elle reconnoissoit l'innocence de la personne qu'on avoit voulu perdre dans son esprit, elle ne faisoit point difficulté d'avouer qu'elle avoit été surprise, ou sur le point de l'être. On l'avoit un jour indisposée contre un de ses garçons de la chambre qu'on lui avoit rendu suspect de larcin ; elle le mit à portée de se justifier, et il le fit de manière à la satisfaire. Peu de temps après on imagina de le faire passer pour imbécile : la Dauphine reconnut encore par elle-même la fausseté de cette nouvelle imputation : elle en fit retomber toute la confusion sur les calomniateurs ; et, afin qu'il ne restât pas le moindre nuage sur la réputation de l'accusé, elle ordonna qu'il feroit le service de la chambre hors de rang, dans une circonstance privilégiée, et la plus propre à faire connoître à toute sa maison qu'elle l'honoroit d'une entière confiance, et qu'elle étoit convaincue qu'il ne manquoit ni d'intelligence ni de fidélité.

Cette princesse prenoit un soin particulier de ses pages ; et l'on peut dire qu'elle leur servoit en tout de mère la plus affectionnée. Elle se croyoit obligée de veiller sur leur éducation ; elle se faisoit souvent rendre compte de leur conduite : quelquefois elle les interrogeoit, pour s'assurer par elle-même de leurs progrès dans l'étude des langues, ou des autres sciences auxquelles on les appliquoit ; et, d'après ses observations, ou sur le témoignage de leur gouverneur, elle leur distribuoit des éloges ou des réprimandes, des récompenses ou des privations. Le marquis de la Fare avoit mérité son estime par la régularité de sa conduite : elle fut bien aise de le lui témoigner d'une manière distinguée, le jour qu'il lui seroit présenté en quittant son service ; et afin que le compliment flatteur qu'elle lui destinoit servît de leçon à tous ses pages, elle voulut qu'ils en fussent témoins : « Continuez, monsieur, lui dit-» elle, en leur présence, à vous conduire partout » comme vous avez fait jusqu'ici : et comptez sur » mon estime et ma protection. Je me souvien-» drai, dans l'occasion, du bon exemple que vous » avez donné à ces messieurs, par votre exacti-» tude à remplir les devoirs de la religion et ceux » de votre place. »

L'esprit d'ordre qui dirigeoit la Dauphine lui faisoit trouver du temps pour tout, et le soin qu'elle apportoit à régler sa maison, ne parut jamais la distraire de ce qu'elle devoit à son rang et à la famille royale. Jusqu'aux derniers jours de sa vie elle donna ses audiences de cérémonie, comme celles de faveur et de charité. Le sincère attachement que le roi et la reine avoient pour elle fut toujours payé des plus tendres sentimens, et d'une attention empressée à procurer en tout leur satisfaction. Un jour que la duchesse de Brancas lui parloit d'un certain jeu qui plaisoit à la reine : « Pour » moi, dit la princesse, je n'en connois aucun » qui m'ennuie davantage ; mais puisqu'il plaît à » la reine, je tâcherai d'en faire aussi mon jeu » favori. » Nous avons déjà remarqué qu'il régnoit entr'elle et les Dames de France une confiance d'intimité, et que le plus cher de ses soins étoit de plaire au Dauphin.

Le travail des mains entroit dans le plan des exercices de sa journée. Elle y donnoit un temps déterminé, et elle le faisoit par principe de conscience. Une dame lui disoit un jour qu'elle ne comprenoit pas comment elle pouvoit s'amuser

d'un travail auquel elle la voyoit occupée : « Je
» vous avouerai, madame, lui répondit-elle, que
» je ne m'amuse pas toujours de mon travail ;
» mais puisque nous participons au péché d'A-
» dam, il est bien juste que nous ressentions aussi
» quelque chose des peines que Dieu y a atta-
» chées. » Quoique le jeu fût pour elle un travail
plutôt qu'un délassement, elle y prenoit part quand
l'occasion et la bienséance le demandoient. La musique faisoit son plus agréable amusement ; peut-
être parce que l'harmonie charme et tempère les
accès de la douleur. Elle aimoit à donner chez elle
de petits concerts, dans lesquels elle faisoit toujours sa partie. Elle jouoit avec goût de plusieurs
instrumens : elle touchoit surtout le clavecin avec
une merveilleuse délicatesse.

La bonté de son cœur se manifestoit comme
naturellement ; et l'on savoit que c'étoit lui faire
un vrai plaisir que de la mettre à portée de consoler et de soulager ceux qui étoient dans la peine.
Quelquefois, selon la qualité des personnes, ou
la distance des lieux, elle les appeloit auprès d'elle,
elle leur écrivoit, ou elle leur faisoit parler de sa
part. Ayant appris qu'une dame qu'elle aimoit
étoit dans l'affliction, elle lui écrivit en ces termes : « Je connois, madame, votre situation, et
» j'ose à peine entreprendre de vous consoler ;
» mais je prie Dieu de le faire : ne vous laissez
» point abattre. Je sens qu'il est plus aisé de don-
» ner cet avis que de le mettre en pratique ; mais
» pensez que vous me donneriez du chagrin, si
» vous vous affligiez à l'excès. »

Elle étoit aussi généreuse que sensible, elle n'estimoit l'argent que pour le plaisir de le répandre,
et de secourir des malheureux. Quoique ses reve-

nus fussent bornés, ses libéralités sembloient immenses ; elle trouvoit dans ses privations le moyen de multiplier ses aumônes, et d'étendre ses bienfaits, sans être à charge à l'état. Il étoit rare qu'elle refusât ce qu'on lui demandoit, à moins qu'elle ne crût la demande injuste, ou que sa cassette ne fût épuisée ; car la prudence et la discrétion régloient aussi sa bienfaisance ; elle ne vouloit donner que ce qui étoit à elle. Elle n'aimoit point à soulager à demi une personne qui étoit dans le besoin. « Je l'ai souvent vue, dit l'auteur des mé-
» moires d'après lesquels j'ai travaillé, donner le
» double de ce qu'on lui demandoit. *Il n'y au-*
» *roit point assez*, disoit-elle ; *quand on entre-*
» *prend de soulager quelqu'un, il faut le faire*
» *efficacement.* » Elle ne trouvoit pas mauvais que les personnes sollicitassent plusieurs fois ses libéralités. Un jour qu'on lui parloit d'une dame à qui elle avoit souvent fait du bien, et qui alléguoit encore de nouveaux besoins : « Il est vrai, répon-
» dit-elle, qu'elle revient assez souvent ; mais je
» sais que la pauvre dame est dans la misère,
» sans qu'il y ait de sa faute : puisqu'elle ne cesse
» pas de souffrir, il ne faut pas nous lasser de la
» secourir : il lui en coûte sûrement plus pour
» me demander qu'à moi pour lui donner. »

Afin que ses aumônes fussent appliquées avec plus de discernement, elle avoit coutume de les faire passer par les mains de personnes plus à portée qu'elle de connoître ceux qui en avoient un vrai besoin. Quelqu'un lui ayant témoigné la crainte qu'il avoit de l'importuner par la multiplicité de ses demandes en faveur des malheureux, la princesse lui écrivit : « Loin de vous reprocher
» l'importunité, je vous avoue que je vous dois

bien de la reconnoissance ; nous sommes plus
» obligés que d'autres de secourir les misérables ;
» comment le pourrions-nous, si l'on ne prenoit
» soin de nous les faire connoître ? »

A la mort du Dauphin, elle se substitua à ses engagemens de charité ; en sorte que quand elle mourut elle-même, ce prince sembla mourir une seconde fois pour une infinité de malheureux. Dans les derniers jours de sa vie, elle fit parvenir des secours considérables à une pauvre communauté près de Villers-Cotterêts ; elle donna dans le même temps cinquante louis à une personne qui lui étoit recommandée par la duchesse de Noailles, et une pareille somme à une dame de qualité, qui se trouvoit dans un pressant besoin Ce fut surtout après sa mort, que l'on connut l'étendue de ses libéralités et de ses aumônes : grand nombre de ceux qui y avoient eu part pleuroient leur bienfaitrice en publiant, les uns les pensions annuelles qu'elle leur payoit, les autres les gratifications qu'elle leur avoit faites.

Elle avoit quelquefois recours aux distributeurs des grâces ; mais lorsqu'ils ne pouvoient pas seconder son penchant à faire du bien, elle leur tenoit compte de leur bonne volonté, sachant se consoler chrétiennement de ne pas pouvoir tout ce que lui suggéroit son bon cœur. « Il est bien
» juste, disoit-elle dans une de ces occasions,
» que je m'aperçoive quelquefois que je n'ai
» qu'un pouvoir borné, et que Dieu seul est iné-
» puisable dans ses dons. » Elle avoit pour principes de ne demander aucune place dont les fonctions intéressent le gouvernement ; et si elle le fit, ce fut très-rarement, et lorsqu'elle connoissoit parfaitement la nature de la place et l'aptitude du

sujet pour la remplir. Mais elle auroit cru commettre une injustice, en interposant son crédit pour procurer à un protégé un de ces emplois qui se doivent au mérite, ou dont l'état a coutume de faire la récompense des services. La duchesse de Brancas lui disoit un jour qu'il lui paroissoit bien surprenant qu'un officier muni d'un brevet de capitaine de vaisseau, ne pût pas obtenir l'agrément du ministre de la marine pour faire la campagne : la princesse fit appeler le ministre pour apprendre de lui-même les raisons de son refus ; il lui fit connoître qu'il ne pouvoit déférer aux sollicitations de la duchesse pour son protégé, sans donner l'exclusion à un bon officier déjà en possession de ce grade : « Vous avez raison, monsieur, lui répondit-elle, de ne jamais sacrifier » le mérite à la recommandation ; et je vous sais » gré de ce que, par amour de la justice, vous » avez eu le courage de vous défendre contre toute » sollicitation, et de refuser même une personne » pour laquelle vous savez que j'ai de l'amitié. »

Après une vie si chrétienne, et tant de bonnes œuvres de toute espèce, la Dauphine ne croyoit pas encore en faire assez pour Dieu ; elle s'affligeoit quelquefois jusqu'aux larmes de sa froideur à son service ; jamais son cœur n'étoit satisfait de ses dispositions. Lorsqu'elle choisit pour confesseur l'abbé Soldini, une personne qui la connoissoit particulièrement écrivit à cet ecclésiastique : « Vous avez pour pénitente une sainte qui a la » tête dans le Ciel, et qui se croit les pieds dans » l'enfer. » On peut dire, en effet, qu'elle opéra son salut avec cette crainte et cette inquiétude salutaires que recommande l'Apôtre, et qui annoncent la vivacité de la foi et la ferveur de la

piété. « Que chacun, disoit-elle un jour, pense,
» raisonne, et agisse comme il lui plaira dans l'af-
» faire du salut ; pour moi, je croirai toujours que
» perdre son ame pour l'éternité est un mal si af-
» freux qu'une affectation de sécurité à cet égard
» ne peut être que le comble de la perversité, ou
» l'effet de la démence. » Un ecclésiastique, qu'elle
faisoit distributeur d'une partie de ses aumônes,
lui disoit que Dieu lui tiendroit compte de sa charité envers les malheureux : « Tout cela, mon-
» sieur, lui dit-elle, est un peu de bien mêlé de
» beaucoup de mal. » Ce qui animoit et soutenoit
sa confiance, c'étoit moins ses bonnes œuvres
que les épreuves rigoureuses, et les malheurs multipliés dont la Providence l'affligeoit. « Malgré mes
» infidélités continuelles, disoit - elle à quelques
» personnes avec lesquelles elle pouvoit parler le
» langage de la piété, je ne perds pas confiance,
» et je regarde les différens sujets d'affliction que
» Dieu m'envoie, comme autant de preuves qu'il
» ne m'a pas encore rejetée. »

Les désordres et les scandales dont elle entendoit souvent parler, l'affectoient aussi vivement
que si elle en eût été comptable à Dieu. Un jour
que quelqu'un l'entretenoit du progrès que faisoient l'irréligion et le libertinage, à la faveur des
productions de la philosophie moderne, elle s'é-
cria dans le premier mouvement de son zèle : « O
» mon Dieu, que vous êtes offensé ! vous le se-
» rez donc toujours ? Oui, monsieur, ajouta-t-
» elle, je puis vous assurer que si la chose étoit en
» mon pouvoir, dès aujourd'hui tous ces ouvrages
» empoisonnés, rassemblés de toute la France,
» seroient mis en un tas et réduits en cendres. »
Comme elle pouvoit croire que la même personne

verroit aussi le Dauphin à ce sujet : « Ne parlez
» de rien à M. le Dauphin , lui dit - elle ; je vous
» promets que dès aujourd'hui le roi sera infor-
» mé de ce que vous me dites. » A la fin de l'entretien, elle ajouta : « Quand je vous dis de ne pas
» rapporter à M. le Dauphin ce que vous venez
» de m'apprendre , ce n'est pas qu'il ne désire
» beaucoup d'être instruit sur tout ce qui inté-
» resse la religion ; mais ces sortes de scandales,
» lorsqu'il n'est pas en son pouvoir d'y apporter
» le vrai remède , l'affligent jusqu'à le rendre ma-
» lade. » Après avoir employé tout son crédit en
faveur de la religion , elle s'efforçoit de la dédom-
mager en quelque sorte , par la ferveur de sa piété , des excès et des désordres dont elle ne pouvoit pas arrêter le cours.

Le Dauphin qui se proposoit, suivant son plan
de gouvernement, de tarir les sources de l'incrédulité, recueilloit les différens ouvrages par lesquels les impies de nos jours s'efforcent d'étayer
leurs systèmes ; et la Dauphine le trouvoit quelquefois occupé de la lecture de ces sortes de livres ;
mais jamais elle n'en lut aucun, elle ne vouloit
pas même en entendre parler. Un jour qu'elle entroit dans le cabinet de ce prince, comme il en
tenoit un à la main : « Écoutez , lui dit-il, le mer-
» veilleux raisonnement d'un de nos graves philo-
» sophes. — Cela n'est pas nécessaire, lui répondit
» la princesse , je sais bien qu'on ne peut que dé-
» raisonner en raisonnant contre Dieu. » Elle s'é-
toit également interdit la lecture de tous les livres
convaincus ou suspects d'erreurs . elle en fit faire
une recherche dans sa bibliothèque, et ne voulut
pas qu'il y en restât un seul. La foi pure des fidèles étoit la sienne : donnant tout son respect à ce

qui tenoit véritablement à l'Église et au saint siége, elle n'avoit que du mépris pour le reste. Les voies les plus communes, en matière de dévotion, lui paroissoient aussi les plus sûres : tout ce qui avoit quelque apparence de nouveauté ou de singularité lui déplaisoit ; pendant la maladie du Dauphin, lorsqu'on faisoit des prières publiques par tout le royaume, et qu'elle-même multiplioit tous les jours ses bonnes œuvres, pour obtenir de Dieu sa guérison, quelques dames de piété lui proposèrent de réclamer l'assistance d'une religieuse morte en réputation de sainteté, en lui alléguant plusieurs témoignages de l'efficacité de son intercession : « Je crois bien, répondit la princesse, » qu'en soumettant sa confiance au futur juge- » ment de l'Eglise, on peut en son particulier s'a- » dresser à certains serviteurs de Dieu qui n'ont » pas encore été reconnus solennellement pour » saints ; mais je pense qu'il est beaucoup plus » sûr, et plus dans l'ordre, d'invoquer la sainte » Vierge et les autres saints, dont le crédit auprès » de Dieu n'est pas équivoque, et que l'Église » elle-même nous propose d'honorer. »

Elle savoit régler ses affaires, et distribuer son temps de manière à se trouver habituellement maîtresse des heures qu'elle destinoit à Dieu. Si quelque circonstance imprévue l'obligeoit d'interrompre un exercice de piété, il n'étoit que différé ; et s'il arrivoit qu'un voyage, ou la succession des obstacles l'empêchassent d'y satisfaire dans la journée, elle le faisoit aux dépens de son repos. Dans les jours où elle étoit le plus occupée, elle ne donnoit pas moins d'une demi-heure à la méditation des vérités du salut. La prière étoit comme l'ame de sa vie. Des faveurs reçues de Dieu, des grâces à lui demander, des pertes et des revers à lui offrir, tout étoit pour elle occasion de prier. Souvent, à la première nouvelle qu'elle recevoit de quelque fâcheux événement, on la voyoit entrer dans son oratoire, pour y chercher, au pied du crucifix, des consolations plus solides que celles que peuvent donner la dissipation des entretiens et la variété des situations. Elle éloignoit avec soin tout ce qui auroit pu la distraire pendant ses heures de prières ; et la porte de son appartement n'étoit ouverte alors que pour le roi, la reine et le Dauphin.

L'assistance à la messe étoit de tous les exercices de sa journée le plus consolant pour sa piété, et celui dont la privation lui eût le plus coûté. A l'exemple du Dauphin, elle demanda pendant sa maladie qu'on lui dît la messe dans sa chambre ; et le jour même de sa mort elle l'entendit encore avec son recueillement et sa ferveur ordinaires. Mais les jours qu'elle regardoit comme les plus heureux de sa vie, étoient ceux où elle avoit l'avantage de participer plus abondamment aux fruits du sacrifice par la communion. Sa préparation pour cette grande action répondoit à la vivacité de sa foi et à l'ardeur de sa piété : après avoir fait tout ce qui dépendoit d'elle, il lui sembloit encore qu'elle n'en avoit point assez fait pour préparer à Dieu une demeure qui pût lui être agréable. Elle étoit surtout sensiblement touchée du prodigieux abaissement où Jésus - Christ se réduit pour se communiquer à sa créature. « Que je me sens hu-
» miliée, disoit - elle un jour, à l'occasion des
» communions qu'elle faisoit pendant sa maladie
» quand je considère que mon Dieu ajoute enco-
» re à toutes ses faveurs celle de venir se donner

» à moi, quand je ne puis plus aller le recevoir
» Si je ne craignois de faire parler, ajouta-t-elle,
» et d'attirer à mon confesseur le reproche d'in-
» discrétion, je me ferois porter à l'église pour y
» communier. »

Ce profond respect, cependant, et ces grands sentimens d'humilité ne la portèrent jamais à s'éloigner de la communion ; mais seulement à ne rien négliger pour y participer avec fruit. Elle croyoit n'avoir témoigné qu'à demi sa reconnoissance à Dieu pour un bienfait, quand elle ne l'en avoit pas remercié dans la ferveur d'une communion. Elle communioit tous les ans le jour de la Présentation de la sainte Vierge, en actions de grâces de ce qu'à pareil jour le roi son père avoit eu le bonheur d'abjurer l'erreur, et d'entrer dans le sein de l'Eglise romaine. La communion étoit sa grande ressource pour toutes les circonstances de la vie ; et c'est sans doute dans le saint et fréquent usage qu'elle en faisoit, qu'elle puisa cette patience inaltérable dans ses malheurs, et cet esprit de mortification qui la portoit à embrasser avec joie toutes les pratiques de la pénitence chrétienne.

Bien loin d'éluder, par de vains prétextes, la loi du jeûne et de l'abstinence, elle y ajoutoit encore des privations volontaires ; et c'est de la facilité même qu'elle auroit eue à satisfaire ses sens, qu'elle faisoit naître de plus fréquentes occasions de les mortifier. Elle donna toujours la préférence aux mortifications de l'esprit sur celles du corps. Payer par un bienfait une injure dont la vengeance lui eût été facile ; se taire, quand d'un seul mot elle eût pu réduire la calomnie au silence et à la confusion ; dérober à la cour la connoissance d'une action qui eût été applaudie ; recevoir avec bonté une visite incommode qu'elle eût pu facilement éloigner, c'étoient là de ces mortifications dont les personnes qui l'approchoient de plus près étoient tous les jours témoins ; et sans doute qu'elle en pratiquoit souvent de plus intérieures encore, et qui n'étoient connues que de Dieu seul. On peut en juger par le trait suivant : pendant sa maladie, le jeune Dauphin son fils devoit recevoir la confirmation, et elle désiroit beaucoup d'être présente quand on la lui conféreroit. Le roi avoit pris l'heure la plus commode pour lui procurer cette satisfaction. Les médecins ne trouvèrent pas d'inconvénient à ce qu'elle se rendît à la chapelle au moment où le prince recevroit le sacrement ; mais ils lui déclarèrent qu'elle ne pouvoit pas y rester pour entendre la messe qui devoit se célébrer ensuite. La Dauphine, se voyant privée par là d'une partie de ses désirs, fit volontairement le sacrifice de l'autre. Elle envoya avertir le roi qu'elle ne se trouveroit pas à la cérémonie ; et, dans le même temps, il lui échappa de dire à une personne de confiance qui étoit auprès d'elle : « Puisqu'il plaît à Dieu de me refuser la conso- » lation de l'ame, il est juste qu'entrant dans ses » vues, je me prive moi-même de celle du cœur ; » et cette privation, si l'on en juge par sa tendresse pour ses enfans, devoit être pour elle un vrai sacrifice.

A tant de vertus, par lesquelles la Dauphine s'efforçoit de s'élever à la perfection du christianisme, elle joignoit une extrême défiance de ses propres lumières. Malgré la justesse et la pénétration de son esprit, on ne la vit jamais s'attacher à ses idées, ni s'entêter de ses opinions. On eût

dit qu'il ne lui en coûtoit rien pour déférer , même contre son inclination , aux avis des personnes éclairées et vertueuses auxquelles elle avoit donné sa confiance ; et comme si elle leur eût voué une sorte d'obéissance , sa réponse ordinaire à leurs représentations étoit : *J'obéirai.* Son premier médecin , dont elle connoissoit la religion , lui ayant dit que l'observance des jeûnes et des abstinences de l'Eglise nuiroit à sa santé , elle lui répondit : « Vous savez que je m'en rapporte là-
» dessus à votre conscience : je suivrai le régime
» que vous me prescrirez ; » et quelques mois avant sa maladie , comme il lui représentoit qu'elle donnoit trop peu de temps au sommeil : « Je ne
» l'aurois pas cru , lui dit-elle ; » et d'après son avis elle donna sur-le-champ des ordres pour qu'on la laissât huit heures au lit. Pendant la maladie du Dauphin , quelques personnes qui s'intéressoient particulièrement à sa santé , et qui craignoient qu'elle ne s'épuisât par ses veilles et ses fatigues , l'engagèrent à fixer l'heure à laquelle elle se retiroit dans son appartement : elle le fit ; mais une nuit , où il étoit survenu au Dauphin une crise des plus violentes , elle oublia sa résolution. Au moment de sa plus grande inquiétude , on vint lui dire que l'heure étoit passée : elle regarda sa montre , et à l'instant elle se retira.

Toutes les vertus de cette princesse ne firent que s'épurer et se perfectionner jusqu'à sa mort. Pendant la dernière maladie du Dauphin , elle donna à toutes les personnes de son sexe l'exemple le plus frappant de cette tendresse également généreuse et chrétienne , qui doit attacher l'épouse à son époux. Les médecins , les officiers , et tous ceux qui servoient le prince , se relevoient à certaines heures , la Dauphine étoit toujours de service pour lui. Tous les jours , à sept heures du matin , elle se rendoit à sa chambre , et elle n'en sortoit plus de la journée que pour lui , ou pour aller à la chapelle ; car elle ne manqua jamais d'assister à la messe , et elle alloit régulièrement deux fois chaque jour prier devant le Saint Sacrement. Sans aucun ménagement pour sa santé , elle n'avoit d'inquiétude que pour celle du Dauphin , elle ne s'occupoit que de lui. Elle travailloit auprès de son lit , elle faisoit la conversation avec lui ou elle gardoit le silence , selon qu'il paroissoit le souhaiter. Elle veilloit à ce que les ordonnances de ses médecins fussent fidèlement observées. Elle lui présentoit elle-même les potions et les médicamens qu'il devoit prendre , et il aimoit à les recevoir de sa main. Elle étoit sans cesse attentive à lui procurer la situation la moins incommode : son lit ne se faisoit pas sans qu'elle y mît la main ; et plus d'une fois elle se prêta à des offices plus rebutans encore , mais que sa tendresse et sa religion lui rendoient chers. « Contribuer par » moi-même à son soulagement , disoit-elle , est » le seul plaisir que je puisse goûter quand il est » malade. »

Le Dauphin , malgré l'altération de sa santé , n'omettoit aucun de ses exercices de piété : elle lui fit agréer qu'elle les rempliroit avec lui dans le dessein de lui épargner ce qu'ils auroient de fatigant. La première fois qu'elle lui fit une lecture : « Vous êtes la seule , lui dit-il , qui me lisiez » avec ce ton affectueux qui me touche : il faut » que vous continuiez à être désormais ma lectri-» ce. » Elle faisoit avec lui ses prières du matin et du soir , elle lui lisoit le sujet de ses méditations , ils récitoient ensemble l'office de l'Eglise ; et, dans un siècle trop célèbre par son impiété , on voyoit les enfans des rois , et les premiers héritiers du premier trône de l'Europe , donner au monde un spectacle digne des plus beaux jours du christianisme : on voyoit ces vertueux époux , l'un sur son lit , l'autre à côté, le Dauphin tranquille au milieu de ses souffrances, la Dauphine résignée au fort de sa douleur , s'exhorter mutuellement à bénir le Dieu qui préside à tous les événemens , et chercher dans nos divins cantiques ces consolations pures que tout l'enjouement des conversations humaines ne porta jamais dans une ame.

Le Dauphin , dans la crainte que les fatigues et la trop grande assiduité de la princesse auprès de lui , ne préjudiciassent à sa santé , l'envoyoit souvent prendre quelque repos dans son appartement. La Dauphine alors s'éloignoit de son lit, mais seulement pour se retirer dans un coin de la chambre ; aimant mieux contraindre , pendant plusieurs heures , tous les mouvemens naturels qui auroient pu déceler sa présence, que d'ignorer ce qui se passoit, et ce que disoient les médecins. Quand le danger parut plus pressant , quelques personnes l'engagèrent à le faire connoître au prince : elle se sentit d'abord une extrême répugnance pour ce douloureux ministère ; mais sa religion l'emporta , et elle avoit consenti à s'en charger quand un médecin , suivant l'ordre formel qu'il en avoit reçu du Dauphin , lui fit part de son état. Une plus rude épreuve étoit réservée à la vertu et au grand courage de la princesse. La nuit suivante il survint au malade un étouffement si violent , que l'on crut qu'il rendoit les derniers soupirs ; la frayeur avoit tellement troublé les esprits et saisi tous les cœurs , qu'on sembloit avoir oublié ce que la charité demande en pareille circonstance : personne ne pensoit à dire au mourant un seul mot de consolation. La Dauphine alors s'élevant par la religion au-dessus des sentimens vulgaires de la nature , retient ses larmes , étouffe ses soupirs, et semble puiser , dans l'excès même de la douleur , des forces et un courage qui manquent à tous les assistans : elle se lève, elle prend en main un crucifix que le Dauphin avoit fait attacher au pied de son lit , elle le lui colle sur les lèvres ; elle le lui tient devant les yeux ; et , avec ce zèle tendre et empressé , qui porte la confiance dans une ame , elle ne cesse de l'exhorter au sacrifice de sa vie , que quand le calme a succédé à cette terrible crise ; alors la violence qu'elle s'étoit faite lui causa une sorte de défaillance , qui l'obligea de s'éloigner du lit du malade pour reprendre ses esprits ; et quand la joie commençoit à renaître dans tous les cœurs , elle se mit à pleurer. Le Dauphin sentoit tout le prix d'une tendresse si généreuse et si chrétienne ; il l'admiroit souvent , il ne se lassoit pas d'en parler : « Quelle digne » femme ! disoit-il à cette occasion ; après avoir » fait le bonheur de ma vie , elle m'aide encore à » mourir. »

Quoique les soins assidus qu'elle prodiguoit à son époux parussent ne rien coûter à sa tendresse , la nature cependant souffroit et s'épuisoit insensiblement. La mort de ce prince , à la suite de tant de fatigues et de tous ses malheurs passés , fut le dernier coup qui l'accabla. Quand on lui en porta la nouvelle , elle en fut aussi consternée que si elle n'eût pas eu lieu de s'y attendre. Elle étoit alors chez madame Adélaïde ; les princes et prin-

cesses ses enfans, étoient rassemblés autour d'elle·
dans l'excès de sa douleur, elle garde un morne
silence, elle jette sur eux des regards de tendresse
et de pitié ; et, pénétrée de leur malheur comme
du sien propre, elle succombe et s'évanouit. Quelque temps après on lui apprend que le Dauphin,
par son testament, a choisi la métropole de Sens
pour le lieu de sa sépulture, elle va sur-le-champ
prier le roi d'ordonner qu'elle sera enterrée à ses
côtés. Louis XV, ne se contenta pas de lui accorder cette satisfaction, il s'efforça de la consoler par mille marques de tendresse ; et, comme si
la mort de son époux la lui eût rendue plus chère
encore, il fit augmenter le nombre de ses gardes :
il lui donna un appartement qu'elle parut désirer
au-dessous du sien, et l'on y pratiqua, par ses
ordres, un escalier de communication. Consulté
sur le rang qu'elle tiendroit désormais à la cour,
il répondit : « Il n'y a que la couronne qui puisse
» décider absolument du rang : le droit naturel le
» donne aux mères sur leurs enfans ; ainsi ma-
» dame la Dauphine l'aura sur son fils jusqu'à ce
» qu'il soit roi. »

La reine et les dames de France contraignoient
leur douleur, et sembloient l'oublier pour ne s'occuper que de celle de la Dauphine : elles s'efforçoient d'en modérer l'excès, par leur assiduité
auprès d'elle et les soins les plus empressés. Elles
la tiroient, le plus souvent qu'il leur étoit possible, du sombre appartement qu'elle occupoit :
elles la prenoient alternativement dans leurs car-
rosses pour la distraire par la promenade. Madame
Adélaïde tenta tous les moyens, fit usage de toutes les ressources de l'amitié, pour ouvrir son cœur
à la consolation, et en bannir la tristesse. Elle

passoit auprès d'elle les journées entières , elle se privoit de la société des princesses ses sœurs, pour lui tenir compagnie pendant ses repas ; elle l'obligea , malgré ses délicatesses à cet égard , à reprendre , après son deuil , ses petits concerts, le seul amusement qui eût pour elle quelque attrait. La reconnoissance de la Dauphine répondoit aux empressemens de sa généreuse et fidèle compagne ; elle lui faisoit quelquefois des reproches d'amitié , de porter trop loin pour elle ses attentions et ses complaisances ; mais elle lui avouoit en même temps que tout cela ne pouvoit pas encore lui faire oublier qu'il manquoit un troisième également cher à toutes deux.

Le premier soin de la Dauphine , après la mort de son époux , fut de faire offrir pour lui le saint sacrifice en plusieurs endroits. Elle voulut lire toutes les pièces qui furent composées à sa louange, latines et françaises , imprimées et manuscrites , ce qui ne contribua pas peu à entretenir pendant plusieurs mois toute la vivacité de sa douleur.

On s'apercevoit de jour en jour du dépérissement de sa santé. Son testament, qui est daté du 3 de février 1766 , environ six semaines après la mort du Dauphin , semble annoncer qu'elle avoit dès lors un pressentiment de sa mort prochaine. On n'épargna rien pour procurer son rétablissement : les plus célèbres médecins de Paris furent appelés pour conférer avec ceux de la cour. La princesse se soumit , avec une patience admirable , à plusieurs régimes qu'on lui prescrivit successivement , et qui furent tous également inefficaces. Une fièvre lente, accompagnée d'une toux sèche, la consumoit insensiblement.

Malgré ses infirmités , elle ne tint pas le lit ;

elle ne changea rien à son genre de vie ordinaire ; elle suivit toujours avec le même zèle l'éducation des jeunes princes. Elle admettoit tous les jours les personnes qui avoient les entrées chez elle ; elle recevoit les ambassadeurs ; elle écoutoit tous ceux qui avoient quelques affaires à lui communiquer, ou quelques besoins à lui exposer ; elle multiplioit ses bonnes œuvres et ses exercices de piété : tous ses fonds étoient employés à soulager les malheureux, et son crédit à les protéger. Voulant, à l'exemple du Dauphin, laisser sa cassette vide, et ne rien posséder en propre à sa mort, elle disposa pendant sa vie de tout ce qui lui appartenoit : elle légua à l'abbaye de la Trappe une somme de dix mille francs, pour qu'il y soit dit, tous les jours, à perpétuité, une messe pour le repos de son ame et de celle du Dauphin. Le jour qu'elle étoit entrée dans son grand deuil, elle avoit consacré à Dieu sa viduité par la communion. Plus détachée que jamais de la terre, qui n'avoit été véritablement pour elle qu'une vallée de larmes, elle ne soupira plus qu'après le Ciel : elle s'occupa uniquement du soin de s'y préparer une demeure. Au milieu des agitations d'une cour dissipée, on la voyoit retracer toutes les vertus des saintes veuves qui honoroient les premiers siècles de l'Eglise ; il ne lui échappoit pas la moindre faute délibérée ; la seule apparence du mal l'effrayoit ; son union avec Dieu étoit habituelle, ses communions étoient fréquentes.

Cependant, tant de vertus, tant de bonnes œuvres, des jours sanctifiés par tant de sacrifices et d'épreuves, ne la rassuroient point encore contre les frayeurs de la mort. Le Dauphin, comme nous l'avons vu, envisageant ce dernier passage en phi-

losophe chrétien, le craignoit si peu, qu'étonné lui-même de sa sécurité, il demandoit si elle ne seroit pas une illusion de l'esprit de mensonge. Pour elle, aussi vertueuse et aussi détachée de la terre que ce prince, elle craignoit excessivement que sa vie ne fût terminée par une mort toute différente de la sienne. Quelqu'un à qui elle faisoit connoître combien elle redoutoit les jugemens de Dieu, lui rappeloit la constance et la fermeté du Dauphin : « Quel parallèle, s'écria-t-elle, c'é-
» toit un saint, et moi je ne suis qu'une péche-
» resse ! Non, ajouta-t-elle, quand je pense au
» compte que je dois bientôt rendre à la justice
» de Dieu, il n'y a que l'amour immense qu'il
» me témoigne, en se donnant à moi dans la
» communion, qui soutienne ma confiance en
» ses miséricordes. »

Cette crainte de la Dauphine étoit, comme l'on voit, bien différente de ces sentimens stériles qu'é-prouvent les ames mondaines aux approches de la mort : en la craignant, elle s'y préparoit ; et quoiqu'en aucun temps de sa vie elle n'eût perdu de vue ce terme inévitable, et que depuis la mort du Dauphin, elle en eût fait le sujet le plus ordinaire de ses réflexions, elle crut qu'elle devoit alors s'en occuper plus particulièrement encore. « Je touche à ma fin, disoit-elle un jour, il est
» temps que je fasse ma préparation prochaine à
» la mort. » Elle la commença le jour de la Puri-fication de la sainte Vierge, dans la ferveur d'une communion. Depuis ce temps-là elle voulut que son confesseur se rendît auprès d'elle deux fois chaque jour, pour l'entretenir du bonheur d'une sainte mort, et des moyens de la mériter. Tous les

jours elle en demandoit à Dieu la grâce dans le saint sacrifice.

Quoiqu'elle eût communié plusieurs fois dans sa chambre pendant sa maladie , elle ne le fit qu'une fois en viatique : elle voulut, les autres fois , le faire à jeun , par respect pour le sacrement, et sans l'appareil d'une administration publique, pour épargner à la famille royale un spectacle affligeant. Pour entrer dans l'esprit de l'Eglise, et participer, par l'union de ses souffrances , aux grâces attachées à la pénitence publique du carême, elle consacra cette sainte carrière par une communion qu'elle fit le jour des Cendres. Le même jour, par une dévotion (1) particulière envers saint François-Xavier, elle commença les exercices spirituels prescrits par les souverains pontifes pour gagner les indulgences. L'abbé Soldini, prenant de là occasion de lui rappeler la résignation avec laquelle cet apôtre des Indes avoit accepté la mort, à la vue de la Chine qu'il désiroit ardemment de gagner à Jésus-Christ, lui dit : « Pour
» vous, madame , ce que vous regarderiez en ce
» moment comme la plus précieuse conquête , ce
» seroit de pouvoir mettre la dernière main à l'é-
» ducation de vos enfans ; mais si Dieu demandoit
» de vous que vous ajoutassiez encore ce dernier
» sacrifice à tous les autres ?... — Ah ! répondit-
» elle aussitôt, je ne désire rien tant que l'accom-
» plissement de sa sainte volonté ; je m'y soumets
» de tout mon cœur, et je me repose absolument
» sur lui seul du soin de mes enfans. »

Son premier médecin , à qui elle avoit expressé-

_____

(1) Elle étoit fondée sur un bienfait spécial, attribué par sa famille à la protection de ce saint, et dont un tableau conserve la mémoire dans la maison de Saxe.

ment ordonné de l'avertir, dès qu'il apercevroit que le danger de son état deviendroit plus pressant, le fit huit ou dix jours avant sa mort ; mais, comme il ne s'étoit pas expliqué en termes bien positifs, il crut qu'il n'avoit pas été entendu de la princesse : il le dit à son confesseur, qui lui en parla plus ouvertement : « J'ai fort bien compris, lui » répondit-elle, ce que m'a voulu dire mon mé- » decin ; mais, comme je voyois son embarras, » je n'ai rien répliqué pour ne pas l'attrister da- » vantage. »

Cependant on s'étonnoit qu'une princesse d'une si grande piété, connoissant le danger de son état, ne parlât point de recevoir ses derniers sacremens : quelques personnes même, par un zèle plus empressé que charitable, commençoient à en murmurer, et accusoient ouvertement son confesseur d'user de ménagemens qui n'étoient plus de saison, et qui pouvoient scandaliser le public. L'abbé Soldini fit part à la Dauphine de ces inquiétudes de la cour : « Je sais, lui répondit-elle, que je dois, » avant de mourir, un hommage public à la re- » ligion ; mais on ne fait pas attention que si je » communie en viatique, je ne pourrai plus, sui- » vant l'usage du diocèse, communier que dix jours » après : et puis-je me promettre de vivre encore » dix jours ? Ainsi je désirerois, quoi qu'on en dise, » faire encore demain une communion à jeun et » en particulier, qui me servira de préparation à » celle que je ferai ensuite en viatique : j'ai besoin, » ajouta-t-elle, d'être fortifiée puissamment pour ce » dernier passage. » Elle communia en effet le lendemain mercredi, comme elle l'avoit désiré ; et le dimanche suivant elle fut administrée publiquement. Elle donna elle-même tous les ordres néces-

saires pour la cérémonie ; et tout le temps qu'elle
dura , tandis que le roi et la famille royale fon-
doient en larmes , on remarqua en elle le même
contentement et la même sérénité qu'on avoit ad-
mirés dans le Dauphin. Elle avoua qu'elle n'avoit
jamais goûté dans une plus douce paix le bonheur
de posséder son Dieu. Sa préparation , pour le recevoir, avoit duré deux heures, son action de grâce,
l'occupa le reste de la journée. Dans l'après-midi
elle dit à son confesseur : « Il me semble que j'au-
» rois assez de courage en ce moment pour faire
» mes derniers adieux à mes enfans ; mais ce jour-
» ci doit être tout pour Dieu , je les verrai de-
» main. » Elle fit venir d'abord les princes : elle se
proposoit de leur donner elle-même ses dernières
instructions ; mais dès qu'elle les vit, ses entrailles
s'émurent , elle n'en eut pas la force. Trois princes,
trois enfans qui avoient perdu leur père et qu'elle
alloit laisser sans mère ; leur malheur, leurs larmes, leur enfance, il n'en falloit pas tant pour lui
faire sentir qu'elle étoit mère , et la pénétrer de la
plus profonde douleur. Il ne lui fut possible , en
ce moment , de leur parler que le langage muet
de la tendresse et de la religion : elle leur donna
sa bénédiction en versant des larmes. Son confesseur alors, s'acquittant, en son nom , du devoir
que son attendrissement ne lui permettoit pas de
remplir, leur dit : « Messeigneurs, madame la Dau-
» phine m'ordonne de vous dire qu'elle vous donne
» sa bénédiction de tout son cœur, et qu'elle prie
» le Seigneur de vous combler de toutes les sien-
» nes. Elle vous recommande de marcher devant
» Dieu dans la droiture de votre cœur ; d'honorer
» le roi et la reine ; de les consoler , en retraçant
» à leurs yeux les vertus de votre auguste père, de

» ne vous écarter jamais des sages avis que vous
» donnent les personnes qui sont chargées de vo-
» tre éducation, et de vous souvenir de prier Dieu
» pour elle. »

Ce ne fut que le lendemain qu'elle vit les deux
princesses ; elle leur donna également sa bénédiction. Elle les exhorta elle-même à profiter de la
bonne éducation qu'on leur donnoit, et à prier
Dieu pour elle après sa mort. Madame Clotilde,
déjà en âge de sentir la grandeur de sa perte, ex-
prima sa douleur par des cris qui retentirent dans
tout l'appartement. La Dauphine voulut encore
voir quelquefois les jeunes princes; elle s'occupa
d'eux jusqu'aux derniers instans de sa vie ; elle les
recommanda cent fois aux personnes qui avoient
part à leur éducation, à tous ceux qui les approchoient, et d'une manière toute particulière à
madame Adélaïde, qu'elle conjura, par la tendre
amitié qui les avoit unies, de leur servir désormais
de père et de mère, et de les aider de ses bons
conseils.

Elle passa la nuit du jeudi au vendredi dans les
douleurs les plus aiguës ; elle avoit de moment à
autre des étouffemens qui la jetoient dans une sorte
d'agonie. Dès que le calme revenoit, elle portoit
les yeux sur son crucifix, elle élevoit son cœur à
Dieu, et lui adressoit ses prières. S'étant rappelée
que ce fut à pareil jour que le Sauveur du monde
souffrit pour l'amour des hommes : « Je vous rends
» grâce, ô mon Sauveur, s'écria-t-elle, de m'avoir
» ménagé cette conformité avec vous, et je vous
» conjure d'unir mes souffrances aux vôtres. »

Le matin, l'oppression fut moins violente, mais
les accès de toux furent fréquens et cruels. Elle
demanda néanmoins qu'on lui dît la messe, qu'elle

entendit avec sa piété et son recueillement ordinaires. Elle eut, quelque temps après, un entretien avec l'archevêque de Paris ; et, à l'exemple du Dauphin, elle voulut, quand il prit congé d'elle, qu'il lui donnât sa bénédiction.

L'après-midi, il lui survint une sueur froide, dans un moment où le roi et les dames de France lui faisoient leur visite : elle leur en témoigna de l'inquiétude ; mais les médecins la rassurèrent. Une heure après son confesseur s'apercevant qu'elle agonisoit, lui dit : « Réjouissez-vous, madame, » vous allez, en échange d'une vie passée dans la » tristesse et les larmes, commencer un règne » éternellement heureux. » A ces paroles, la pensée du prochain jugement de Dieu causa encore à la princesse un mouvement de frayeur assez violent, mais qui dura peu. La religion ranimant sa confiance, elle parut plus tranquille que jamais ; et elle offrit à Dieu ce dernier sacrifice, dans les sentimens de la plus parfaite résignation. Elle dit à son confesseur : « Vous direz au roi que je lui » renouvelle en mourant mes remercîmens de tou- » tes les bontés qu'il a eues pour moi, tout le » temps que j'ai passé en France. Allons, dit-elle » ensuite, il est temps qu'on récite pour moi les » prières des agonisans. » Elle s'y unit de cœur et de bouche : quand elles furent récitées, elle demanda au cardinal de Luynes, à l'évêque de Verdun et à son confesseur, qu'ils l'entretinssent successivement, et qu'ils récitassent des prières au pied de son lit. Elle suivoit les exhortations et les prières avec la plus grande attention. Elle avoit les yeux fixés sur son crucifix, elle le colloit souvent sur ses lèvres, avec l'expression de la piété la plus affectueuse. C'est dans ces sentimens, et en conservant toute sa connoissance jusqu'au dernier soupir, que cette vertueuse princesse termina, par une mort paisible, une vie passée dans l'amertume et la douleur : ce fut le vendredi 13 de mars de l'année 1767. Elle étoit âgée de 35 ans, 5 mois et 9 jours.

Dans son testament, elle faisoit plusieurs legs d'amitié et de reconnoissance, tant à la famille royale qu'aux personnes qui avoient eu part à sa confiance et à celle du Dauphin. Elle recommandoit au roi les officiers de sa maison ; elle lui rappeloit la parole qu'il lui avoit donnée, de la faire enterrer auprès du Dauphin ; elle le prioit de ne rien changer à l'éducation des princes ses fils, et de donner tous ses soins pour ne mettre auprès d'eux, au temps de leur mariage, que des personnes qui aient la crainte de Dieu et l'amour de la religion.

FIN.